财政部规划教材
全国财政职业教育教学指导委员会推荐教材
全国高等院校财经类教材

航运金融

陈　蕾　王金安　主　编
郑莉萍　沈少川　副主编

中国财经出版传媒集团

经济科学出版社
Economic Science Press
·北京·

图书在版编目（CIP）数据

航运金融／陈蕾，王金安主编．--北京：经济科
学出版社，2023.8
财政部规划教材　全国财政职业教育教学指导委员会
推荐教材　全国高等院校财经类教材
ISBN 978 - 7 - 5218 - 4942 - 4

Ⅰ.①航⋯　Ⅱ.①陈⋯②王⋯　Ⅲ.①航运 - 金融学
- 高等学校 - 教材　Ⅳ.①F550

中国国家版本馆 CIP 数据核字（2023）第 131636 号

责任编辑：白留杰　凌　敏
责任校对：隗立娜
责任印制：张佳裕

航运金融

HANGYUN JINRONG

陈　蕾　王金安　主　编
郑莉萍　沈少川　副主编
经济科学出版社出版、发行　新华书店经销
社址：北京市海淀区阜成路甲 28 号　邮编：100142
教材分社电话：010 - 88191309　发行部电话：010 - 88191522
网址：www. esp. com. cn
电子邮箱：bailiujie518@126. com
天猫网店：经济科学出版社旗舰店
网址：http://jjkxcbs. tmall. com
北京密兴印刷有限公司印装
787×1092　16 开　14.25 印张　370000 字
2023 年 8 月第 1 版　2023 年 8 月第 1 次印刷
ISBN 978 - 7 - 5218 - 4942 - 4　定价：58.00 元
（图书出现印装问题，本社负责调换。电话：010 - 88191545）
（版权所有　侵权必究　打击盗版　举报热线：010 - 88191661
QQ：2242791300　营销中心电话：010 - 88191537
电子邮箱：dbts@esp. com. cn）

编写说明

　　航运金融是航运业与金融业的交叉学科，是以航运业为研究对象的金融学。本书首先全面系统地介绍了航运金融的概念、参与主体、研究对象和具体业务；其次以航运金融业务体系梳理为编写思路，展开介绍了船舶融资、船舶投资、航运资金结算、航运保险、航运价格及其衍生品、航运信托与产业投资基金等主要业务模块；最后对港口的经济价值和港口建设的投融资业务进行分析。本书是财政部规划教材，由财政部教材编审委员会编写并审定，作为全国本科院校和高职高专院校航运类、财经类教材使用。

　　本书对航运金融的细分领域进行了系统和深入的分析，是学习和研究航运金融相关知识的必备参考书；本书梳理了全球常见的、实用的船舶投资、融资、航运信托和产业投资基金模式，是有意从事航运金融行业人员必备的入门资料；本书介绍了全球航运金融领域为解决行业难题而提出的新思路和理念，它们有助于引发读者的创新思维，并进行本土化改造，是现代航运服务产业从业人员升级为复合型国际高端人才的必备工具。

　　党的十八大以来，以习近平同志为核心的党中央将建设海洋强国作为中国特色社会主义事业的重要组成部分和实现中华民族伟大复兴的重大战略任务，坚持走依海富国、以海强国、人海和谐、合作共赢的发展道路，扎实推进海洋强国建设。航运是海洋强国建设的重要部分，本书立足行业特质，将航运金融发展作为一种战略思维，强化港口、物流、金融、科技、生态等融合发展，以航运金融发展促进航运业、供应链发展，以航运业、供应链发展带动航运金融发展。掌握航运金融知识为打造一流航运人才，推动有条件城市建设航运金融中心打下良好基础。本书的编写特色主要体现在：

　　1. 坚持育人为本、育德为先，以立德树人根本任务为教育主线，培养德智体美劳全面发展的高素质技术人才，增加了课程思政方面的学习目标，增加了思政案例。

　　2. 结合基本金融学理论剖析航运金融产品，围绕典型资本密集型产业特征进行探索，使产业活动的未来现金流更加真实、稳定、可预测，争取航运金融的创新发展。

3. 发挥现代信息技术优势，教材中配置了二维码微课视频，每个章都进行了知识拓展，讲解最新行业故事，从故事中悟道理，帮助学生拓展学习思路。

本书重点突出、系统条理、深入浅出、通俗易懂，注重理论与实际的结合。教材内容共分九个章节，每个章节包括本章导读、课程思政、知识拓展、重要概念和习题。本书由集美大学财经学院陈蕾教授和王金安教授担任主编，郑莉萍博士和沈少川博士担任副主编。陈蕾教授对全书初稿进行总纂，并执笔第一章、第七章；王金安教授执笔第八章、第九章；郑莉萍博士执笔第二章、第四章，并对初稿进行校稿；沈少川博士执笔第五章、第六章，并对初稿进行二次校稿；李牧辰博士执笔第三章。

本书编写得到了厦门市航运企业的帮助，由其提供案例素材，集美大学钟金盛、王心瑜、付宝泉、钟琴秀、张志钦同学负责素材整理，在编写过程中也参考了有关专家教授编著的教材，在这里表示由衷的感谢！由于我们对行业业务认识有限，书中难免有疏漏之处，敬请读者批评指正，以便我们不断修改完善，为读者提供更好的服务。

编写组
2023 年 6 月

目 录

第一章

绪　论

■ 本章导读

航运业是国民经济、对外贸易、社会发展的重要支撑，与陆运和空运相比，航运凭借其覆盖范围广、航道投资小、运输能力强、占地少、成本低的优势，在现代货物运输中具有不可替代的地位。近年来，随着国民经济增长和政策支持，中国航运业发展迅速。中国水路货物运输量从 2015 年56.43 亿吨增加到 2022 年 85.54 亿吨，年复合增长率达到6.12%[1]，我国已然是航运大国，但距离走上航运强国任重而道远。

2022 年 4 月 18 日，中国人民银行、国家外汇管理局印发《关于做好疫情防控和经济社会发展金融服务的通知》，要求加大对物流航运循环畅通的金融支持力度，金融机构要主动跟进和有效满足运输企业融资需求。

航运业作为典型的资本密集型产业，有投资额巨大、投资回收期限长、高风险等行业特点，这意味着航运业天然就具有显著的金融属性，将金融工具引入航运业，发展航运金融成为拓宽航运发展深度、提高航运发展质量的必由之路。

航运金融是涵盖船舶融资、航运保险、资金结算和航运衍生交易等要素的综合性业务，具有行业关联度强、产业附加值高等特点，是连接航运业和金融业发展的重要纽带和服务平台。航运业的发展需要租赁、保险、国际结算等金融产品服务的支撑，发达的金融业能够为航运业提供完备的配套

---

[1]　根据交通运输部数据整理，https：//www.mot.gov.cn/中国水路货物运输量 2015 - 2022.

金融服务；金融业的发展需要航运业不断提供业务需求和动力。航运金融既有利于航运业的加快发展，也有利于金融业的拓展与创新。大力推进航运金融发展，创新金融服务方式，拓宽金融服务领域，将为经济结构调整和经济发展方式转变提供强大的金融资源支持，有力推动国际金融中心和国际航运中心建设。本章对航运业和金融业以及二者逐渐融合形成的航运金融的概念、发展等作了简单介绍。

■ 课程思政

中国航运的璀璨历史成就了航运业的繁荣

中国航运历史可以追溯到古代。在早期的海上贸易中，中国使用传统的木船，并在宋代开始使用帆船。随着技术的进步，中国在明朝时期开始使用更加先进的船舶，如宝船和巨舰。这些船舶不仅用于贸易，还用于军事和探险。

在清朝时期，中国的航运业经历了一些变革。中国开始使用西方技术，建立了近代化的船坞和船舶制造工厂。随着工业化的进程，中国的航运业也得到进一步的改善，并迎来大规模的发展。

近年来，中国的航运业发展迅猛，成为全球最大的航运国家之一。中国的船舶制造业已经成为全球领先的行业之一，其出口量占据全球市场的一半以上。同时，中国的航运服务也得到了极大的发展，以满足国内外的需求。

总之，中国的航运历史丰富多彩，其不断发展的航运业也是中国经济和全球贸易的重要组成部分。从璀璨的航运史中感受发展好航运金融的重要性，能够提高学习的积极性和主动性。

资料来源：王学锋，陈扬. 中国航运史话［M］. 上海：上海交通大学出版社，2021.

第一节 航运金融概述

一、航运金融发展概况

（一）航运金融发展历程

纵观航运金融的发展历程，以 1720 年英国成立航运保险交易中心的劳埃德咖啡馆为雏形，在随后的 300 年中，伴随着世界航运产业的发展，国际航运金融建设也不断加快，先后成立了伦敦、纽约、东京、新加坡等提供高、中、低端不同层次金融服务的国际航运金融中心。世界级航运中心在建设发展过程中，逐步确定了较为明确的航运金融基本运行机制，形成了以金融机构为主体，多种信用形式相互配合，政府机构参与和调节的完备的航运金融模式。同时，呈现出航运中心与金融中心协同建设的发展模式，在世界级航运金融中心的形成中，往往依托世界航运中心的建设，互为依托、相辅相成，以航运金融中心为保障建设世界航运中心，以航运中心为基础建设航运金融中心。但航运金融中心的发展服务模式呈现出如下的不同：伦敦、纽约的航运金融中心，主要立足于高端服务，以全球航运信息为基础，提供全球性的航运交易信息、船舶管理服务与金融保险服务，对全球航运金融服务起主导性的影响；东京航运金融中心，主要依托世界重要的造船基地，以金融资本为基础，发展以造船、船舶融资等的金融服务；新加坡航运金融中心，主要借助航运中转贸易，以吸引买方资金为基础，建立新型的"转口金融"平台，提供优质的转口航运金融服务。

中国航运业发展起步较早，在 15 世纪明朝郑和下西洋时期达到世界先进水平，但就现状而言，虽然中国已经成为世界航运大国，航运金融仍处于初级建设阶段，存在航运业发展与航运金融服务能力不匹配、不平衡的问题。中国与世界领先的航运金融中心相比，在船舶融资租赁、保险服务、清算服务、航运衍生品等领域存在较大的差距。在我国进行船舶融资的手段较为单一，船舶投资期较长且资本成本较高，导致中小企业船舶组合投资方式受限、融资难度提升，资金结算体系难以满足船舶投资者的需要，船舶资金结构供应中存在结构性失调。同时，相关的金融服务机构对于船舶估价、船舶评估、船舶检验、船舶登记等专业性环节知之甚少。我国的航运服务产业主要集中于货运代理、船舶代理等低附加值的环节。航运金融的保险产品相关配套服务匮乏，风险防控能力较弱，无法充分满足相关航运企业的现实需要。货运险方面，中国大幅领先美国、英国，但与日本差距较为明显；船舶险方面，与英国相比，保费差距巨大。我国航运金融总体呈现出稳步发展、发展潜力巨大等特点，但仍与现实需求存在差距。在资金结算方面，国内主要银行无法充分满足航运企业资金集中结算和外汇结算的需要。高端衍生服务尚处在初级阶段，航运金融衍生品市场发展起步晚，存在缺乏航运衍生品集中交易市场、专业人才匮乏等短板，与世界领先的航运金融中心有明显差距，使相关航运企业无法发挥套期保值与规避风险的作用。结合国际航运中心发展历程与世界航运发展趋势来看，我国航运金融中心的建设充满挑战和机遇。

（二）航运金融发展趋势

全球金融危机爆发后，航运业陷入持续低迷。对金融领域而言，在相当长的一段时间内，航运业、造船业投资额大大降低，航运金融业发展严重受阻。尤其是船舶建造数量陡然下降，致使船舶融资需求降低。然而近年来，航运业发展出现转机，航运发展态势明朗化，呈现出缓慢复苏态势。DBI指数波动中提升，表明干散货供需关系得到进一步调整，但仍呈现出供大于求的情形，其他相关货种如集装箱支线航线的贸易量逐步复苏回暖，整体发展态势较为良好。

亚洲经济的发展进一步助推了世界航运中心的东移，以中国为首的亚洲新兴经济体的快速发展，国际贸易的迅速发展使得亚洲范围内的航运市场快速发展，全球港口吞吐量排名中国跻身前列。航运市场的发展进一步推动了航运相关市场的发展，从而对于航运金融中心的需求日益增大。因而，航运金融的发展也出现逐步向东转移的趋势。航运金融的发展趋势仍主要依托现有的发展模式，依托世界航运中心的发展，互为依托、相辅相成，形成各具特征的航运金融服务中心。

结合现有的航运金融的发展，呈现出高信息资源化的特征，对航运大数据的需求日益增加，航运金融的发展依托相关航运信息的搜集与处理分析，为全球航运经济的发展提供服务，预测未来航运周期、航运市场趋势、船舶信息等相关数据；航运金融的专业化程度不断提升，专业性的航运金融人才参与到航运金融领域，成为新兴的金融市场；航运金融创新程度提升，形成了各具特色的创新性的航运金融产品；航运金融呈现出本土化与国际化并驾齐驱的发展模式，结合本地航运金融的实际需求，成立专业的研发机构，开发因地制宜的航运金融产品，同时放眼全球，紧抓时代发展特征，提供面向全球的航运金融服务。

此外，船舶融资模式多元化，由以往单一的船舶融资模式向多元化的融资方式转变，由单一的服务本土用户逐步向服务于全球转变，积极开拓金融租赁市场，形成融资与建造船舶产业链条；航运衍生品成为航运金融的热点，以远期运价协议为代表的航运衍生品成为航运金融的主阵地，形成了新兴的航运防控风险手段；政府等行政机关与部门大力推进航运金融中心的建设，引入专业融资机构，形成了一大批新兴的不同层次的航运金融中心。

二、航运金融概念和特点

（一）航运金融概念

1. 航运金融。广义的航运金融是与海上运输业密切联系的产业集群和产业链相关主体的资金融通、货币流通和信用活动及其他经济活动的总称，包括与海上运输密切联系的内河运输、陆地运输、空运、仓储、物流配送等环节，以及相配套的生产、服务等，如港口、造船、修船、拆船、集装箱业、机械工业，以及与航运技术相关的船舶驾驶、引航、航海通信、航海仪器设备等和航运贸易服务，如船舶代理、货运代理、航运劳务、航运信息、船舶交易、航运技术等。广义的航运金融是在"大航运"概念下展开的各种资金融通活动及相关服务。

狭义的航运金融围绕与海上和内河运输相关联的港口及服务、船舶生产及服务、运输及服务，以及相关产业的生产、经营而发生的通过金融机构运用各种金融工具和方式在金融市场上所进行的资金融通、保险、投资及相应的服务活动。本书主要围绕狭义的航运金融进行讲解。

无论是从广义还是狭义来讲，航运金融都是一个动态概念，它的内涵是随着金融工具、金融市场及金融组织的发展而变化的，随着金融业务活动和经济发展水平的变化而变化的。

2. 航运金融学。航运金融学是航运产业与金融的交叉学科，其本质是金融学，是以航运为研究对象的金融学。它主要研究航运产业相关企业（包括港口、船舶生产和航运企业及其业务相关联的企业）的投资与融资；与航运业务相联系的各种金融业务的理论与实践；航运企业的资本积累、资本运作及其配置问题和资金运用、风险管理、风险补偿等问题；航运市场的资本运行与金融工具的定价；宏观经济通过金融对航运产业的影响和发展。

（二）航运金融特点

从航运金融本身来看，航运金融有四大特点：一是"大"，即航运金融投资巨大，且参与方众多，管理的空间与时间跨度相对较大；二是"专"，即高度专业，航运是一个相对专业的领域，需要相应的专业理念和能力；三是"长"，即航运大多属于长期投资，稳定投资者的预期成为关键；四是"平"，即投资期限相对较长，平滑波动是关键，并实现平稳收益。因此，发展航运金融要围绕这些特点，也包括痛点，有针对性地开展工作，不断培育产业氛围。

从发展的总体趋势看，航运金融也呈现出四大特征：一是碎片化，即化小风险单位和暴露期间，包括价值单元的碎片化和风险周期碎片化，为风险分散营造基础环境；二是证券化，通过 SPV 等技术，实现未来现金流的变现，体现更强的流动性，同时提高资金的利用效率；三是衍生化，通过金融工程技术，实现产品创新，以实现进一步地分散风险，并扩大分散范围，改变风险形态；四是信息化，利用物联网、大数据、区块链、智能投顾等新技术，重构物流、信息流和资金流，尤其是实现风险信息的实时对称，以及智能化管理，为创新营造空间。

三、航运金融研究内容和研究方法

（一）航运金融研究内容

具体来说，航运金融学主要研究以下问题：航运与金融、航运市场与金融市场、航运及投资金融分析方法、航运企业融资概述、航运债务融资、航运权益融资、航运产业投资基金、航运信托与租赁、航运融资担保、航运保险与船舶保险、船舶投资、航运资产证券化、航运价格指数与金融衍生品、利率、汇率与航运市场、宏观经济政策与航运政策、临港产业与金融。

（二）航运金融研究方法

航运金融学所研究的对象具有其自身的体系结构和航运生产实践以及航运金融的特点，在航运金融学研究中需要遵从航运生产的基本规律，结合航运生产的实际情况进行。同时更要遵循社会主义市场经济建设的需要进行航运金融学研究。

1. 思想引领。作为社会主义市场金融组成部分的航运金融研究，必然遵循社会主义市场金融的基本原则和思想：坚持辩证唯物主义和历史唯物主义；坚持实践的观点，以生产力的发展为标准；遵循有利于发展社会主义社会的生产力，有利于增强社会主义国家的综合国力，有利于提高人民的生活水平的"三个有利于"原则；采取对立统一、一分为二、实事求是、符合科学的方法进行研究和探索；坚持解放思想，突破传统的束缚，理论联系实际；具有一定超前性地对在深化改革和中国特色社会主义建设中出现的现实问题进行深入研究和探索；反对片面主义、主观主义、唯心主义的形而上的研究。

2. 系统研究。航运是一个由多种因素组成的系统，但是航运本身也是社会金融系统的一个子系统，与市场金融的其他部门之间存在着千丝万缕的联系，其内部各因素之间也联系密切，甚至具有相互替代的能力。因而在航运金融学研究中不仅将航运金融作为完整、复杂的有机体，而且还要放到国家金融的大系统乃至社会的经济文化、国际金融和政治系统中去分析问题、寻找规律，用系统性的理论进行航运金融研究，从不同的角度分析问题。只有以全局的观点看待航运问题，才能更加全面和准确地了解和掌握航运金融的本质和内在规律。

3. 国际对比。航运金融学研究中不仅要结合我国的航运实践和社会实际，还要重视其他国家的航运实践，学习和了解别人的航运金融研究成果和经验总结，吸收先进的成果和精神财富。通过对航运发达国家和地区的研究，吸取他国的经验和总结他国的教训，使我们少走弯路，提高我们的发展速度和资源利用率。国际比较必须取其精华、去其糟粕，防止盲目照搬和崇洋媚外。

4. 定性和定量分析。定性分析是在一系列原则指导下所进行的性质判断的分析方法，揭示事物之间的联系和影响的关系，如供给量增加造成价格下降。定量分析是通过一个因素的变化量，运用数理逻辑关系，推导出另一因素的变化程度。如供给量增加 m，则价格下降 W。在航运金融研究中，通过定性分析确定相互之间的变化关系，为研究指明了方向，建立了基础标准。同时通过定量分析，确定因素变化的程度，提高分析的精确性，以便更为精准地把握航运金融规律，并为所要采取的措施订立准确的指标和精确方案。

知识拓展 1 − 1：中国远洋海运集团股份有限公司（中远海运）

第二节　航运与金融简介

一、航运简介

（一）航运业范畴

广义的航运业是指通过以海运方式为主体，综合运用其他运输方式，完成"门到门"运输服务的整个产业链，包括托运人至港口、港口至收货人的陆路等运输服务，港口至港口间的海上或内河或沿海运输服务，以及与之相关的码头及其相关业务、货物运输代理、船舶代理等一系列综合性服务。"门到门"意义上的航运企业提供涵盖整个航运价值链的服务，这大大简化了客户的货物运输工作和程序。货主只需与航运企业签订运输合同，航运企业负责上门提取货物后，货主即可在合同规定的时间、指定地点收到货物。狭义的航运业是指以船舶为运输工具，提供"港到港"运输服务的服务业，即航运企业只负责货物从一个港口至另一个港口的运输工作。狭义和广义的航运业务具体划分用图 1 - 1 来表示。

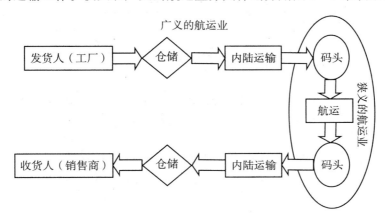

图 1 - 1 广义的航运业和狭义的航运业

不同范畴的航运业定义代表了不同的企业发展战略方向，有些大型航运企业已经开始提高其综合物流能力。虽然广义的航运业涵盖了货物的所有外在物流链条部分，但航运企业与其他交通运输企业的区别在于其核心竞争力来自海上运输（即狭义航运业的覆盖部分），其主要资产在于它所控制的船舶。为了抓住航运业的主要方面，本书定义的航运业为狭义的航运业。

（二）航运业业务流程

在航运企业承运货物的过程中，为了便于管理，客户签单、货物交接、报关等各项工作必须流程化，这便形成了航运业的业务流程。厘清航运业的业务流程有利于了解航运业的纳税环节及涉及的税种、国内外航线业务分布情况、可转由海外附属公司承运的业务等。下面以最为规范的集装箱运输为例，简要介绍航运企业的业务流程。

从中国发货的国际集装箱运输业务流程一般分为以下步骤（见图 1 - 2）：

第一步，发货人一般事先协定或根据合约确定价格及其他条款，向航运企业当地指定的代理商订舱，运送货物至预定的目的地，然后提供所需的文件及申报表。一般而言，这些文件及报表须列明装卸集装箱的时间及地点、发货人名称、收货人名称、目的地港口及所运载货物详情等资料。

第二步，航运企业的代理商将为发货人办妥订舱资料、所需文件及申报表。

第三步，航运企业与内陆运输合作企业作出安排，在协定的时间将空的集装箱运往发货的货舱，然后将货物装入集装箱；或者由客户直接将货物运往航运企业的指定货舱，然后装入集装箱。

第四步，待集装箱载入货物后，委托一名内陆运输营运商以货柜车、铁路、驳船或结合上述多种方式，将集装箱接收并按时运送至码头，然后装上预定于某时间起航的船舶。

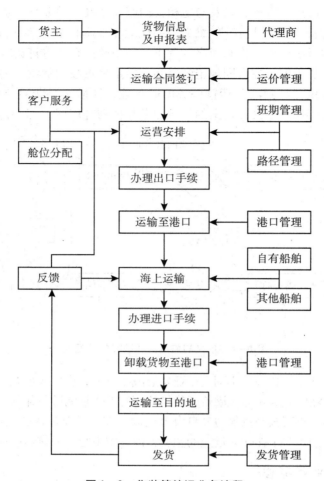

图 1-2　集装箱航运业务流程

第五步，集装箱需在港口通过海关检查并将直接装运至船舶的预定舱位，或储存于码头，直至装运上已约定的船舶。

第六步，船舶根据预定的时间表在预定日期的预定时间起航。航运企业既可以使用自有或租赁的船舶，也可以使用独立第三方，且已与其订立共同投船、互换或购买舱位的船舶来负责海上运输。

第七步，船舶到达目的地港口后，集装箱将根据预定时间表由当地的装卸工人卸货。随后，集装箱将储存在目的地港口的堆场，以待收货人安排通关。集装箱从目的地港口转移、存放及内陆交付，由有关港口的当地代理办理。

第八步，根据收货人要求，当地代理与独立第三方内陆运输营运商协调，将整个集装箱运送到收货客户指定的地点。

第九步，在收货客户的厂房或货舱卸货后，空的集装箱将直接被送往出口商的货舱再次装上货物，或运往堆场待用。

另外，运输过程中还需要对运输货物进行管理，每次作业完成需要向前面的管理环节做一次反馈。

（三）航运业特征

在航运业中，航运金融占据着非常重要的地位。首先，在全部航运业实物资产量（港口及船舶）中，航运金融所依托的实物资产量占比较大，通常占 60% ~ 70%。其次，航运金融中的政策性内容，是航运业金融最集中和最典型的代表，也是航运业金融最主要的内容。最后，对其他非航运而言，航运金融存在着显著的外部性。如在资金较富足的条件下，航运金融的扩张，特别是航运投资的扩张，会使航运业得以有效扩张，从而产生航运金融外部经济；反之，航运金融的收缩，会影响航运业的有效扩张，从而产生航运金融外部不经济。

尽管航运业在其运行过程中所表现出的特征是多方面的，但以下三个特征最为突出：

1. 中长期信用的性质非常明显。这首先表现在航运的生产性融资上。航运的生产性融资期限较长，主要由以下几个因素决定：一是航运本身的生产周期较长。航运的大型化和复杂化等特点，决定了航运从其投资的项目和可行性研究开始，到航运及其必需的使用配套设施全部建成，通常都是跨年度的，甚至是跨多个年度的，如港口和大型船舶。二是现代航运的大吨位化引起航运生产周期的缩短。三是航运生产建设资金往往要延续到航运设施建成以后的数月甚至数年才能全部收回。这主要是因为有相当一部分如港口、船舶投融资资金额的巨大。

2. 普遍采用抵押担保机制。航运金融之所以具有这一特征，主要是因为抵押担保机制既能有效降低航运金融中资金供给者的风险，又能满足航运金融中资金需求者希望同时得到资金支持和在负债期间对船舶使用权的要求，是一种能较好协调航运融资双方利益关系的机制。

3. 政府干预的不可退出性。从国家安全的角度出发，为了航运业的健康、持续发展，提高其在国际航运市场的竞争地位，政府必须对航运金融进行必要的干预，即必须通过运用恰当的工具，或者建立适当的政策性航运金融体系，直接或间接地为提高航运支付能力提供必要的政策融资支持。直接的融资支持是指直接为在支付能力上相对较弱但必须促进其发展的地区或企业提供政策性的贷款、财政税收优惠等；间接的融资支持则是指通过对航运生产商提供优惠性的生产性税率或其他融资支持，降低航运生产成本，提高其竞争力。

二、金融简介

研究航运金融问题必然会涉及金融学的基本原理和方法。因此，有必要回顾金融的基本问题。

金融是指货币资金的融通，包括与货币流通和信用有关的一切金融活动。但金融所涵盖的范围有广义和狭义之分。由于金融工具、金融市场与组织机构及金融活动代表并体现着一定的金融行为与金融关系，因此可以说，这些行为与关系的总和就是金融，即最广泛意义上的金融。所以，广义的金融包含一个国家的所有金融单位、个人及政府与货币、资本、信用、证券等有关的金融活动、金融行为及其体现的各种关系；包含一国的各种金融资产、金融工具、金融市场与金融组织所具有的形式，所占的比例，包括它们同该国其他金融活动、金融部门的关系及相互作用。由于在现实中，从事金融中介与金融服务、创建金融市场、组织金融活动的主要是金融组织与机构，所以金融又可以指以存贷、信用、资本、证券、外汇等金融工具为载体，以银行、证券和保险公司等各种金融组织为中心的各种借贷、资本交易、债权与债务转移等金融活动，即金融活动或称金融业务活动，这是关于金融的狭义概念。

无论是从广义还是狭义来讲，金融都是一个动态概念，它的内涵是随着金融工具、金融市场与金融组织的发展变化，随着金融业务活动的发展变化以及金融发展水平的变化而不断变化的。

（一）金融的构成

具体来讲，金融是由以下四个方面组成的：

1. 金融产品（工具）与金融服务。金融产品与金融服务主要包括：货币及货币的衍生形式（如支票、汇票、记账货币、电子货币等）的存储、收支、转移与清算等；货币与资本的筹集、借贷、交易与流动等服务；货币市场与资本市场产品及金融衍生工具的交易与中介服务；其他各种金融工具的投资与市场化服务；信用证明、信用提供与信用扩大服务；各种金融业务咨询、风险管理、风险分析及投资组合管理；企业合并兼并的安排、处理及服务。

2. 金融市场与金融机构组织。金融机构主要包括银行、保险、证券和其他金融机构，如图1-3所示，同金融产品与金融服务一样，金融市场与金融机构组织是不断发展变化的。在不同的国家或同一个国家的不同发展阶段，金融市场与金融机构组织的形式是不同的。原则上讲，金融市场与金融组织主要包括三个方面的内容：金融市场的种类、各种金融市场的特征及组织形式；金融机构的种类、特征及组织形式；宏观金融调控与金融管理的组织与组织形式。

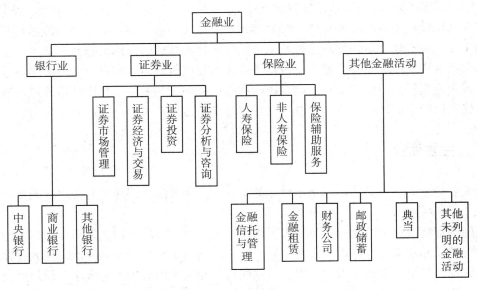

图1-3 金融机构体系

3. 金融调控与金融监管的方式。金融调控与金融监管是不同的概念，金融调控组织与金融管理组织也是不相同的。金融调控是指一国政府或有关金融当局，通过各种金融政策与手段，来对该国宏观金融运行态势进行干预，以达到一定的目标，所以是运用金融手段对宏观金融进行有目的的调整与控制。而金融监管是指一个国家政府设立什么样的管理组织，通过什么样的方法与手段来对该国的金融组织、金融市场及金融活动进行管理，例如是否通过法律手段，或以何种法律手段、规章制度和管理机构来进行监督、管理与控制。所以金融监管只涉及对金融市场、金融组织与金融活动的管理。

4. 金融关系。金融关系既包括各种金融活动、金融市场、金融组织的内部关系，也包括金融活动所产生的各种关系及金融活动同金融活动的关系等。主要包括金融工具、金融市场、金融机构组织之间的关系，如三者之间的互相影响、制约与联系等；金融机构组织、金融市场自身之间的关系，即各种不同金融组织的地位与作用，联系与发展，各种不同金融市场的地位与影响等；金融管理与金融业运行与发展之间的关系；宏观金融调控与经济运行的关系；金融结构关系，如各种金融工具构成比例关系，金融机构构成比例关系，金融机构同非金融机构的比例关系，金融资产与负债在不同金融部门的分布比例关系，金融资产同总资产及国民财富的比例关系等；金融同经济增长之间的关系。金融不仅体现经济活动自身所产生的各种关系，同时由于它本身就是一种经济活动，所以它必然要反映各种各样的经济关系，体现它与经济活动之间的各种关系，其中最主要的是金融与经济增长之间的关系。在当代，随着金融在经济活动中的作用与地位的上升，金融与经济增长之间的关系变得越来越紧密。

（二）金融的功能

金融的功能有以下六个：（1）清算和支付功能，即金融体系提供了便利商品、劳务和资产交易的清算支付手段。（2）融通资金和股权细化功能，即金融体系通过提供各种机制，汇聚资金并导向大规模的无法分割的投资项目。（3）为在时空上实现经济资源转移提供渠道，即金融体系提供了促使经济资源跨时间、地域和产业转移的方法和机制。（4）风险管理功能，即金融体系提供了应对不测和控制风险的手段及途径。（5）信息提供功能，即金融体系通过提供价格信号，帮助协调不同经济部门的非集中化决策。（6）解决激励问题，即金融体系解决了在金融交易双方拥有不对称信息及委托代理行为中的激励问题。

（三）金融的业务

金融业是指经营金融商品的特殊行业，它包括银行业、保险业、信托业、证券业和租赁业。

1. 银行业。在我国是指中国人民银行，监管机构，自律组织，以及在中华人民共和国境内设立的商业银行、城市信用合作社、农村信用合作社等吸收公众存款的金融机构、非银行金融机构以及政策性银行。

2. 保险业。保险是指投保人根据合同约定，向保险人支付保险费，保险人对于合同约定的可能发生的事故因其发生而造成的财产损失承担赔偿保险金责任，或者当被保险人死亡、伤残和达到合同约定的年龄、期限时承担给付保险金责任的行为。保险业是将通过契约形式集中起来的资金，用以补偿被保险人的经济利益业务的行业。

3. 信托业。信托与银行、证券、保险并称为金融业的四大支柱，其本来含义是"受人之托、代人理财"。按照《信托法》对信托的定义，信托是指委托人基于对受托人的信任，将其财产权委托给受托人，由受托人按委托人的意愿以自己的名义，为受益人的利益或者特定目的，进行管理或者处分的行为。

4. 证券业。证券是各类财产所有权或债权凭证的通称，是用来证明证券持有人有权依票面所载内容，取得相关权益的凭证。所以，证券的本质是一种交易契约或合同，该契约或合同赋予合同持有人根据该合同的规定，对合同规定的标的采取相应的行为，并获得相应收益的权利。证券业是为证券投资活动服务的专门行业。

5. 租赁业。一般的租赁活动，是出租人将自己拥有的物质资料按一定条件出租给他人使用，承租人在使用过程中按照规定交纳租金。租赁业是以金融信贷和物资信贷相结合的方式提供信贷服务的经营业。

金融业具有指标性、垄断性、高风险性、效益依赖性和高负债经营性的特点。指标性是指金融的指标数据从各个角度反映了国民经济的整体和个体状况，金融业是国民经济发展的"晴雨表"。垄断性一方面是指金融业是政府严格控制的行业，未经中央银行审批，任何单位和个人都不允许随意开设金融机构；另一方面是指具体金融业务的相对垄断性，信贷业务主要集中在四大商业银行，证券业务主要集中在国泰、华夏、南方等全国性证券公司，保险业务主要集中在人保、平保和太保。高风险性是指金融业是巨额资金的集散中心，涉及国民经济各部门、单位和个人，其任何经营决策的失误都可能导致"多米诺骨牌效应"。效益依赖性是指金融效益取决于国民经济总体效益，受政策影响很大。高负债经营性是相对于一般工商企业而言，其自有资金比率较低。金融业在国民经济中处于牵一发而动全身的地位，关系到经济发展和社会稳定，具有优化资金配置和调节、反映、监督经济的作用。

知识拓展 1－2："一带一路"跨境电商航运贸易融资项目

第三节　航运业与金融业的融合

随着金融的发展和投资渠道的多元化，航运业及其相关投融资活动受到越来越多的关注。在一个开放的、外向型的金融体制中，航运与金融的关系是相辅相成的。没有金融的支持，航运将失去建设的实力；而没有航运的发展，金融也将失去生存的基础。金融业发展解决了船舶、航运公司和港口的资金困境，充分发挥了它在航运投资、融资、结算和海上保险中的作用；而航运生产本身也就是国际国内资金流转的过程。因此，航运业与金融服务的完善是相辅相成、共同发展的。

一、航运业的金融属性

1. 航运资产的金融属性。

（1）资产。资产是指有交换价值的所有物。资产包括实物资产和金融资产、房屋、土地等，它们的价值若取决于特定资产的自身，则称之为实物资产。实物资产具有所有权、收益权、处置权、转让权，这些权利可为实物资产保值、增值，并带来现金流，而且其本身就具有融通资金、抵押和担保的功能，因此也具有金融的属性。

有别于实物资产，金融资产主要指现金及一般有价证券，其种类极多，除股票、债券外，还包括保险单、商业票据、存单和各种存款，以及现金等。金融资产的价值取决于能够给所有者带来的未来收益，或者说，持有金融资产，意味着拥有对未来收益的要求权利。例如，金融资产中的债券，它代表持有人向发行人索取固定收益的权利。再如，金融资产中的股票，它代表股东在公司给债权人固定数量的支付以后，对收入剩余部分的要求权——剩余索取权。其中的现金，在物价水平保持不变的情况下，收益为"0"，是一个特例。

金融资产的价值大小由其能够给所有者带来未来收入的量和可能程度决定。在金融资产价值决定中，金融资产与实物资产，如厂房、设备、土地等之间，存在着十分密切的联系。例如，能够产生较高现金收益的股票，往往归功于发行股票的企业用这笔资金购置了性能先进、运营成本低、能产生大量现金流的实物资产。但是，也有一些金融资产与实物资产之间的价值联系并不那么直接，如期货、股票指数期权等。这些金融资产是依附于股票、债券这样一些金融资产而产生的，其价值变化主要取决于股票、债券的价值变化。在这个意义上，这类金融产品具有"依附""衍生"的特征，因而被冠以"衍生金融产品"的称呼。至于赖以衍生的基础性金融资产，则相应取得了"原生金融工具"的称呼。但无论如何，衍生金融产品，并不能同实物资产完全割断联系，只不过联系是间接的，即通过原生金融产品迂回地实现。认识到这一点非常重要，因为它可以解释：为什么金融资产的价值不可以长期持续地远远偏离实物资产的价值？为什么证券市场价格高到一定程度就有泡沫？

金融资产具有两个重要的功能，一个是帮助实现资金和资源的重新分配；另一个是在资金重新分配的过程中，帮助分散或转移风险。例如，一个从未借债的企业通过举债，可将企业所有者的一部分风险转移给债权人。再如，一个面临可能出现日元贬值而导致出口产品收入下降的企业，可以通过卖出日元期权的交易，将风险转移出去等。由于衍生的金融产品在转移风险方面往往比原生产品更有效率，所以从20世纪70年代起，在金融风险日趋加大的情况下，它们的品种不断增加，其市场规模取得了长足的发展。

（2）航运资产具备金融资产的特征。尽管航运资产种类繁多，包括实物资产和虚拟资产，如港口、码头、设备、船舶、特许经营权、现金、股票、债券、基金、保险单、期权、运费期货等，千差万别，但都具有一些共同的特征，即金融资产的特征。这些特征包括货币性和流动性，偿还期限，风险性，收益性。

航运资产的货币性是指可以用其作为货币，或交易转换成货币，行使交易媒介或支付的功能。一些航运企业的资产本身就是货币，如现金和存款。一些可以很容易变成货币的金融资产，如流动性很强的企业债券等，对于其持有者来说与持有货币的差异不大。其他种类的金融资产，如股票、公司债券（或可转债）、产业基金等，由于都可以按照不同的难易程度变现，故也可视之为具有流动性、偿还性、期限性等特性。

风险性是指购买金融资产的本金是否有遭受损失的风险。本金受损的风险主要有信用风险和市场风险两种。信用风险也称违约风险，指债务人不履行合约，不按期归还本金的风险。这类风险与债务人的信誉、经营状况有关。风险有大有小，但很难保证绝无风险。信用风险也与金融资产的种类有关。市场风险是指由于金融资产市场价格下跌所带来的风险。某些金融资产，如股票、债券，它们的市价是经常变化的。市价下跌，就意味着投资者金融资产的贬值。因此，在金融投资中，审时度势，采取必要的保值措施非常重要。如何度量风险，以保证投资人取得与风险相匹配的收益，是金融理论与实践中的一个重要内容。

收益性由收益率表示。收益率是指持有金融资产所取得的收益与本金的比率。在现实生活中，人们还会将通货膨胀对收益的影响考虑进去，以真实评价收益的情况。

对于金融资产的特征，通常也以"三性"概括，即流动性、收益性和风险性。而航运资产也具有流动性、收益性和风险性的特征。

2. 航运企业经营活动中的金融决策。在航运企业的经营活动中，企业的管理者必须考虑三类重要的问题：第一，企业应该实施什么样的长期投资项目，这是资本预算决策；第二，如何为所实施的投资项目筹集资金，以什么样的方式筹资成本更低，更有利于企业的经营目标的实现，这是资本结构决策；第三，企业的管理者如何管理正常的现金和财务工作，这是营运资金管理决策。

另外，航运企业从事生产经营活动需要资本，主要包括自有资本和借入长期资金两部分。企业取得和使用这些资本是需要付出代价的，金融学将这种代价称为资本成本。企业取得资本所付出的代价，主要指发行债券、股票的费用，向非银行金融机构借款的手续费用等；使用资本所付出的代价，主要由货币时间价值构成，如股利、利息等。这些都是企业金融决策涉及的问题。

二、航运业对金融的需求和吸引

（一）航运业对金融产品的需求

现代航运业具有国际化、周期性、资本密集等基本特点决定了航运业与金融业之间存在密切的联系，并且使得航运业本身出现了金融化的趋势，而航运金融市场正是航运市场与金融市场相结合的产物，因此，航运金融市场也具有独有的特征与发展条件。

航运企业的融资需求特征决定了航运金融市场的资金交易规模巨大，产品种类复杂，全方位涉及各种类型的金融机构和金融市场。航运业是资金密集型产业，所需投资额巨大，投资回收期较长，而且航运产业风险性高，这些特点决定了航运企业很难依靠自身力量满足其融资需求以及进行投资活动，而是需要从诸多融资渠道中选择适合本公司的最有利的筹集资金方式。同时航运业本身包括了船东公司、船舶租赁公司、无船承运人公司、船舶融资租赁公司、船舶经营公司、船舶管理公司等多种企业类型，以及诸如船舶制造企业、物流公司、仓储公司、码头经营企业、内陆运输公司等与航运相关的企业，这些企业的规模、经营状况、发展目标千差万别，其融资需求也都各有其不同的特点。

为了满足航运企业巨大的、多样化融资需求，航运金融市场对于资金规模需求巨大，涉及商业银行、政策性银行、融资租赁公司、证券公司、信托公司、投资基金公司等各类金融机构以及外汇市场、股票市场、债券市场、衍生工具市场等金融市场，融资形式包含了贷款、贸易融资、融资租赁、发行债券、吸收个人股权投资、投资基金、资金信托、私募股本、公募股本等金融产品。表1-1展示了航运企业对于商业银行的金融产品需求。

表 1-1		航运企业对于商业银行的金融产品需求
航运企业	共性金融需求	差异性金融需求
船舶、集装箱等制造企业	国内、国际结算,长期贷款	银行信用担保、船舶建造贷款、原材料采购融资
航运企业	国内、国际结算	运费集中收付、船东融资、融资租赁、汇率风险规避、服务贸易项下应收账款融资
进出口贸易公司	国内、国际结算,贸易融资	供应链融资、外汇理财及避险产品
港口服务类企业、修船企业	国内、国际结算	网上收费、服务及货物贸易项下应收账款管理及融资、外汇理财及避险产品
船代、货代等物流公司	国内、国际结算,流动资金贷款	运费集中收付、运费无承付托收、信用支持,外汇理财及避险产品、服务贸易项下应收账款融资

(二) 航运业对金融业的依赖性分析

航运业与一般企业生产、再生产及其经营的共性和航运业本身的特性相互交织在一起,构成了航运业需要金融支持的客观基础,从而使航运业产生了对金融业的强烈依赖性。

1. 从企业经营和再生产中最普遍的商品——货币关系上考察,航运业离不开金融业的支持。在市场金融条件下,航运在其生产、流通、交换的各个环节中,必须进行各种各样的物化劳动和活劳动交易,这些交易的实现,是以货币工具的存在和运用为条件的。如果离开货币工具,航运业中各种形态的物化劳动和活劳动就无法计量、比较、核算和控制,从而无法进行交易。而金融机构恰恰是专门经营和管理货币这种作为一般等价物的特殊商品的。因此,航运业的运行不可能离开金融业的支持与配合,而且,金融业的运行状况及其对航运业的态度,直接关系到货币工具在航运业中的作用效果,关系到各种金融工具在航运业中的运用程度。

2. 从航运业的特殊性上考察,航运业要靠金融业的支持才能解决自身运行中的两个基本矛盾。第一,港口建设、船舶等生产和购买过程中所需垫付巨大的资本量与航运企业自有或愿意垫付的资本量之间的矛盾——航运投资所需垫付的资本量很大,航运企业能够或愿意垫付的自有资本量却很有限,这显然是矛盾的。不解决这个矛盾,航运投资就不能顺利进行。而要解决这个矛盾,只有靠航运企业向外融资,必须靠金融业的介入,即必须靠商业性或政策性的银行及保险、证券、信托和担保、租赁等非银行金融机构对航运业的全面介入,只有具备了各种诸如信贷、股票、债券、保险、信托等丰富的融资工具,航运业才能解决好航运投资的融资问题。第二,航运业的各类生产经营类设施供应的高价格与航运企业购买者现期的低支付能力之间的矛盾。与航运各类生产经营类设施供应的较高价格相比,绝大多数企业购买者在现期可支付货币量较小。在市场金融条件下,解决这个矛盾最有效的方法是发展对航运企业的负债购买,确切地说,是在航运生产领域推行航运抵押信贷机制。而航运负债购买,尤其是航运抵押信贷机制的推行,只有在金融业特别是银行业的介入下才可能实现。

3. 从航运业的波动性上考察，航运业要靠金融业的配合才能顺利实现其波动的内在要求。同其他商品再生产一样，航运业的规模也不可能总是扩张的，在各种内生因素和外生因素的影响和推动下，航运业的规模有时要扩张，有时又要收缩，航运业正是在这种不断交替出现的扩张和收缩波动中实现其运行和发展的，这是在航运业内生因素的作用下而发生的符合航运业规律的周期性波动。所以，没有金融机构的介入和支持，没有金融业充当航运业波动中巨额资金进出的"蓄水池"，航运业就不可能实现其客观需要的不断扩张和收缩。

4. 从航运业的宏观运行上考察，只有对航运业实行金融调控才能求得宏观运行上的总体协调。航运业在宏观运行上是否协调，是航运业运行好坏的重要内容，它包括航运业总量是否适当、总供给与总需求是否均衡、航运业的区域结构是否合理、航运业中的效率是否提高和竞争力是否提升、航运业与整个国民金融和社会发展是否协调等具体内容。对这些方面的调节，必须综合运用财政税收、行业规划和金融等手段和工具，才能取得好的效果。

5. 从航运业中航运的财富效应和投资工具属性上考察，航运业要靠金融业的介入才能更好地发挥航运的财富效应与投资功能。

（1）航运企业所具有的较强的财富效应对航运需求、从而对航运业的运行有重要影响，而只有在保险和担保公司的支持下，航运才能更好地发挥其财富效应。

（2）航运企业具有较好的投资功能，是使投资者产生投资需求的重要原因。航运资产之所以是一种投资工具，主要是因为航运资产具有较好的保值和增值性。航运资产投资可分为两大类，一是通过建造港口、船舶的形式而进行的投资；二是通过购买在市场上发行的与航运企业相关的各类代表所有权或债权的有价证券而进行的金融投资。然而，投资主体，尤其是广大的投资者进行航运投资时，都会碰到一个投资门槛的难题。这个投资门槛就是航运投资要求垫付的资本量较大。航运投资的这个门槛必然将广大的中小型投资者挡在航运投资的大门之外。降低航运投资这个门槛的最有效途径，是打通航运业与资本市场的通道，引入资本市场机制，通过股票、债券、信托凭证、产业基金等金融工具，将航运投资进行价值细分，化整为零，推行航运资产抵押贷款证券化和航运产业投资基金等各种形式的航运证券化。这样，广大投资者就可通过金融机构购买各种面值的航运证券和信托凭证等航运金融产品，实现对航运企业的投资。

（三）航运业对金融业的引力分析

在航运具有对金融业强烈依赖性的同时，金融也有主动介入航运业并与之融合的内在强烈要求。金融之所以具有主动介入航运业的内在强烈要求，主要是因为航运业对金融资本具有较强的引力，这种引力主要表现在以下几个方面：

1. 航运市场的"广度"和"深度"有利于金融资本增强对市场的渗透力。金融资本对市场的渗透力越强，表明金融资本对市场的有效性越高，从而意味着金融资本的增值能力越强。

从航运市场的"广度"方面看，航运市场的参与者广泛，市场组织形式多样，金融资本介入航运业，必然可以获得提高其市场占有率的诸多机会。第一，如航运投资者在地域上的分布和在层次上的分布都很广泛。第二，航运业过程的参与商较多，如船舶制造商、货运商、货运代理商、船舶经纪商、理货商、航运销售代理商、港口建设监理商和经营管理商等，这些参与商涉及诸多行业。因此，金融机构介入到航运业中，必然有同这些参与商之间发生各种直接或间接联系的机会,这就为金融资本向这些参与商所在行业的渗透创造了条件。

从航运市场的"深度"方面看,航运业中资产的运行形态是多样的,金融资本介入航运业,必然可以获得向多种形态的资产渗透的机会。第一,航运业中的港口设施、船舶是最典型的固定资产,金融机构介入航运业,促进了金融资本与固定资产的融合。第二,航运和制造商等的生产经营活动都需要大量的流动资产,金融机构介入航运业,也促进了金融资本与流动资产的融合。第三,航运业中船舶所有权的固定性,决定了航运使用权流通实际上是一种产权流通,这样,航运交易主要也就表现为产权交易。所以,金融机构介入航运业,是金融资本对产权市场的一种有效渗透。第四,在银行资本介入航运业后,为解决航运船舶使用权、船舶抵押贷款的流动性问题,航运抵押信贷资产以及未来的营运现金流可进行证券化。这样,银行资本、证券资本、保险资本等不同形态的金融资本可进行相互渗透和融合。

2. 航运业的资金流具有可满足金融业提高运行效率所需的特点。航运业的资金流主要有两个特点明显构成了对金融资本的吸引力:第一,航运业过程中的资金流量较大,金融业介入航运业可以取得明显的金融服务的规模。第二,航运业在经营过程中,资金流速较慢而且流程较长。金融业介入航运业,可为金融业实现范围金融提供重要保证。当产品或服务的单位成本随着多种产品或服务的同时生产或提供而下降时,就存在着范围金融。航运业经营过程中的资金流速较慢,从而流程较长,金融业介入其中,可以获得大量的中长期金融业务,形成较多的中长期资产和负债,这对丰富资产负债的组合因素,实现金融资本运行风险和收益的最佳组合,从而降低金融资本的单位运行成本,或者说对降低金融服务的单位服务成本十分有利。

3. 航运的重要性和较好的保值增值性有助于提高金融资本的增值能力。金融资本是一种虚拟资本,而虚拟资本和实体资本二者之间存在着相互依存、相互制约的关系。虚拟金融和虚拟资本的产生源于实体金融发展的内在需求,无论其发展多快、规模多大,根本目的都是为实体金融服务。实体资本是虚拟资本存在和发展的基础,没有实体资本,虚拟资本将无从谈起,即实体资本是第一性的,虚拟资本是第二性的。既然金融资本是服务于实体资本的,那么,就有一个金融资本服务于什么样的实体资本的问题。事实上,由于不同的实体资本在金融与社会发展中的地位不同,在保值和增值性上的特点等方面也不同。所以,金融资本服务于不同的实体资本,必然会有不同的金融资本增值效果,或者说必然会有不同的生息效果。正是因为这个原因,使得金融机构在决定资金投向时,不得不考虑金融资本所支持和服务的实体金融及实体资本在金融运行中的地位,及其保值增值特点。通常在其他条件规定时,金融资本支持和服务的实体金融及实体资本在金融运行中具有重要地位,又有较好的保值增值性,那么该金融资本也会有较好的增值效果。

航运业比较符合这种要求。航运业在国民金融与社会发展中具有非常重要的地位,不仅在全部实体资产中占有较大比重,而且其再生产对整个国民金融的运行也有重要影响,在一国金融中处于基础地位。

4. 航运业领域潜藏着进行金融创新的巨大空间。(1)港口的不可位移性(与土地连成一体)、船舶价值较大、生产周期较长、耐用要求较高等技术特点很突出,与金融资本为其他一般实体资产提供金融服务相比,金融资本为航运资产的运行提供金融支持和服务,会碰到更多的特殊性和难题,这就为金融创新提供了更多机会。(2)航运问题既是一个金融问题，同时又是一个政治（国防）问题。金融的、政治的和法律的各种不同种类的制度在航运业服务过程中会发生比较复杂的交融与碰撞，从而产生繁杂的制度关系和矛盾，这也为金融创新提供了更多机会。（3）航运市场具有较强的区域性，各区域的航运市场条件始终存在着这样那样的差异，介入航运业再生产的金融机构只有不断创新出更多的新型金融工具、机构和制度等，才能不断满足不同区域的航运市场对金融支持的需求，这显然增加了金融创新的机会。（4）介入航运业的金融资本的具体形态较多，如银行、证券、保险、信托、基金等形态的金融资本。而且在这些不同形态的金融资本中，有一些还有政策性和商业性之分。这些多种形态的金融资本共同服务于与其他领域相比特殊性很突出的航运业，必然产生很多特殊的交叉、规避和互补等难题。解决这些难题，当然只有靠更多的金融创新。

从国内外的实际情况看，在航运金融中产生的金融创新的确比较多，例如航运抵押贷款还款方式上就有很多创新成果，航运担保和租赁业创新了船舶的融资业务和多元化；在航运基金的种类上也有很多创新成果，航运抵押贷款证券化就是一项，由其发展的航运抵押贷款证券品种和工具，以及相应的保险创新等更是不胜枚举。

正是因为航运业对金融资本具有较强的引力，所以国内外的金融机构都非常重视金融资本对航运业领域的介入和渗透。而且通过这种介入和渗透，也确实大大提高了金融资本的运行效率，航运金融被称为金融机构的"黄金业务"。在一些发达国家和地区，航运抵押贷款一直是银行的一项重要资产，如美国商业银行信贷资产总量中航运抵押贷款所占的比重一般在10%～20%，英国商业银行的这个比重一般也在15%～20%。

三、航运业与金融业相互融合的必然性

航运业与金融业的相互融合不是偶然现象，而是由航运业的资金运动特点和金融业对包括航运业在内的金融增长的带动功能决定的。航运业与金融业的融合程度与各国金融发展水平密切相关。在发达国家和地区，航运业在国民金融中的地位较为突出，航运业与金融业的业务融合程度也相应较高。这主要表现在：（1）业务的相互渗透，即航运金融机构业务的综合化和多样化，商业银行及其他金融机构逐渐介入航运业务领域。（2）资金的渗透，即航运金融机构与航运业企业间的相互持股。（3）与证券市场的相互渗透，即随着衍生金融的发展，证券市场因航运业的发展而得到扩大和繁荣，如航运业证券化的实现必须依托证券市场和证券工具等。

总之，航运金融是航运业活动与金融活动的融合体，引起这种融合的原因，既来自航运业对金融业的依赖性，又来自航运业对金融资本的引力，是航运业与金融业之间互为满足的融合。

四、研究航运金融学的必要性

1. 从金融业角度来看，现代经济体系的核心是金融，经济体系中的所有经济主体都是在一定的金融环境背景下，从事各类经济活动，做出各种经济金融决策的。这些经济活动效率的高低，经济金融决策最终效果的好坏，很大程度上取决于他们是否充分利用了金融体系的各项功能和是否正确做出各种经济金融决策。金融体系的任何变化，都会对他们的经济行

为产生影响，从而对整个经济体系的健康发展产生深刻的影响。金融体系的平稳高效运行，是整个经济体系正常运转的重要前提条件。同时，随着现代金融科学的发展，各学科之间相互联系、相互交叉和相互融合的趋势越来越明显。同样，在国内外经济的快速发展下，航运业不可避免地与金融业广泛联系，并相互促进、共同发展。

2. 从航运业角度来看，（1）航运业是一个资本密集且投资风险大的服务性行业。其中，航运企业的扩大生产和经营，进行战略重组、兼并收购、投资与融资经营活动都是其最重要的内容之一，是涉及航运企业生产经营全局、改变船队结构和航运能力的战略性活动。航运投资与融资、保险、风险规避等贯穿从投资决策、融资到经营管理的全过程。投资与融资效益的好坏、风险控制程度将直接影响航运企业今后的经营效益。（2）从近 20 年的航运实践来看，航运企业盈利很不稳定。一方面，企业的营运收入依赖于国际航运市场的竞争能力。航运企业产品的不可存储性，使得航运业无法像其他行业那样，可以通过存货的周转来调节市场的供需矛盾，而只能通过保有一定的运力规模来适应航运需求增长的要求；另一方面，由于国际贸易需求对国际航运的派生性，使得世界经济与国际贸易中任何因素的变动都直接影响到航运市场的波动。一旦世界经济衰退、国际贸易量减少，国际航运市场就会出现运力供给严重过剩、船舶运价大幅下跌的局面。在当前的国际航运市场中，由于世界经济紧缩等原因，造成国际航运需求严重不足。一些航运公司的营运船舶处于亏损状态，使得航运业的船舶融资活动较其他行业更加困难。尤其是发展中国家的航运企业，资信水平较差，船龄普遍偏大，在当前国际航运法规、环保法规对船舶技术状况要求越来越严格的情况下，船队更新已迫在眉睫。对航运企业来说，从何处筹集大量的买、造船资金，应采取何种投资与融资方式，才能使企业的投资效益最佳、融资成本最低，且投资与融资的风险性最小，这是航运企业投资与融资活动必须面对的重要内容。（3）目前，我国航运企业投资和融资渠道还比较单一，主要依赖间接融资方式，而通过股票、债券、基金等金融工具直接向资本市场筹资的比重偏小，较少借助资本市场先进的金融衍生工具来规避金融风险。因此，在我国航运企业内，加强对投资与融资的研究具有极为重要的现实意义。

3. 从当前国内对于航运金融的研究来看，从 20 世纪 90 年代末期，直到 21 世纪初，业内学者对航运金融有了初步研究，打下了良好的基础。但这种研究大多停留在航运金融微观层次，即航运融资方式和融资决策，而对于航运金融系统的研究却很少有人涉及。少数学者在其著作或者论文中提出了航运金融的概念，并加以论述。由于这些学者大都是从投资、融资的角度上进行航运金融特性分析，并没有全面、系统地对航运金融学进行分析，因此对于航运金融的研究不仅大有可为，也急需有所作为。

无论如何，对航运金融的研究有利于统一的航运金融学体系的建立，有利于航运学科和金融学的沟通，有利于应用金融学的学科建设。同时，对航运企业加强投融资管理，拓展其在金融市场的各类运作思路，扩大经营规模，提升企业竞争力，规避金融风险，都具有实践意义。

本章重要概念

航运金融　集装箱航运业务　实物资产　金融资产　金融决策　金融　金融关系

本章习题

1. 请简述航运金融/航运金融学的定义。
2. 请简述航运金融/航运金融发展的特点。
3. 请简述航运金融学的研究方法。
4. 请简述广义航运业和狭义航运业的内容和区别。
5. 简述从中国发货的国际集装箱运输业务一般流程。
6. 简述航运企业经营活动中的金融决策包括哪些?
7. 简述航运业与金融业相互融合的必然性。

航运市场与金融市场

■ 本章导读

从全球的角度来看，航运业作为一个技术与资本都高度密集的产业，其发展与金融资本支持是密不可分的。航运企业的扩大生产和经营、战略重组、兼并收购、投资与融资等经营活动都离不开金融市场。2021年，全球船舶贷款规模约5 000亿美元，包括本地银行在内的所有银行的贷款总额约为3 400亿美元，约占全球船舶融资总额的2/3[①]。如果没有金融资本长期稳定的支持，在航运业这样一个周期波动的行业中，航运公司很难获得长期持续性的发展，因此研究航运金融对国际航运市场的发展有着举足轻重的作用。

航运市场是运输市场的组成部分，具有其自身的体系结构和生产实践特点，在航运金融学的研究中需要遵循航运生产的基本规律，结合航运生产的实际情况。研究航运金融需要了解航运市场和金融市场基本情况、规律和发展态势。本章将对运输市场、国际航运市场、金融市场、航运金融市场运行模式等内容进行介绍。

■ 课程思政

丝路海运——"一带一路"上的黄金水道

2021年，《国民经济和社会发展第十四个五年规划和

---

① Petrofin Research 数据整理推测，https://baijiahao.baidu.com/s? id = 1743389852507783357&wfr = spider&for = pc.

2035年远景目标纲要》明确提出，支持扩大"丝路海运"品牌影响力。为进一步提升港航服务品质，促进航贸要素聚集，中远海运集团、福建省交通集团和厦门港务集团共同倡议发起了"丝路海运"联盟，旨在融合港口、航运、物流、贸易、投资、金融、信息等要素，构筑服务于"一带一路"、跨行业共商共建共享的国际航运物流生态圈。目前"丝路海运"联盟成员涵盖港口、航商、物流、贸易、金融、投资、信息、科研、媒体等。这些行业要素单位既是"丝路海运"的推动者，也是成果的获得者，在共商共建共享基础上求同存异、优势互补，共同参与组建跨行业、开放性、非营利、松散型的"丝路海运"联盟，共同参与制定"丝路海运"服务标准体系，共同推动行业与政府业务政策创新，共同推进港航物流服务品质的不断提升，将原来激烈竞争的航运贸易市场转变为面向"一带一路"的蓝色海洋，对面临百年未有之大变局及后疫情时代的海运生态将带来深远的影响。

通过了解"丝路海运"的建设进展和建设成效，能够让学生感受开放带来进步，封闭导致落后，便捷、开放的市场能更好地服务我们的生产、生活。"一带一路"倡议是丝路精神的当代诠释与延伸，也是民族文化的现实继承和发扬；既是中国对外开放的全新战略，也是人类命运共同体的全新建构，必将推动世界朝着更加开放、包容、普惠、平衡、共赢的方向不断发展。

资料来源：福建省人民政府，福建"丝路海运"：一条通向世界的黄金水道，https：//www.fujian.gov.cn/xwdt/fjyw/202103/t20210321_5553143.htm.

第一节　运输市场[①]

一、市场

市场是交换的场所、渠道和纽带，是交换参与者进行交换活动的场所。市场是生产力和经济发展的必然产物，也是实现社会分工和商品生产的必要条件。现代经济体系中，有三类市场对经济运行起着主导作用，它们分别为要素市场、产品市场和金融市场。市场是现代经济社会的基础，是社会的重要组成部分，一切经济活动都离不开市场。

二、运输市场

（一）运输市场的定义

运输市场是运输生产者与运输需求者之间进行运输产品交换的场所和渠道。运输市场是运输活动的客观反映。在具体研究分析运输市场时可以将运输市场分为广义运输市场和狭义运输市场。

广义的运输市场指的是运输产品交换的全过程，以及对运输各要素所进行的协调和调节供求关系、配置运输资源的功能，运输各方的竞争活动，运输产品价格的生成和运销企业收益的控制，政府对运输活动的管制和干预等一系列活动过程，是有关运输产品和资源交换关系的总和。包括了运输生产者，运输需求者和运输产品交换各种中间人之间的关系，以及在运输产品交换中发挥作用的一切机构，部门与交换主体之间的关系，政府对运输的影响行为，运输的变化对社会经济的影响等传导机制和功能要素。

狭义的运输市场指的是运输经营人提供运输设施和运输服务，来满足旅客或者货主对运输需要的活动场所，从形态上可以感觉得到、看得见、摸得着的场所。在狭义市场中重视供求关系的研究和分析以及交易的规律、交易的实现和交易的保障、交易利益的分析。

（二）运输市场的基本要素

1. 运输企业、货主和旅客。运输企业、货主和旅客是运输市场的主体。运输企业既包括运输经营企业和运输辅助企业，也包括各种运输方式的运输经营者、港口场站经营者。

运输企业是运输市场的供给方，在运输市场中提供运输服务；货主和旅客是运输市场的需求方，包括需要运输的各种经济组织、个人、政府、军队等，他们也是运输市场的主体。

2. 运输产品。运输产品是运输对象所发生的空间移动效果，是运输需求方所希望发生的结果。运输产品是运输市场的客体，运输生产的目的，而作为被运输对象的物品和旅客是运输产品的载体。在运输过程中，运输对象不发生价值和性质的改变。

3. 市场行为。市场行为是指运输的主体双方对运输产品交易的决策和行动过程。也可

[①] 甘爱平，曲林迟. 航运金融学［M］. 上海：格致出版社，上海人民出版社，2010.

以说，是运输企业在运输生产中追求利益最大化和运输需求者为实现效用最大化所进行的信息搜寻、决策、交易磋商、承担义务和享受权利的过程。

4. 市场秩序。市场秩序就是市场行为的规律性，也就是运输市场按照市场规律进行自我调节的能力。运输市场的活动要遵循市场经济的基本规律，通过供求关系的互动使各方都实现参与市场活动的目的。如果在市场中各主体的信息不完备，市场不能灵敏地反映价格，没有共同遵守的游戏规则时，就会出现市场失灵，造成市场秩序混乱。只有维持稳定的市场秩序才能保证市场功能的充分发挥，保证运输参与者的利益。

（三）运输市场的特征

1. 运输商品生产、消费的同步性。运输商品的生产过程、消费过程是融合在一起的，在运输生产过程中，劳动者主要不是作用于运输对象而是作用于交通工具，货物是和运输工具一起运行的，并且随着交通工具的场所变动而改变所在位置。由于运输所创造的产品在生产过程中同时被消费掉，因此不存在任何可以存储、转移或调拨的运输"产成品"。同时运输产品又具有矢量的特征，不同的到站和发站之间的运输形成不同的运输产品，他们之间不能相互替代。因此运输劳务的供给只能表现在特定时空的运输能力之中，不能靠储存或调拨运输产品的方式调节市场供求关系。

2. 运输市场的非固定性。运输市场所提供的运输产品具有运输服务特性，它不像其他工农业产品市场那样有固定的场所和区域来生产、销售商品。运输活动在开始提供时只是一种"承诺"，即以货票、运输合同等作为契约保证，随着运输生产过程的开始进行，通过一定时间和空间的延伸，在运输生产结束时，才将货物位移的实现所形成的运输劳务全部提供给运输需求者。整个市场交换行为，并不局限于一时一地，而是具有较强的广泛性、连续性和区域性。

3. 运输需求的多样性及波动性。运输企业以运输劳务的形式服务于社会，服务于运输需求的各个组织或个人。由于运输需求者的经济条件、需求习惯、需求意向等多方面存在比较大的差异，必然会对运输劳务或运输活动过程提出不同的要求，从而使运输需求呈现出多样性的特点。由于工农业生产有季节性的特点，因此货物运输需求也有季节性的波动。特别是水果、蔬菜等农产品的运输需求季节性十分明显。由于运输产品无法储存，运输市场供需平衡较难实现。

（四）运输市场的类别

运输市场按照不同的标准，可以有不同的类别：

1. 运输方式。按运输市场涉及的运输方式，可分为铁路运输市场、公路运输市场、航空运输市场、航运运输市场等。

2. 运输距离。按照运输距离的远近，可分为短途、中途和长途运输市场等；也可按运输市场的空间范围，分为地方运输市场、跨区运输市场和国际运输市场等。

3. 运输客体。按运输市场的客体结构，可分为基本市场和相关市场。基本市场分为客运市场、货运市场；相关市场分为运输设备租赁市场、运输设备修造市场、运输设备拆卸市场等。其中货运市场也可以按照运输条件分为一般货物运输市场和特种货物运输市场。一般货物运输市场可分为干货运输市场、散货运输市场、杂货运输市场、集装箱运输市场。散货运输市场再细分为煤炭运输市场、粮食运输市场、钢铁运输市场、油品运输市场等。特种货物运输市场可分为大件运输市场、危禁货物运输市场、冷藏运输市场、搬家运输市场等。客运市场也可以细分，如一般客运市场和特种客运市场，后者如旅游客运市场、包机（车、船）市场等。

4. 市场竞争水平。按运输市场的竞争性，可以分为垄断运输市场、竞争运输市场和垄断竞争运输市场以及寡头垄断市场等。这种分类是针对特定时间、地点等条件而言的，例如有的运输企业在一些地区是垄断的，在另外一些地区则可能是竞争的。

5. 时间。按时间要求可分为定期运输市场、不定期运输市场、快捷运输市场等。如国际水运市场包括定期航班市场和包机船市场等。

上述分类往往还可以交叉进行，如长途客运市场、短途客运市场；水运长途客运市场；水运短途客运市场；水运长途货运市场；公路长途客运市场；定期船市场、不定期船市场等。

（五）运输市场的功能

1. 信息传递功能。信息的发布和传递是市场最基本的功能。

2. 资源配置及优化功能。运输市场不仅进行着运输产品的交换，而且通过供给和需求的竞争产生市场价格。

3. 结构调整和产品开发功能。整体运输市场价格的变化，影响到工农业产品运输和流通成本的变化，也使得社会产品的结构发生变化。有价格竞争力的产品就会在很短的时间内扩大市场占有率，加快产品的推广，但也缩短了产品的生命周期。

4. 分配和监督功能。在市场中运输供给者向需求者提供运输产品或者服务，从而获得经济收入和报酬。通过市场中不断的信息交换，运输产品消费者不停比较，使得满足市场需要的运输产品更加受到市场的欢迎，劣质产品被淘汰，实现市场的监督功能。

第二节　航运市场[①]

一、国际航运市场

航运市场也叫航运交易市场，通常指船舶需求方与供给方洽谈租船合同的市场，即为租船交易提供场所和服务，通常设在船舶所有人和货主汇集、外贸和运输繁荣发达的地方。货主和船舶经营人并不需要亲自到交易市场中，主要通过经纪人参与租船交易，洽商和签订租船合同。随着租船业务的兴起和发展，伦敦、纽约、东京、上海、奥斯陆、汉堡和鹿特丹等，这些交易市场有的设有专门场所，有的没有设置专门场所，而是分散在城市内部由各经纪人凭借通信工具进行租船交易。一般而言，航运市场是指国际航运市场。广义的国际航运市场概念是国际（包括某些特定地区）航运服务及其相关行业结合、协调、运作等活动以

① 甘爱平，曲林迟. 航运金融学［M］. 上海：格致出版社，上海人民出版社，2010.

及相互关系的总和。狭义的国际航运市场是指不同国家和地区间的航运劳务需求者和供给者进行航运交易活动的场所，即设在世界各地的航运交易所。

随着航运业的发展，造船工业、修船工业、拆船工业、集装箱工业、机械工业等也得到了相应的发展，并且形成了与航运业相适应的市场规模，也发展了国际造船市场、船舶买卖市场、拆船市场等；同时船舶驾驶、引航、航海通信等航运技术和航海仪器设备也得到了迅速发展。航运工业、航运技术成为与航运贸易密切相关的市场；为航运贸易服务的行业，如船舶代理、货运代理、保险业务等成为国际航运市场不可缺少的组成部分；航运劳务市场、航运金融市场、航运信息市场、船舶交易市场等成为国际航运市场体系中的重要组成部分。因此，对国际航运市场概念的理解，应该从单纯的航运供需交易的范围扩大到包括航运工业、航运技术、航运服务、航运劳务、航运金融、航运信息、船舶交易等经济贸易活动范围。

国际航运市场体系是相互联系的各类市场的有机统一体，它由国际航运基本市场和国际航运相关市场所构成。国际航运基本市场直接以运价为媒介，实现国际航运的需求与供给平衡，构成国际航运市场结构的主体；国际航运相关市场则是以船舶价格为媒介影响国际航运供给，进而影响国际航运市场的供求关系。

二、国际主要航运交易市场

世界航运业的发展随着世界经济的发展而不断演变，从空间布局演变来看，国际航运中心的发展经历了形成于欧洲（伦敦、鹿特丹）；第一次世界大战后转移至北美（纽约）；第二次世界大战后转移至亚太（东京、中国香港、上海）的过程。

（一）伦敦航运市场

伦敦波罗的海航运交易所是世界上第一个成立的，也是目前世界上历史最悠久的航运市场，1744 年诞生于弗吉尼亚波罗的海咖啡屋到现在发展成设立在英国伦敦的世界著名的航运交易所。伦敦航运交易所是被公认的历史最悠久、租船业务最多的市场，其租船业务量占世界租船成交量的 30% 以上，它是其他租船业务的晴雨表。伦敦租船市场都是通过经纪人进行交易的，提供的船舶也主要是希腊船舶所有者的船舶或是受其控制的船舶。希腊是世界上最大的经营不定期船舶的国家，因而在伦敦航运交易所提供的船舶也是最多的。

伦敦航运市场的地位有其历史的原因。在 18 世纪初期，英国是世界上最早的资本主义国家之一，最先完成了工业革命，是当时的世界经济中心。英国当时奉行着殖民扩张政策，外贸运输发达。由于当时的信息通信技术不发达，船舶所有者与贸易经纪人一般都到旧事码头附近的咖啡屋了解市场行情，相互交流信息与进行贸易，其中最有名的两家是耶路撒冷咖啡屋（Jerusalem Coffee House）和弗吉尼亚·波罗的海咖啡屋（Virginia and Baltic Coffee House）。到了 1810 年，由于交易业务量不断增加，它们搬到 Thread-needle 街上的一家安特卫普旅馆内，并改名为 Baltic（波罗的海）。1823 年，波罗的海已经成为拥有 300 多名会员的俱乐部。1869 年苏伊士运河通航后，波罗的海交易所取得了以不定期船舶为中心的交易所的地位。

1891 年伦敦出现了第二家航运交易所。1899 年两家交易所宣布合并，并于 1900 年 1 月正式登记注册，定名为现在的"波罗的海航运交易所"。波交所现有 750 多家公司会员和 25 名个人会员。波交所的业务范围包括租船中心、船舶买卖交易、粮食和油料作物种子交易、航空租机交易、运价期货交易。

伦敦市场的地位是由其国际航运中心的地位所决定的，英国经济的发展使其成为世界最大的航运市场，成为国际航运中心，波罗的海航运交易所至今仍是世界上最重要的航运交易所，该所公布的 BFI 指数是世界各地干散货航运市场制定运价的主要依据。

（二）纽约航运市场

在第二次世界大战前，纽约航运市场属于地方性市场。第二次世界大战后，美国经济日益强大，并逐渐取代英国成为世界第一经济大国，在世界航运市场中的地位逐渐提高，这带动了纽约租船市场的迅速发展，使其成为仅次于伦敦的第二大国际航运市场。纽约市场与伦敦市场不同，其没有设立专门用于交易的固定场所，而是主要利用电信等通信手段进行日常的业务活动。租船业务洽谈成交主要由经纪人通过电话、电传等工具进行联系、磋商和成交，其成交的船舶主要是油船和干散货船。纽约市场主要货主是石油、谷物、铁矿石和煤炭的进出口商，该市场集中了许多大型石油公司、粮商和煤炭出口商，主要的船舶所有者来自希腊和挪威等国，船舶所有者和租船人之间的联系非常方便，纽约市场的船舶交易总量约占世界各船舶交易所交易总量的 25%。

纽约是世界上最大的经济与金融中心，其贸易发达，众多的货运代理公司、租船经纪公司，贸易商人和船舶所有者都通过这里进行租船订舱。纽约通过设有许多海事律师事务所和海事仲裁机构以及健全诉讼和仲裁法律系统，这些都直接或间接地促使着纽约租船中心的繁荣和发展。由于纽约市场和伦敦市场之间的时差关系，一般来说，许多国际性的租船合同都是先在伦敦交易所进行，然后再转向纽约交易所，许多在伦敦交易所来不及进行交易的订单，大部分都直接流向了纽约市场进行交易。因此，伦敦交易所与纽约交易所是紧密联系在一起的。

纽约港作为美国最大的几个港口之一，曾经承担了美国海外贸易航运量的 40% 左右，在半个多世纪以来成为世界航运中心之一。自 20 世纪 60 年代以来，美国对外贸易额占世界贸易总量的 1/4，其中 40% 的贸易是经过纽约港完成的。

（三）东京和香港的远东租船市场

东京的租船市场是一个地方性市场，是日本船舶所有者和货主汇集的主要场所，日本航运业虽然很发达，但是由于缺乏主要的资源，因此日本的经济对国际市场的依赖性很强，其每年的平均进出口航运量为 8×10^8 公吨左右，本国的运力满足不了其需求，一部分货物需要借助国际市场的运力完成。为此，其租船市场成为亚太地区具有重要影响力的市场之一。

中国香港市场是主要以船舶所有者为中心的市场，我国和日本的船舶所有者以及货主是该市场的最大雇主。香港市场主要是东南亚地区从事中小型船舶租赁和买卖等交易活动的场所，发展速度较快，其规模不断扩大。香港市场还是世界上最大的拆船市场。

香港是国际航运中心之一，也是最大的船舶所有者聚集区，其干线班轮通达至世界各主要港口。贸易网络遍及全球各地，与世界各主要航运市场有密切的联系。同时，香港还是国际金融中心之一，香港处于亚太金融中心，是环太平洋－欧洲两大物流通道的连接点，是世界天然良港之一，近年来已发展成国际上重要的航运中转站以及世界上第一大集装箱港口。

香港港口的基础设施完备先进，拥有现代化的港口与仓储系统，交通设施和通信网络技术比较发达，香港与世界上 100 多个国家和地区的 460 多个港口有航运往来，其航线通达五大洲以及三大洋，有至世界各地的直达班轮航线 80 多条。世界各地的 300 多家主要的船运公司的总部、分部或代理处设在香港。同时香港拥有一支庞大的独立商船队，航运能力在国际航运市场占据举足轻重的地位。

（四）上海航运交易所

上海航运交易市场于 1996 年 11 月 28 日正式运行，它致力于规范航运市场交易行为，调节航运市场收费，沟通航运市场信息交流。在遵循"公开、公平、公正"原则的前提下，上海航运交易所从事的业务包括：航运信息加工与发布；航运公约宣传与推广；航运政策研究与建议；航运业务沟通与交流；航运交易经纪与鉴证；航运实务咨询与代理；航运文本制定与示范；航运市场规范与服务。

经过 20 多年的发展，上海航运交易市场在组织实施运价报备、运价协调、收集与发布航运信息、开展航运政策研究，编制与发布中国进口集装箱运价指数和组织上海国际航运服务中心等方面，取得了一系列良好的成果。

1998 年 4 月，上海航运交易市场开始发布中国进口集装箱运价指数；2001 年发布中国沿海散货运价指数，2009 年之后陆续发布了上海出口集装箱运价指数、中国沿海煤炭运价指数、中国进口干散货运价指数、"海上丝绸之路"运价指数、"一带一路"集装箱海运量指数等指数。截至 2022 年，上海航交所对外发布的航运指数系列覆盖了三大运输市场和船舶买卖市场，共计 23 种，在国际/国内的航运领域基本形成了"上海"声音①。

（五）汉堡、奥斯陆和斯德哥尔摩市场

汉堡、奥斯陆和斯德哥尔摩市场属于地方性市场，主要以租赁特殊的、高质量的船舶为主，如冷藏船、液化石油气船、滚装船和吊装船等，租赁方式主要以长期租赁为主。这使市场上的船舶所有者大都从事第三国运输，对租船市场的依赖性很大，他们经常出入伦敦或纽约交易市场，从事第三方载卸；他们在市场上提供运力，找租船人进行交易。

三、国际航运市场体系②

18 世纪末到 19 世纪初，航运活动开始从贸易活动中分离出来，从而形成了独立的国际

① 资料来源：上海航运交易所官网，日本 2021 平均进出口航运量，https：//www. sse. net. cn/indexIntro? indexName = intro.

② 国际航运管理人员培训教材编写委员会. 国际航运管理基础知识［M］. 北京：人民交通出版社，2001；甘爱平，曲林迟. 航运金融学［M］. 上海：格致出版社，上海人民出版社，2010；王学锋、孙晓琳. 航运衍生品与风险管理［M］. 上海：上海交通大学出版社，2015.

航运业，专门从事国际航运运输。19 世纪中叶开始，定期航运出现，航运市场开始划分成不定期船市场和定期船市场。第二次世界大战后，石油资源受到了日益广泛的重视，石油开采业迅速发展，出现了专注于运输石油的油船，不定期船市场又开始分为石油和干散货运输市场。在 20 世纪 60 年代初期，随着集装箱运输的发展壮大，使得定期班轮市场又可以划分成集装箱班轮市场和杂货班轮市场。

国际航运市场是一个开放的市场，同时，又是一个由若干相互联系、相互依赖和相互作用的子系统构成的复杂的市场体系，是一个由各相互联系的市场构成的有机整体。从微观角度看，它是由租赁船舶的租船市场和运输市场而组成的航运基本市场。从宏观角度看，它包括与基本市场相联系、支持租船市场、运输市场的运行与发展相关的市场，这就是包括航运劳务、航运工业、航运技术、航运信息和航运金融等要素组成的航运体系（见图 2-1）。

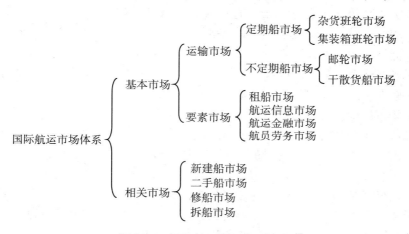

图 2-1 国际航运市场体系构成

在航运市场体系中，租船市场、运输市场、资本市场和船员劳务市场是航运市场体系的支柱；而其他市场如船舶买卖市场，造船市场、修船市场以及拆船市场等相关的市场则是为基本市场服务的专业市场。航运市场体系内，基本市场与专业市场之间、各专业市场之间存在着互相制约、相互依赖与相互促进的关系，整个市场体系通过各市场机制发挥作用。航运基本市场，各相互的造船、修船、拆船等专业市场通过需求、供给、价格、竞争等要素的互相作用、相互运动，带动整个航运经济的运行。

作为国际航运相关市场的造船市场、船舶买卖市场和拆船市场的共同媒介是船舶价格。船舶价格与运输价格是由国际航运的供求关系所决定的，具有一定的变动关系，这种关系反映了国际航运基本市场与相关市场的关系。国际航运船舶市场中的船舶造价和航运市场的需求状况变化几乎是一脉相承的，呈正相关关系，即随着运输市场的不景气，船舶市场也一路下滑，随着航运市场的好转，船舶市场的船舶造价也相应回升。

（一）不定期船运输市场

不定期船运输是一种最古老的船舶营运方式。在运输活动从贸易活动中分离出来之初，不定期船运输市场是唯一的市场形式。船舶营运没有固定的航线，没有固定的挂靠港，也没有预定的船期表和运费率。船舶的每一次营运都根据该次营运的货主的要求，由货主与船东商定具体的营运安排，船舶每一次营运的运费率或租金率也由双方依市场行情而定。不定期船运输市场是以不定期船运输服务为对象的需求者与供给者之间的交易关系。市场上的需求者可以是贸易商、生产商、经纪人、政府等。供给者船东可以是船主，也可以是二船东、三船东等。

用于不定期船运输的船舶类型主要有油槽船、干散货船和兼用船。油槽船又分为油船、液化气船、化学品船；干散货船包括普通散货船和专用散货船，普通散货船能适应多种干散货的运输要求，专用散货船是为装运特定的大宗干散货而设计建造的船舶；兼用船是20世纪70年代开始迅速发展起来的一种能兼运干散货和液体货物的船舶，主要有石油、矿石兼用船和石油、散货、矿石兼用船。

不定期船运输主要用于运输大宗散货、液体货物。不定期船运输的特点及其采用的船舶类型的特点决定了其船舶营运方式最适宜运输大宗散货。第一，大宗散货大多属于初级产品，本身价格较低，对运输速度和运输的规则性要求不高，不愿意也不可能负担较高的运费，运费要求低廉的运输方式；第二，这些货物的运量和批量都很大，可以组织整船运输，能充分利用船舶的运力；第三，这些货物的供求和贸易关系有多变的特点，货源在流向和时间上变化也比较大，规律性较差，不适宜于定期船运。

在不定期船市场中，干散货市场是很重要的组成部分，占整个国际航运市场航运总量的1/3。国际干散货市场的需求是以铁矿石、煤炭、粮谷等大宗干散货以及一些小宗干散货等部分构成，约占国际干散货航运总量的60%。国际航运市场是国际贸易的派生需求，而世界经济的增长快慢又直接影响着世界贸易的发展，因此，铁矿石、煤炭、粮谷这三种大宗干散货贸易，在世界经济和贸易及国际航运市场中占据了非常重要的地位。不定期船运输主要是通过租船形式来开展的，通过订立租船合同而成立。因此，不定期船运输又被称为租船运输。按照租船合同的不同，租船可以分为航次租船、期租船和光船租船等。

航次租船又称程租船，是指船东用指定的船舶在指定的港口之间用一个或数个航次为承租人运输指定的货物，并负担除货物装卸费以外的一切费用（装卸费的承担通过航次租船合同的装卸条款确定），承租人按货物的实际装运数量及双方商定的费率向船东支付运费。为了尽量缩短船舶在港时间，在订立航次租船合同时，往往要约定货物装卸速度，并相应规定船舶发生延期时承租人要支付给船东"滞期费"和船舶提前完成装卸时船东要支付给承租人"速遣费"，速遣费为滞期费的一半。

期租船是指船东在约定的时间内，将指定的船舶出租给承租人使用，并负责船舶的配员、保险、维修、润物料供应、船员给养供应，负担相应的船舶经营费用。承租人自行安排、调度其租用的船舶，负担租期内船舶在各航次运输中所发生的航次费用，包括燃料费、港口及运河费、货物装卸费等，并按照船舶的吨位、租期及租金率向船东支付租金。

光船租船是指船东在约定的时间内将指定的空船出租给承租人使用，承租人调度安排船舶，负担相应的航次费用，负责船舶的配员、保险、维修、如物料供应、船员给养的供应，负担相应的船舶经营费用，并按照船舶的吨位、租期及租金率向船东支付租金。在许多情况下，光船租船的船东是银行等金融机构。光船租船的租期一般较长。

（二）定期船运输市场（班轮运输市场）

定期船运输（班轮运输）是指船舶在固定的航线上，按公布的船期表发船，按既定的顺序挂靠既定的港口，经常性从事营运，并按公布的运价本的运费率收取运费的一种船舶营运方式。班轮运输市场就是指以班轮运输服务为对象的需求者和供给者之间的交易关系。市场上的需求者是货主，供给者是班轮公司。

用于班轮运输的船舶类型主要有传统杂货船、滚装船、载驳船、冷藏船和集装箱船等。班轮运输的货物主要是件杂货，包括工业制成品、半成品、食品、工艺品等。与大宗散货相比，这些货物批量较小，收发货人多而分散，不易于组织整船运输，而且这些货物的价值相对较高，要求保证货物运输的质量，对运输的要求较高。与不定期船运输市场相比较，班轮运输市场有以下特点：市场上的经营者为数不多，但规模较大，市场竞争更为激烈；争取尽可能多的，稳定的货源是经营成败的关键，改变航线，退出市场的伸缩性小。

（三）国际新造船市场

1. 国际新造船市场概述。造船市场是国际航运投资的一个重要市场。它是国际航运业运力资源的供给来源。造船市场是国际航运投资规模与状况最直接的市场体现，它与国际航运投资业密切相关。当国际航运市场繁荣时，对船舶的投资规模也随之增加，于是投资订造新船的需求随之增大，这时造船市场将会显现出较为繁荣的景象，其船舶造价随之趋于上升；反之，当国际航运市场陷入萧条时，对船舶的投资规模也随之减少，于是投资订造新船的需求随之减小，这时的造船市场将会显现出不景气与萧条。

目前，国际上一些大型航运企业在造船市场的投资策略通常是：在造船市场低迷时，以优惠的价格投资订造一批经济性能良好的新船；而当航运市场繁荣、船价上升时，适时地售出一批经济性不佳的旧船，这样，既能节省投资费用，又能提高企业的竞争力，保持船舶良好的技术状态。

通常情况下，如果造船市场的造船价格较低，一些资金较为雄厚的航运企业，或是具有较强融资能力的航运企业或船东，即使航运市场的运价、租金均较低，仍愿意投资订造新船；反之，如果造船市场繁荣，船舶订造价格较高，此时可以用航运市场上的高租金来补偿，对航运企业来说，有时也愿意投资建造新船。

2. 新造船市场影响因素分析。总体上说，航运市场状况成为影响新造船投资的关键因素。船舶自身因素、造船厂商因素、贸易谈判因素及保险因素等都是影响新造船市场的因素。

（1）船舶自身因素。船舶自身因素包括船舶类型、船舶的航区及挂旗、船舶的自动化程度、船舶的备件及供应品、船舶的钢材利用率及钢材预处理、船舶建造中使用的焊料及涂料等。

（2）造船厂商因素。造船厂商不同，其成本状况也不同，因而其船价也有差异。概括起来，主要有船厂条件、设备厂商的选定、工时与劳务费的状况、船厂目标利润的确定等。

（3）贸易谈判因素。在船东与造船厂厂商就造船问题进行贸易谈判的过程中，涉及交船期限、交船地点、船舶建造贷款的付款方式及付款条件等几个方面。

（4）船舶保险因素。在船舶报价时，保险费的支付也是成本的组成部分。保险的类别、范围和内容的不同，其费用的支付也各异。保险范围包括船舶及所有的已装船或已到厂的供应品、全部机械、材料设备、仪器和装配件等，以及保险价值、保险日期、保险赔偿金额的处理。

影响造船价格的因素，除上述因素外，还有外汇市场的变化。船东在外国船厂建造新船时，需要进行货币折算，其折算汇率的浮动，将导致船价在签订合同时与合同履约完毕后的预算与结算形成差额。

（四）二手船市场

1. 二手船市场，即船舶买卖市场，国际航运企业要进行船舶的买卖投资，首先必须了解二手船市场。二手船市场是国际航运市场的重要组成部分，在国际航运市场中占有重要的地位。它与造船市场、租船市场一起构成世界海上运输的运力来源。

一般来说，船舶在整个使用期中始终留在原船东手中营运是很少的，大多数商船都一换或多换其主。二手船通常是指经过一段时间的营运使用后，由原船东将其转手出售给新船东，且继续投入使用的旧船。世界上很多航运企业都把目标瞄准二手船市场。在适当的时候抛售手里的船舶或购进旧船。我国在组建中国远洋运输船队的初期，就是从二手船市场上购进大量二手船来发展船队的。

从经济学的角度来看，船舶买卖市场是由供给方即二手船出售者和需求方即二手船购买者结合而形成的船舶交易市场。在供给方面，一些航运企业所拥有的船舶在经过一段长时间的营运使用后，会出现因船龄日益老化而引起船舶技术状况逐步恶化，营运经济效益渐趋下降的情况。对于这些船龄较长的营运船舶，航运企业会采取以下三种方式处理：

（1）继续营运。

（2）暂时闲置。有时航运企业会将一些营运经济效果不佳的船舶暂时封存。如果采取这一做法的话，企业需要支付一笔船舶的闲置费，包括封存保养费、保险费、系泊泊位费、守船费等。

（3）售出船舶。这时航运企业将面临两种售出方式的选择：其一是将船舶作为二手船出售；其二是将船舶作为废钢船出售。究竟作何选择，还需要考虑船舶的船龄长短及技术状态，以及对二手船市场和拆船市场行情的对比分析。如果旧船舶在二手船市场出售获取的净收益，即扣除各种手续费、佣金、回扣、税金和杂费后的收益，远大于该船作为废钢船出售所获取的净收益，则航运企业应把旧船投入二手船市场。而当两种方式所得的净收益接近，则一般将旧船作为废钢船出售拆解，以减少二手船转手后继续投入营运对航运企业自身造成的新的潜在竞争对手的情况。

2. 投资二手船的好处。对于航运企业来说，投资购买二手船，尽管在许多方面比不上建造新船有优势，但也有许多有利之处。这主要体现在以下几方面：

（1）投资额较少。通常来说，在正常的市场运行条件下，二手船的价格总是低于新造船的价格，因而投资较少。这对于一些资金缺乏的航运企业来说，投资于二手船市场是一个较为现实的方案。

（2）投资的二手船可以立即投入生产运营。

（3）二手船的船舶性能易于掌握。一艘新船在投入营运前，要通过试航来了解该船的性能。而对于一艘旧船，它的营运状况和航行性能已经有了一定的显示。一般来说，了解一艘旧船的营运状况和性能要比了解一艘新船来得容易些。

3. 二手船市场影响因素分析。

（1）二手船船舶本身的特征。对大多数国际航运企业来说，投资购买二手船的主要目的是继续使用该船投入营运。因而在二手船投资中，航运企业首先考虑的因素就是船舶本身的特征如船舶的类型、船龄、船舶载重吨位、船检状况、有形损耗、无形损耗等，以及是否能够保障在其剩余使用年限内取得一定的利润。

（2）二手船价格受到相关航运市场中运价的影响。运价决定着船舶的盈利能力，自然也就决定了它的经济价值，而运价是由航运市场中的供需关系决定的。

（3）造船市场是二手船市场的相关市场，新船造价也是影响二手船价格的主要因素之一。因为造船市场与整个航运市场是相互作用的，新船的订造必然对航运市场的供需变化产生影响，继而影响航运市场的运价变化，最终反映到对二手船的出售价格水平上。

综上所述，决定二手船价格的因素复杂多样，既有船舶本身的因素又有相关市场的影响，还有船东的主观因素在发挥作用。

（五）拆船市场①

拆船市场是一个调节国际航运市场运力过剩的重要相关市场。拆解船龄较大、技术及经济性能较差的船舶有利于世界船队的供需平衡，可以促进航运业特别是造船业的改善和振兴。

拆解船舶的前提是船舶退役，船舶何时退役具有一定的弹性，船舶的拆解至少受到运力供给、船舶技术更新与限制、废钢需求等因素的影响。如果国际航运市场萧条、运力过剩，或者船舶的升级换代速度加快、国际海事组织（IMO）对船舶技术与船龄的强制性规定严格会使拆解船舶的数量上升，拆解船价下降；反之，则会使拆解船舶的数量下降，拆解船价上升。而如果炼铜工业对废钢的需求增大，拆解船价会上升，造成拆解船舶数量增加；反之，则拆解船价会下降，造成拆解船舶数量减少。

四、国际航运企业

国际航运市场的主体是国际航运企业，一般是指以直接从事客货国际水上运输，实现客货空间位移为主要业务的独立经济实体。广义上的国际航运企业所包括的范围更广泛，除直接从事国际水上运输的国际航运企业外，还包括国际货运代理企业、国际船舶代理企业、国际船舶理货企业和港口货物装卸、仓储企业等相关水路运输服务企业。狭义上的国际航运企业，是以船舶为运输工具，从事本国港口与外国港口之间或完全从事外国港口之间营业性的货物和旅客水上运输，以实现客货空间位移为主要业务，并使用常规运输票据结算运费的独立经济实体。本书接下来介绍广义的国际航运企业。

（一）国际航运企业概述

这里指的是狭义的国际航运企业。国际航运企业按其所有制性质，可分为国有航运企业、集体航运企业、私营航运企业、中外合资航运企业等。

国际航运企业按其营运方式可分为自营、委托经营、租船营运、联合营运等多种营运形式的企业。自营形式，指国际航运企业本身购买或订造船舶，自行经营客货国际水路运输；

---

① 都增庆. 国际航运船舶投资决策方法论［M］. 上海：上海三联书店，2005；甘爱平，曲林迟. 航运金融学［M］. 上海：格致出版社，上海人民出版社，2010.

委托经营形式，指小型航运企业将其船舶委托给大型航运企业或有经验的航运代理人代为营运支付代理费、货运酬金或支付代管费，但这些船舶经营的盈亏仍由船东自行负责；租船营运形式，是指航运企业本身不购买或订造船舶，而是通过租用船舶经营国际水路运输，并向出租人支付租金等相关费用；联合营运形式，指航运企业在某一条航线上通过一定的形式联合进行营运，通过协商协调达到航线上货载或营运收入的公平分配，联合体内各航运企业仍保持其独立性。

（二）港口服务企业

港口是水路运输的始发地、目的地或途经地，是货物换装和集散的中心，是水路运输和水陆联运的枢纽。港口企业是在港口从事物资装卸、储存、运输、客运等生产性和服务性的经营组织，是港口生产和经营业务的基本单位。

港口的各种功能和作用都必须要通过港口业务来实现。港口业务活动主要涉及三方面的利益：港口经营者希望通过港口经营业务实现自身的利润和效益；港口用户希望通过港口业务实现安全、优质、高效、经济的货物装卸运输；政府希望通过港口实现本国本地区的对外开放、创造就业机会、促进本地区的经济繁荣。

（三）船舶代理企业

1. 船舶代理。船舶代理是指船舶代理机构或代理人接受船舶所有人（船公司）、船舶经营人、承租人或货主的委托，代表委托人办理在港船舶有关业务和服务。船舶代理业纯属服务性行业。船舶代理机构或代理人可以接受与船舶货运有关的任何人的委托，业务范围非常广泛，即受船东的委托，代办定期或不定期船舶营运业务，也同时接受货方或承租人的委托，代办他们所委托的有关业务。

2. 船舶代理的业务范围。船舶代理业务是一项综合性业务，其范围相当广泛。根据《中国外轮代理公司业务章程》的规定，船舶代理的业务范围包括下列各项业务：

（1）办理船舶进、出港口和水域的申报手续，联系安排引航、泊位。

（2）办理进、出口货物的申报手续，联系安排装卸、堆存、理货、公估、衡量、熏蒸、监装、监卸及货物与货舱检验。

（3）组织货载，洽订舱位。

（4）办理货物报关、接运、仓储、中转及投保。

（5）承接散装灌包和其他运输包装业务。

（6）经营多式联运，提供门到门运输服务。

（7）联系安排邮件、行李、展品及其他物品装卸、代办报关、运送。

（8）代办货物查询、理赔，溢卸货物处理。

（9）洽办船舶检验、修理、熏舱、洗舱、扫舱以及燃料、淡水、伙食、物料等的供应。

（10）办理集装箱的进出口申报手续，联系安排装卸、堆存、运输、拆箱、装箱、清洗、熏蒸、检疫。

（11）洽办集装箱的建造、修理、检验。

（12）办理集装箱的租赁、买卖、交接、转运、收箱、发箱、盘存、签发集装箱交接单证。

（13）代售国际海运客票，联系安排旅客上下船、参观游览。

（14）经办船舶租赁、买卖、交接工作，代签租船和买卖船合同。

（15）代签提单及运输契约，代签船舶速遣滞期协议。

（16）代算运费，代收代付款项，办理船舶速遣费与滞期费的计算与结算。

（17）联系海上救助，洽办海事处理。

（18）代聘船员并代签合同，代办船员护照、领事签证，联系申请海员证书，安排船员就医、调换遣返、参观游览。

（19）代购和转递船用备件、物料、海图等。

（20）提供业务咨询和信件服务等。

3. 船舶代理关系的形式。在船舶到达国外港口之前，船公司首先要为自己所属的船舶在将要到达的港口选定代办船舶在港期间的一切业务的代理人，并与代理人建立代理关系。船舶代理关系可分为长期代理关系和航次代理关系。船公司可能按船舶到达某港口的频繁程度决定与代理人建立长期代理关系或航次关系。如果船公司某港有派出机构，可与当地代理公司签订协议合营代理其船舶以节约代理费用。

（1）长期代理。船公司根据船舶营运的需要，在经常有船前往靠泊的港口为自己选择适当的代理人，通过一次委托长期有效的委托方法，负责照管到港的属于船公司所有的全部船舶的代理关系形式，称为长期代理。

（2）航次代理。航次代理是指对不经常来港的船舶，在船舶每次来港前油船公司向代理人逐船逐航次办理委托，并由代理人逐船逐航次接受这种委托所建立的代理关系。凡与代理人无长期代理关系的船公司派船来港装卸货物，或因船员急病就医、船舶避难、添加燃料、临时修理等原因专程来港的外国籍船舶，均须逐航次办理委托，建立航次代理关系。船舶在港作业或所办事务结束离港，代理关系即告终止。

4. 备用金的索汇、使用与结算。备用金是指委托人或第二委托方按照代理人的要求，在建立代理关系后，预付给代理人用作支付船舶在港期间所发生的一切费用和船员借支或其他费用支出的预付款项。

不论长期代理或航次代理，备用金的结算都应以"一船一结"为原则，并且都应在船舶离港后及时（或在一定的期限内）作出航次结账单，随附所付费用的收据寄交委托方。所不同的是，在航次代理的情况下，备用金按航次结算，代理人在寄交航次结账单及随附的各项收费单据的同时，应将备用金的余额退还委托方，或根据委托方的要求将余额结存；而在长期代理的情况下，备用金虽不必按航次结清，但在船舶离港后，仍需及时将航次结账单及随附各项收费单据寄交委托方，并按月向委托方抄送往来账，核清账目。

（四）国际船舶理货企业

国际船舶理货是随着海运事业同步产生和发展的，是海上贸易能顺利进行的一个不可缺少的环节。国际船舶理货是海上贸易运输过程中的一项货物公证业务，即对船舶装、卸的货物数量和状态以第三者的身份进行认可和公证。认可和公证的结果，与货物有关的各方都要确认，并据此分清责任、履行职责，在国际上具有法律效力。

1. 理货的发展。理货主要经历了三个发展阶段：（1）买卖双方随船自行理货。在国际贸易的初始阶段，商品交换的数量少，品种简单，运输距离短，卖方随船将货物交到买方手中，双方当面点交点接，自行理货。（2）船方自行理货。18世纪初，随着欧洲工业革命的兴起，工业化生产代替了手工作坊生产，机动船代替了木帆船，国际贸易迅速发展，商品成交量大，范围广。在这种形势下，买卖双方直接进行交接货物的交易方式，已不能适应生产和贸易发展的需要。于是卖方委托船方（承运人）对其货物的安全、数量和质量负全责，并在到达目的港后与收货人办理货物交接手续。船方按运输合同在装货港和卸货港收受和交付货物。起初船方的理货工作由船员担负。随着船舶的大型化和货种的多样化，船员胜任不了理货工作，后来在船上配备了专职的理货人员从事理货工作。（3）专业理货机构理货。在远洋航线上，船舶在港口装卸的时间相对于航行的时间要少得多。船公司从经济效益考虑，逐渐认识到在船上配备专职理货人员是不合算的。与此同时，各国港口的理货机构应运而生，它们熟悉当地港口的情况，便于船舶在港口的货物作业。于是，各国船公司先后取消了船上专业的理货人员，委托港口的理货机构代办船方在港口的理货工作。

2. 理货关系的建立。各国理货机构与船舶建立理货关系的方式不同，有的是委托性的，有的是强制性的，这取决于国家的规定。（1）委托性理货。委托性理货就是要根据船方的申请，理货机构与船方才能建立理货关系。（2）强制性理货。强制性理货就是不需要根据船方的申请，理货机构就与船方自动建立理货关系，船方也不能拒绝理货。

根据交通运输部规定，中国外轮理货总公司对外贸运输船舶在我国港口装卸件杂货、集装箱和船方负责箱内货物的装拆箱作业，实行强制理货；对国内运输船舶装卸货物、外贸船舶装卸散货和船方不负责箱内货物的装拆箱作业，实行委托理货。

3. 理货业务范围。理货业务范围是随着外贸运输的发展而逐步扩大，从最初的计数、挑残，发展到现在的服务于海上货物运输所涉及货物交接的各个领域。

各国理货机构的理货业务范围大同小异。所谓大同，就是都对货物进行计数、分票、理残、交接和出证；所谓小异，就是在验舱、计量、丈量、检验等业务方面有所不同。一个理货机构的理货业务范围也是在不断变化的，它是根据外贸运输关系人的需要，逐步发展自己的理货业务范围。半个世纪以来，我国理货机构的业务范围，也发生了很大的变化。目前承担的理货业务范围有：（1）国际、国内航线船舶货物及集装箱的理货、理箱业务；（2）集装箱装、拆箱理货业务；（3）货物计量、丈量业务；（4）船舶水尺计量业务；（5）监装、监卸业务；（6）货损，箱损检验与鉴定业务；（7）出具理货单证及理货报告业务；（8）理货信息咨询业务；（9）易流态化固体散装货物取样、监装等业务。

（五）国际货运代理企业

1. 货运代理的概念。国际海运货运代理是指在合法的授权范围内接受货主的委托并代表货主办理有关海运货物的报关、交接、仓储、调拨、检验、包装、装箱、转运、订舱等业务，这属于国际货运代理中的一类。

2. 国际海运货运代理企业。从事国际海运货运代理业务的企业都应是经营运输业务多年，精通业务，经验比较丰富，熟悉各种运输程序、手续和规章制度的企业。他们与交通运输部门以及贸易、银行、保险、海关、商检等部门有着广泛和密切的关系，从而具有有利条件为委托人代办各种运输事项，甚至比委托人自己亲自去办理更为有利。海运货运代理还可将小票货物从不同的货主那里集中起来向班轮公司订舱，以批量大争取优惠运价。集装箱运输可将同一装、卸港的不同托运人的小票货物拼装，享受包箱费率。不仅货主愿意委托给货运代理，而且船公司也乐于支付佣金给货运代理以求得到稳定的货源。

国际海运货运代理发展至今是一个世界性的行业，已渗透到运输领域内的各个角落，成为国际贸易运输事业不可缺少的重要组成部分。在国际贸易竞争激烈的情况下，它的作用越来越明显。

（六）国际航运经纪人

在航运业中活跃着三种类型的经纪人：（1）船东经纪人。顾名思义，他是船东委托的经纪人，代表船东寻找货源或需长期租用船舶的租船人。洽谈业务时当然会维护船东利益，以求最高运费或租金率，为船东争取防范风险的合同条款。（2）租船代理人。这是租船人委托的经纪人，代表租船人寻找合适的船舶。在洽谈租船业务时是船东经纪人的对手。他们力求维护租船人利益，争取最低的运费率或租金率，争取有利于租方的合同条款。船东经纪人和租船代理人每天的洽谈冲突就能反映出不定期船市场的动态。（3）船舶买卖经纪人。船舶买卖经纪人接受委托办理船舶买卖，如购买二手船、废钢船等。买卖经纪人对船舶知识的掌握比租船经纪人（船东经纪人或租船代理人）更多。他们必须熟知船级、装载和检验，还有船舶和机器的特殊级别等。通常他们和租船经纪人一样代表一方谈交易。若作为卖方的经纪人，那将着眼于卖出最高价格；而作为买方的经纪人，则将力争为委托人取得最低的价格。

知识拓展 2 - 1：2023 年 3 月 29 日"海通发展"正式登陆上交所主板

第三节　金融市场

一、金融市场概念和构成[①]

金融市场是指以金融资产为交易对象而形成的供求关系及其机制的总和。它包括三层含义，一是它是金融资产进行交易的一个有形或无形的场所；二是它反映金融资产的供应者和需求者之间所形成的供求关系；三是它包含金融资产交易过程中所产生的运行机制，其中最主要的是价格（包括利率、汇率及各种证券的价格）机制。

金融资产指一切代表未来收益或资产合法要求权的凭证，也称为金融工具或证券。金融资产可以划分为基础性金融资产与衍生性金融资产两大类。前者主要包括债务性资产和权益性资产；后者主要包括远期合约、期货合约、期权合约和互换合约等衍生金融工具。

金融市场与要素市场和产品市场的差异在于：在金融市场上，市场参与者之间的关系已

---

① 张亦春，郑振龙，林海. 金融市场学（第三版）[M]. 北京：高等教育出版社，2008.

不是一种单纯的买卖关系，而是一种借贷关系或委托代理关系，是以信用为基础的资金的使用权和所有权的暂时分离或有条件让渡；交易对象是一种特殊的商品即货币资金。货币资金可以进行借贷及有条件的让渡，是因为当其转化为资本时能够得到增值；交易场所通常是无形的，通过电信及计算机网络等进行交易的方式越来越普遍。

金融是现代经济的核心。经济的发展依赖于资源的合理配置，而资源的合理配置主要靠市场机制的有效运行来实现。金融市场在市场机制中扮演着主导和枢纽的角色，发挥着极为关键的作用。在一个有效的金融市场上，金融资产的价格能及时、准确地反映所有公开信息，引导资金迅速、合理地流动。金融市场作为货币资金交易的渠道，通过特有的运作机制将居民、企业和政府部门的储蓄汇集成巨大的资金流，维持并推动着商品经济这个机器运转。同时，金融市场通过灵敏的信号系统和有力的调控机制，引导经济资源向着合理的方向流动，优化资源的配置。在金融市场上，价格机制是其运行的基础，完善的法规制度、先进的交易手段是其有效运行的保障。

（一）金融市场主体

从动机看，金融市场的主体主要有投资者（投机者）、筹资者、套期保值者、套利者、调控和监管者五大类，金融市场的投资者与实际部门的投资者有所不同，它是指为了赚取差价收入或者股息、利息收入而购买各种金融工具的主体，是金融市场的资金供应者。按交易动机、交易时间长短等划分，广义的投资者可以分为投资者和投机者两大类，筹资者则是金融市场上的资金需求者。套期保值者是指利用金融市场转嫁自己所承担的风险的主体。套利者是利用市场定价的低效率来赚取无风险利润的主体。调控和监管者是指对金融市场实施宏观调控和监管的中央银行和其他金融监管机构。这五类主体由如下六类参与者构成：

1. 政府部门。在各国的金融市场上，中央政府与地方政府通常是资金的需求者，它们主要通过发行财政部债券或地方政府债券来筹集资金，用于基础设施建设，弥补财政预算赤字等，政府部门同时也可能是资金的供应者，如在税款集中收进还没有支出时。另外，不少国家政府也是国际金融市场上的积极参与者，例如中东主要石油输出国的政府就是金融市场的资金供应大户，而一些发展中国家的政府则是金融市场上的主要资金需求者。不论是发展中国家还是发达国家，政府部门都是金融市场上的经济行为主体之一。

2. 工商企业。在不少国家，国有或私营的工商企业是仅次于政府部门的资金需求者，它们既通过市场筹集短期资金从事经营，以提高企业财务杠杆比例和增加盈利；又通过发行股票或中长期债券等方式筹集资金用于扩大再生产和经营规模。此外，工商企业也是金融市场上的资金供应者之一。为了使生产经营过程中暂时闲置的资金保值或获得盈利，它们会将其暂时让渡出去，以使资金发挥更大效益。此外，工商企业还是套期保值的主体。

3. 居民个人。居民个人一般是金融市场上的主要资金供应者。人们为了满足个人需求，例如购买住房、汽车等大宗商品或储蓄养老金等，都希望通过资金投资使其保值增值。因此，居民个人在金融市场上购买各种有价证券并组合投资，既能满足日常的流动性需求，又能获得资金的增值。居民个人的投资可以是直接购买债券或股票，也可以是通过金融中介机构进行间接投资，如购买共同基金份额、投入保险等，这些行为都表现为向金融市场提供资金。居民个人有时也有资金需求，但数量一般较小，例如住房抵押贷款等消费贷款。

4. 金融机构。金融机构是金融市场的主要参与者，金融机构又分为银行性金融机构和非银行性金融机构两种。银行性金融机构是指以吸收存款方式获得资金，以发放贷款或投资证券等方式获得收益的金融机构，主要包括商业银行、信用合作社以及西方一些国家中的一种专门吸收储蓄存款作为资金来源的储蓄机构。非银行性金融机构则是指以发行证券或契约方式筹集资金的金融机构，包括投资银行（证券公司）、保险公司、财务公司、信托投资公司等银行体系以外的金融机构。各类金融机构通过各种方式，一方面向社会吸收闲散资金；另一方面又向需要资金的部门、单位和个人提供资金，在金融市场上担当着资金需求者和资金供给者的双重身份。

5. 中央银行。中央银行在金融市场上的地位极为重要和特殊。中央银行既是金融市场中的主体交易者，又是金融市场的监管者。作为交易者，中央银行作为银行的银行，虽然不直接向企业或个人提供资金，但它通过再贴现业务向其他金融机构发放贴现贷款，并在商业银行发生挤兑危机时承担最后贷款人角色，成为金融市场的资金提供者。此外，中央银行通过公开市场业务，在金融市场上买卖证券，调节货币供给量，执行货币政策，成为金融市场的资金供给者，也可以成为金融市场的资金需求者。应该指出的是，中央银行的公开市场操作业务是不以营利为目的，但会迅速地影响到金融市场上资金供求双方的行为及金融工具的价格。有的国家的中央银行还受政府委托，代理政府对国债还本付息；接受外国中央银行之委托，在金融市场上参与金融市场活动和买卖证券等。作为监管者，中央银行代表政府对金融机构的行为进行监督和管理，防范金融风险，确保金融市场的平稳运行。

（二）金融市场客体[①]

金融市场客体是指金融市场的交易对象（交易标的物），也就是通常所说的金融工具。金融工具又称为信用工具，是一种表示债权债务关系的凭证，是具有法律效力的契约，一般由资金需求者向资金供给者出具，并注明金额、利率以及偿还条件等。金融工具包括债权类工具与股权类工具，例如商业票据、国库券、银行承兑、同业拆借、回购协议、公司债、股票、基金等。

金融工具种类繁多，为了加深理解，需要对之进行分类：

1. 按权利的标的物。可分为票据和证券。票据着重体现的是持有者对货币的索取权，例如汇票、本票、支票；证券则着重表明投资的事实，体现投资者的权利，例如股票和债券。

2. 按索取权的性质。可分为股权证券（股票）和债权证券（债券）。股票代表对发行者的所有权，投资者以股东身份出现，索取的是股息和红利。股票可以在股票交易市场转让，但是不可赎回。债券代表对发行者的债权，投资者以债权人的身份出现，索取的是本金和利息。债券可以在债券交易市场转让，到期归还本金和利息。

3. 按发行者的身份。债券又可进一步分为政府债券、公司债券和金融债券。

4. 按发行期长短。可分为短期金融工具（1 年以内）、中期金融工具（1 年以上，10 年

---

① 甘爱平，曲林迟. 航运金融学 ［M］. 上海：格致出版社、上海人民出版社，2010.

以下）、长期金融工具（10 年以上）和永久性金融工具（例如股票）。但应指出的是，短期金融工具指在 1 年之内到期的金融工具，这已成为金融界约定俗成的标准；但中、长期金融工具之间的界限划分往往是相对变化的。列如中国相当长时间内将 3 年（含）以上的银行存贷款定位为长期存贷款（有时还实行保值措施），1～3 年为中期。而后来我国发行了长达 20～30 年国债后，3～5 年期的国债都只能划入中期国债的范畴了。

5. 按发行者的资信状况。证券又可划分为若干级别，例如美国穆迪投资服务公司划定的债券级别由高到低依次为：Aaa，Aa，A；Baa，Ba，B；Caa，Ca，C。美国标准普尔公司划定的级别为 AAA，AA，A；BBB，BB，B；CCC，CC，C；DDD，DD，D。

此外，还可以根据金融工具流动性的高低、交易费用的大小、抵押品的有无以及市场竞争条件的优劣等作出多种划分。

（三）金融市场媒体

金融市场媒体是指在金融市场上充当交易媒介，从事交易或促使交易完成的机构和个人。其作用在于促进金融市场上的资金融通，在资金供给者和资金需求者之间架起桥梁，满足不同投资者和筹资者的需要。金融市场媒体可分为金融机构媒体和金融市场商人两类。金融机构媒体又称组织媒体，包括商业银行、投资银行、证券公司、财务公司、保险公司、信托公司等各类银行和非银行金融机构。金融市场商人则包括经纪人和自营商两类。经纪人是金融市场上为投资人和筹资人介绍交易的中间商，他们自身并不参与金融商品的交易，只是通过促成资金供给者和需求者之间的交易来赚取佣金；自营商则全面参与金融商品的交易，通过赚取买卖差价获利。

（四）金融市场价格

金融市场价格也是金融市场的最基本构成要素之一。金融市场的价格通常表现为各种金融产品的价格，有时也可以通过利率来反映。

一种金融产品的流动性、收益性和风险性特点决定了其自身的内在价值，从而奠定了这种金融资产的价格基础。此外，金融产品的价格还受供给、需求、其他金融资产价格以及交易者心理预期等众多外在因素的影响。可见，金融市场的价格形成十分复杂，几乎每时每刻都在发生波动。

价格机制在金融市场中发挥着极为关键的作用，是金融市场高效运行的基础。在一个有效的金融市场上，金融资产的价格能及时、准确、全面地体现该资产的价值，反映各种公开信息，引导资金自动流向高效率的部门，全面优化整个经济体系的资源配置。

金融市场四要素之间关系密切，相辅相成。其中金融市场主体与金融市场客体是构成金融市场的最基本要素，是金融市场形成的基础。金融市场媒体和金融市场价格则是伴随金融市场交易应运而生的，也是金融市场不可缺少的要素，对促进金融市场的繁荣和发展具有重要意义。

二、金融市场分类

在金融市场上，各种金融交易的对象、方式、条件、期限等都不尽相同，金融市场的分类方法较多，按不同的标准可以有不同的分类。

（一）按交易的标的物划分

以金融交易的标的物，即金融资产的形式为依据，金融市场可以划分为货币市场、资本市场、外汇市场、黄金市场、保险市场等。

（二）按交割方式划分

按照金融交易中交割的方式和时间为依据，金融市场可以划分为现货市场与衍生市场。衍生市场又主要可以分为期货市场和期权市场。在现货市场上，买卖双方必须在成交后的若干个交易日（通常是三天）内办理交割，钱货两清。现货市场是相对于期货市场而言的。在期货市场上，交易达成后并不立刻进行交割，而是在合同规定的一定时间以后才履行交割。交割时，不论市场价格变化如何，都必须按照成交时的约定价格进行。

被交易的期货合约、期权合约均是由原生性金融商品和基础性金融工具创造出的新型金融工具。衍生金融工具的交易一方面有套期保值防范风险的作用；一方面又往往是一种风险很大的投机对象，对此应高度注意。

（三）按交易中介划分

按金融交易的中介商作用为依据，金融市场可以划分为直接金融市场和间接金融市场。（1）直接金融市场是指资金需求者直接向资金供给者进行融资的市场。直接融资既包括企业向企业、企业向个人的直接资金融通，又包括企业通过发行债券和股票方式进行的融资。要注意的是，即使是企业的直接融资，一般也常常由金融机构代理。（2）间接金融市场是指以银行等信用中介金融机构为媒介，来进行资金融通的市场，例如存贷款市场。在间接金融市场上，资金所有者将资金贷放给银行等信用中介，再由信用中介机构转贷给资金需求者。不论这笔资金最后是谁使用，资金所有者的债权都只是针对信用中介机构而言的，对资金的最终使用者不具备任何权利要求。

（四）按交易期限划分

按偿还期的长短，市场可分为经营短期金融工具的货币市场和经营长期金融资产的资本市场。（1）短期资金市场是进行短期资金融通的场所，一般融资期限在一年以内，例如短期存单、票据、货币头寸和国库券等。这类金融工具偿还期限短、流动性较高、风险较小。通常在流通中起到货币的作用，故而短期资金市场也称作货币市场。（2）长期资金市场是进行长期资金融通的场所，一般融资期限在一年以上，长的可达数十年。例如股票、债券和长期资金借贷等。这类金融资产的偿还期限长、流动性较低，因而风险较大，但可以给持有者定期带来收入，故而又称资本市场。

（五）按交易程序划分

按照证券交易的程序，金融市场可以划分为发行市场和流通市场。（1）发行市场又称为一级市场，以投资银行、经纪人和证券商为经营者，承担政府和公司企业新发行证券和股票的承购和分销业务，是证券或票据等金融工具最初发行的市场。证券的发行是证券买卖、流通的前提。（2）流通市场又称为二级市场，主要由证券商和经纪人经营已上市的股票或证券，是金融工具流通和转让的市场。金融资产的持有者需要资金时，可在二级市场出售其持有的金融资产，将其变现。二级市场的规模和发展程度是衡量金融发达与否的主要标志。

（六）按交易场地划分

按有无固定的交易场地，金融市场可划分为有形市场和无形市场。有形市场是指具有固定交易场所的市场，一般指证券交易所、期货交易所等固定的交易场地。而无形市场则是指在证券交易所外进行金融资产交易的总称，本身没有固定的交易场所，市场的概念在这里仅仅体现出"交易"的含义。无形市场上的交易一般通过现代电信工具在各金融机构、证券商和投资者之间进行。它是一个无形的网络，金融资产可以在其中迅速转移。在当代世界，大部分的金融交易均在无形市场上完成。

（七）按交易机制划分

按交易机制划分，市场可分为拍卖市场和场外交易市场。在拍卖市场上，买卖方通过公开竞争叫价的方式来确定金融工具的成交价格。一般来说，出价最高的购买者和出价最低的出售者将在交易中取胜。场外交易也称作柜台交易（over-the-counter），是因为这种交易最早是在银行的柜台上进行的。而它之所以被称作"场外"，是因为把交易所看作正式交易场所，交易所外的交易便成了"场外"交易。

（八）按金融市场作用的范围划分

按交易的融资地域和交易双方的地理距离为依据，金融市场可划分为地方金融市场、区域性金融市场、全国金融市场和国际金融市场。

三、金融市场的功能[①]

金融市场通过组织金融资产、金融产品的交易，可以发挥多方面功能：（1）帮助实现资金在盈余部门和短缺部门之间的调剂。在良好的市场环境和价格信号引导下，有利于实现资源的最佳配置。（2）实现风险分散和风险转移。通过金融资产的交易，对于某个局部来说，风险由于分散、转移到别处而在此处消失，但总体来说，并非消除了风险。（3）确定价格。金融资产均有票面金额。在金融资产中可直接作为货币的金融资产，一般来说，其内在价值就是票面标注的金额。但是，很多金融资产（如股票）的票面标注金额并不能代表其内在价值。每一股股票上的内在价值是多少，只有通过金融市场交易中买卖双方相互作用的过程才能"发现"。

---

① 黄达，张杰. 金融学［M］. 北京：中国人民大学出版社，2017.

第四节　航运金融市场运行模式及业务体系

一、航运金融市场运行模式

（一）完备的航运金融模式

完备的航运金融模式是以金融机构为主体，多种信用形式相互配合，政府机构参与和调节的市场模式。这种模式能充分运用各种金融工具融通资金，形成与金融市场相对独立又融为一体的航运金融市场。以美国和欧洲发达国家的航运金融市场最为典型。

（二）以基金为后盾的航运金融模式

以基金为后盾的航运金融模式是指在资金匮乏的情况下，由政府发行社会基金券等，广泛吸收民间资金，建立航运基金，如航运产业投资基金、船舶基金等。

（三）混合型航运金融模式

混合型航运金融模式是指私人航运金融机构与官方航运金融机构并存，兼具完备和基金型模式某些特征的运作机制。

混合型航运金融模式以日本最为典型。日本是私有制市场经济国家，但二战后遭到严重破坏，私人金融机构难以满足战后经济的恢复及航运发展对资金的需求，日本政府成立了官方航运金融机构以融通航运发展资金，形成了私人和官方航运金融模式并存的航运金融市场。

（四）基于储蓄的航运金融模式

这是发展中国家最为普遍的航运金融市场模式。通常，金融机构以开展各种形式如合同、强制、自愿等储蓄方式来筹集资金，并将它们转化为长期航运贷款。

二、航运金融市场业务体系

金融市场融通资金、配置资源、分散风险的作用在航运市场上充分发挥作用，金融市场为航运业提供融资、投资、保险、套期保值、融资租赁、资产证券化等服务。

（一）融资

1. 直接融资模式。基于直接融资模式的航运金融包括卖方向买方提供的商业信用，航运企业通过发行股票和债券等筹集资金。航运直接融资活动先于间接融资而出现，是间接融资的基础，但间接融资又大大促进了直接融资的发展。在现代市场经济中，航运直接融资与间接融资是并行发展、互相促进的。

2. 契约融资模式。契约融资模式主要运用于航运投资信托融资领域。航运信托也称海运信托。海运信托基金是指由金融机构或船务公司作为发起人成立基金公司，基金管理公司通过发行基金单位集中投资者的资金，由基金托管人托管，基金管理人管理运用资金，专门从事船舶投融资业务，通过收购二手船舶，订造新船以期租或光租的形式出租给航运公司获取利润，与基金受益人共同承担风险、共享收益。

3. 存款融资模式。存款融资是各个国家和地区最常见也是最主要的航运金融模式，即由金融机构吸引中短期储蓄，然后通过贷款的方式发放给资金使用者，如航运相关企业。这种融资方式的特点是"短借长贷"。

4. 证券融资模式。证券融资模式，即抵押银行类的金融机构先向机构和个人投资者发行抵押证券筹集资金，再向资金需求者发放资金的融资方式。这类融资方式在美国和欧洲较为盛行。

（二）投资

海运业是需要巨额投资的资本密集型产业，而且是具有特殊风险的产业，海运业投资主要体现在船舶投资，而行业的风险也反映在船舶投资方面。船舶投资属于航运企业的固定资产投资，是形成企业生产经营能力的基础投资。同时，从对生产经营的影响程度看，船舶投资是涉及航运企业生产经营全局，改变生产经营方向和结构的战略性投资。船舶投资直接决定着公司未来的资源配置状况，直接改变着企业的生产内容、结构与能力，而且，船舶投资在效益上、影响上也将是长期的。从物质运动内容上看，船舶投资发生的过程，也就是货币、物质、劳动力、技术、管理、信息等资源的投放、消耗或运用的过程。投资收益只有在投资形成的生产经营或获利能力有效发挥时才能逐步实现。因此，广义上讲，船舶投资贯穿船舶建造（买卖）和船舶营运全过程，船舶投资效益的好坏直接影响航运企业今后的效益。

（三）保险

航运业是高风险行业。货物和船舶容易遭受内河或海上各种风险的侵袭和威胁，从而可能导致货物和船舶的灭失或者损害，同时还可能由此产生有关费用。（1）航运保险是指以货物和船舶作为保险标的，把货物和船舶在运输中可能遭受的风险、损失及费用作为保障范围的一种保险。我国保险业务中，对水上货物运输保险，可以分为国内水上货物运输保险和海洋货物运输保险两大类；将船舶保险分成远洋船舶保险和国内船舶保险两部分，远洋船舶保险归海上保险，而国内船舶保险划入国内运输保险。（2）国内水上货物运输保险，适用于承保在我国沿海、江河、湖泊等国内水域范围内货物运输因保险事故造成损失的风险。海洋货物运输保险，适用于承保国际贸易中的进出口货物在海上运输过程中因保险事故造成损失的风险。根据我国《海商法》的规定，该"海上运输"，是指海上航行以及海江之间、江海之间的直达运输，还包括与海上航行有关的发生于内河或者陆上的事故。（3）沿海内河船舶保险是以航行于沿海内河的船舶为保险标的的一种运输工具保险。远洋船舶保险在我国目前船舶保险市场上，是指在国际航线上营运的船舶保险。

根据以上分类，航运保险有如下险种，运输货物保险、船舶保险、运费保险和保赔保险。以上所涉及的范围十分广泛，内容也相当复杂，而且保险标的、保险险种、保险责任范围、保险责任期限等都不一样。

（四） 套期保值

国际航运市场是一个波动非常剧烈的市场，在 2008 年短短的几个月里，波罗的海航运指数就从一万多点跌到了几百点，跌幅超过 95%；而油轮运输市场在竞争激烈的情况下，运价波动也非常大。因为企业是以盈利为目的的组织，航运企业也不例外；航运企业的运费收入是其利润的主要来源，国际航运价格如此剧烈波动，使每一个航运企业的利润来源都得面临挑战，所以航运企业会有强烈的避险需求。面对国际航运市场的波动，货主和航运公司需要一个能提供动态管理运价波动风险的工具。航运金融衍生品是供航运企业和货主用于规避航运市场运价等波动风险的主要工具。

（五） 融资租赁

随着世界船队船龄的不断提高，世界船队的更新需求量日益增加。为了适应未来世界船队更新的需要，船东必须筹借相应的更新和扩大船队所必需的资金。融资租赁作为一个有前途的融资方式，时常被船东所采用。

船舶的融资租赁是指出租人按照租赁协议将船舶长期出租给承租人，船舶在承租人占有控制下营运，并在租期内向承租人收取租金的一种经济行为，它起始于 20 世纪 50 年代。在通常情况下，船舶的融资租赁由银行或专业的租赁公司通过契约安排、提供船资金、并取得船舶所有权，然后由该银行或租赁公司作为出租人将所造船舶租给航运公司使用，并从航运公司收取固定的租金。

（六） 资产证券化

资产证券化是指将缺乏流动性的资产，转换为在金融市场上可以自由买卖的证券的行为，使其具有流动性，是通过在资本市场和货币市场发行证券筹资的一种直接融资方式。适合证券化的资产最关键的是要具有可预见的稳定现金流。现金流的来源有两类：一类是资产本身可以产生现金流；另一类是资产为抵押品，本身不产生现金流，但该资产能保证义务人支付现金流。而港口资产恰恰具备了适合证券化的特性：

1. 可以在未来产生可预测的现金流。随着我国改革开放的深入，对外贸易的不断扩大，对水上运输的强劲需求带动了港口企业盈利能力的提高。由于资产证券化的本质就是通过对各种资产的精心设计和组合，将依附于该资产的现金流或某种权利义务证券化，以便回避个别风险，使现金流更加平稳。所以我们可以利用资产证券化的这一特性，将要证券化的港口类企业资产汇聚于资产池中，形成资产组合，"打包"发行债券，通过不同港口企业资产盈利的互补，形成较稳定的未来现金流。

2. 资金流量的期限结构清晰。港口设施、设备的投资规模大，使用周期长，现金流量比较方便掌握，并可根据历史经验加以预测。

3. 交费拖欠比例相对较低。港口收费主要包括码头和港口设施使用费、港湾运送费以及劳务性收费，较低的拖欠比例保证了其未来的现金流入。

4. 具有较高的信用特征。由于港口的社会性、公益性特征，其融资一般由政府出面担保，这就增强了港口资产支持证券的信用等级，因而也比较容易在市场上进行交易和销售，流动性比较好。

　　另外，港口建设对资金的大量需求，具有将港口资产进行证券化的内在需求。从成本上看，港口资产中凝固成本大，因此其资产流动性需求较强。通过港口资产证券化，以港口未来收益为基础发行资产支持证券，可以加强港口资产的流动性，通过多元化融资，促进我国港口建设，进一步满足我国改革开放、经济发展的需求。

知识拓展 2 - 2："双碳"背景下航运绿色金融服务

本章重要概念

国际航运市场　定期船市场　不定期船市场　国际航运企业　金融市场

本章习题

1. 简述国际航运市场体系涵盖哪些内容？
2. 简述国际航运企业有哪些？
3. 简述金融市场的概念和构成。
4. 简述金融市场的作用。
5. 简述航运金融市场业务体系包括哪些内容？

第三章

船舶融资

■ 本章导读

　　航运产业的生产、运营需要规模庞大的工业机器、船只等固定资本，决定了航运产业需要依赖发达的金融产业来为其提供资金支持。

　　航运产业中最为基础的固定资本便是船舶，可以说船舶贯穿了整个航运产业的生命线。船舶往往价格昂贵，无论是新建造或是二手购买，动辄百万元资金，在后续的管理和使用过程中也需要大量资金投入，船舶如何顺利获得融资，便成为航运金融领域尤为基础又至关重要的问题。船舶融资也属于项目融资，因此是一项高风险的融资行为。融资项目是否可行，往往需要对船舶和海运行业有深入了解的专业人士来负责，根据收益—风险的关系进行决策。本章就来对船舶融资的相关内容进行介绍。

■ 课程思政

中国已成为全球第一大船舶融资供给国

　　自 2008 年金融危机以后，全球航运融资格局发生变化。传统欧洲银行逐渐剥离航运资产，退出船舶融资市场。其他仍然活跃在市场上的欧洲银行也大幅缩小其船舶融资规模。另外，以政策性银行、出口信贷为主的亚洲银行以及中国租赁公司的船舶资产规模增加。中国在国际船舶融资市场上的重要性不断增大。

　　通过对中国在船舶融资市场上地位变化的学习，能够拓宽学生对于航运融资的认知范畴，筑牢献身海洋强国、航运强国建设的使命担当。拓展学生对于船舶融资方式和融资合同的认识，培养学生的诚信意识和法治意识。

资料来源：2022 北外滩国际航运论坛，交通运输部和上海市人民政府，https：//www.sohu.com/a/609905236_276266.

第一节 船舶融资概述

船舶融资是指以船舶资产为抵押或者以船舶资产使用产生的现金流质押，用来满足借款人建造、购置、租赁、维修、使用船舶资产所必需的贷款业务。具体而言，有船舶建造期贷款、交船后的船舶抵押贷款以及船舶租赁融资等。

（一）船舶贷款协议

表3-1给出了一份较为规范的船舶定期贷款协议条款范文，可以看到其中涉及了众多条款，多数的船舶贷款协议均包含了类似条款，但也并非所有贷款协议都会面面俱到。

表3-1 船舶定期贷款协议

序号	条款	序号	条款
1	定义与释义	11	违约事件
2	贷款与目的	12	抵销与留置权
3	先决条件与后决条件	13	转让、联合与分包
4	声明与保证	14	付款、强制性提前还款、准备金要求与违法事项
5	还款与提前还款	15	通知
6	利息	16	杂项
7	船旗	17	准据法与管辖地
8	费用	18	标题与目录
9	担保文件	19	要约书
10	约束条件	20	附录

1. 定义与释义。贷款协议中最为复杂的是应用于不同领域时所界定的各种使用术语，而众多专业术语也需要在贷款协议中进行一些标准的确定。船舶贷款中会包含类似有关船舶融资或者再融资的术语，因此需要在定义与释义中对这些相关事宜的术语进行清晰的界定与解释。

2. 贷款与目的。贷款主要是采用标准银行术语所规定的银行提供贷款的承诺。同时，银行希望确保所提供的贷款用于正当目的，而不希望由于贷款另作他用而产生损害自身利益的风险，因此需要规定贷款目的是对借款人购船款提供部分融资或者再融资。但是，银行并无义务来确保该贷款实际运用于此贷款目的。

3. 先决条件与后决条件。贷款人在承诺提供贷款前可以要求借款人按照规定的格式及内容提供相关的信息和文件，包括：

（1）借款人和担保人的公司组织文件，包括注册证书和公司章程等文件。银行可以通过这些文件知悉借款人和担保人董事的权利及受到的限制，从而确保贷款人有权拥有船舶、提供借款和担保。

（2）借款人和法人担保人的良好存续证明。贷款人可以由此确认借款人和担保人未处于任何清算程序之中，并且也无任何对外未付费用。

（3）针对借款人和担保人公司的调查结果。贷款人可以通过调查结果确认借款人股东及董事的身份，并确认未发生任何可能导致借款人公司陷入破产管理、被清算或被接管的程序。

（4）借款人和担保人公司的董事会及股东会决议。由于借款人公司在购置船舶及融资之前，通常需要股东会通过相关决议，因此贷款人需要借款人提供必要的会议通知豁免书或者临时通知书。

（5）签署贷款协议或其他相关文件的授权书。如果贷款人公司在外国，往往需要通过代理律师来签署船舶抵押书等协议，因此需要提供相关的签署协议授权书。

（6）经借款人高管认证的购船协议副本，及向借款人转让船舶所有权的卖据副本。对于新建造船舶贷款而言，需要提供经过认证的造船合同副本，同时需要提供开立给船东并且转让给融资银行的退款保函原件。

（7）用以证明船舶将要或者已经投保的证据。鉴于保险安排十分复杂，贷款人通常要求提供来自保险经纪或者保险公司的书面确认书，并且会在提款前邀请外部保险顾问对确认书的保险范围概述、保险金额和免赔额等主要条款进行审阅。

（8）所有租船合同副本。租船合同副本可以确保贷款人能将某份长期租船合同作为还款来源，或者贷款人能接受租船合同的转让权益。

（9）船舶登记处的检索结果。贷款人可能要求借款人提供尽可能与提取贷款时间一致的船舶检索工作，以便确认船舶由借款人拥有且无任何产权登记问题。

（10）此外还有近期签发的船级确认证书、由独立验船师或评估机构针对船舶状况或估价出具的验船报告、船舶出口许可证和船舶当前的安全构造、安全设备、安全无线电及载重线的证书等。同时，还可能需要提供按照银行要求格式的法律意见书的确认书以及所有必要的银行授权书和提款通知。在特定贷款交易中银行可能还要求借款人在提款前作出相关承诺或支付其他前端费用，包括在提款后尽快向银行出示已经取得银行要求的抵押登记的证据、公司登记处或其他公共机构要求的登记以及船舶保险人对融资方出具的相应承诺函。

4. 声明与保证。标准的声明与保证条款包括借款人的法人地位、无任何破产程序、船舶购置与租赁文件副本等，这些特定于船舶的声明与保证通常包含在抵押书、贷款协议或者约束契约中。

5. 还款与提前还款。船舶贷款的还款条款与常规贷款通用条款并无太大差异，有时可能还会包含随时赔偿及必要通知期等提前还款权的相关规定。

6. 利息。利息是贷款协议里最为重要的确定因素，包括贷款利息的确定和支付机制。此外还可能包含发生违约事件时如何提高浮动贷款利率等协约，一般增幅保持在额外 1% ~ 2% 范围内的上调浮动利率都被认为是可以接受的。

7. 船旗。船旗是船舶贷款协议里比较特殊的一项条款，该条款规定借款人必须在银行批准的船旗国履行船舶登记的义务。银行通常也会同意在协议中加入允许变更船旗的条款，以便借款人可以规避选定船旗国政治波动的风险。银行通常要求新船旗变更必须获得银行批准，以及同意在变更船旗后借款人在银行要求下签署后续担保文件和相关法人文件，并完成相关登记。如果船舶在某个新船旗国进行登记，需要提供船舶现有船籍注销登记的证明，或者提供在规定期限内会提供该注销登记证明的承诺。

8. 费用。费用条款是列明借款人应向银行支付的费用情况说明。如果当贷款人希望提供银团贷款或者分包贷款时，有关费用的具体规定将记载于单独的费用函中，但贷款协议中仍然需要包含借款人支付费用的合同承诺。

9. 担保文件。担保文件包括船舶抵押贷款文件、船舶保险和收益转让文件等，其他还包括担保赔偿、股份质押、二次担保等相关文件。

10. 约束条件。约束条件条款包含了常规性借款人财务情况等约束，以及与船舶相关的特定重大约束，通常操作是将所有与船舶（而非借款人）相关的约束条款写入抵押书中。贷款协议中有若干重要的约束条件条款。其中尤为重要的一项是借款人须确保偿还贷款的金额始终不会超过船舶价值的 60%～70%，具体比例取决于船舶类型及船龄。船舶价值评估方式也会包含在约束条件条款中。通常借款人和银行会约定各自指定一名估价师进行分别估价，而船舶的最终价格将是二者估价的均值。此外还载有借款人提前还款、提供额外担保以及如何解除追加担保之类的约束要求。

11. 违约事件。船舶贷款协议会全面在列各类违约事件，银行在这些违约事件发生时有权要求借款人立刻归还未偿付贷款余额、应计利息以及其他应付款项。违约事件中最显著的是未能按时偿还贷款或者支付利息，其他也包括借款人资不抵债、发生重大不利事项、违反约束、违反担保文件、严重陈述不当等事件。由银行宣告或通知导致的加速还款不构成违约事件。特定船舶融资的违约事件主要是未经银行同意出售船舶以及船舶发生全损。一般情况下，借款人会添加一个附加条件，即如果银行在导致全损事故发生后的 90～180 天内能够获得保险商提供全额保险赔款的承诺，则视为未发生违约事件。一些与船舶相关的事故将构成间接违约事件，包括借款人未按贷款人要求购买保险、丧失船级、船舶产生优先于抵押权的优先权以及船舶所有权或抵押权登记遭受质疑。

12. 抵销与留置权。该标准条款规定了当发生违约事件之后，银行有权将借款人的存款余额或银行持有的其他财产用来抵销借款人所欠银行的债务，并且银行在该债务得以清偿前对自身所持有的借款人财产享有留置权。

13. 转让、联合与分包。转让、联合与分包条款是用于借款人与银行协商在船舶贷款转让、组建银团贷款或授予分包权方面的要求。大多数银行都希望能保留向自身母公司、子公司或姊妹公司自由转让、组建银团或分包贷款的权利，因此会承诺再向银团以外的地方转让贷款、组建银团或分包贷款之前须征得借款人同意。

14. 付款。付款条款会载列一些标准贷款协议条款，包括要求所有付款不得作任何扣减、保留、反申索或抵销；要求付款中包括必须支付的预提税和必须扣减的其他款项；要求借款人向银行赔偿因法律、政府、中央银行或税务机关要求发生变更而产生的额外成本；规定当银行无法从市场获取利率的情况时利率的计算方法；规定当银行关于提供或维持贷款的承诺变得不合法或实际不可行时撤销该承诺。

15. 通知。标准的通知条款主要规定一方应当如何向另一方发出通知以及如何寄送通知的地址、收件人、联系方式等信息。

16. 杂项。杂项包含了一系列不适合列于其他项目的条款，包括规定由借款人向银行赔偿法律费用及其他费用等标准贷款规定。

17. 准据法与管辖地。此条款包含协议当事方所遵守的管辖法律以及管辖地的选择，以及提供诉讼文书的有效寄送地址。

18. 标题与目录页。此条款简单规定了协议中使用的标题和目录页。

19. 要约书。要约书条款包含了一份银行向借款人发出的要约书,并且明确规定贷款协议取代要约书以及当事方之间就贷款而达成的其他所有函件。

20. 附录。附录主要包括一些范本,例如提款通知范本、抵押书范本、约束条件范本、转让书范本和保函范本等。

(二) 船舶融资的主体

由于航运产业涉及方方面面的主体,这些航运主体都有着不同的资金需求,因此均可以作为船舶融资的主体;也正因为这些航运主体各自的特征不同,致使船舶融资呈现出复杂的特点,所以船舶融资主要适用于资产规模大、现金流充裕、市场竞争力强、管理水平高、财务效益好的客户。

船舶融资横跨交船前和交船后阶段,短期的船舶融资主要是为了船舶的维修和补给而筹集资金;长期的船舶融资则是为了建造新船或购买二手船,借款人可以是船厂,也可以是船东,抑或是货主、承租人等其他参与者。

1. 船厂。船厂作为船舶融资的主体,主要在新造船阶段与船东互动,并在船舶管理人代表股东入坞阶段与负责维护和维修船舶的船舶管理人进行互动,其筹集资金主要是用于船舶的新建、维护和修理服务。船东的船舶融资主要是交船前。与传统的抵押贷款相比较,建造新船用于抵押贷款时最大的风险在于抵押物的不特定性和不确定性。因为新建造一艘船舶往往需要经历一年或者更长时期,在此期间,标的物"在建船舶"所包含的范围始终在不断变化之中,因此以在建船舶作为抵押贷款对于抵押权人来说具有极大的风险,船舶建造合同往往成为交船前的重要抵押物。船厂作为借款主体的借款金额一般是按造船价的 60% ~ 70%;借款期限较短,一般为 1 ~ 2 年;以造船合同和船厂其他资产作为抵押品,在交船时收到船东款项后全数归还抵押贷款。

2. 船东。船东是从船厂或二手市场取得船舶并出租给租船人的自然人、公司或投资基金。船东的船舶融资可以是交船前,也可以是交船后。

(1) 新造船舶融资。船东同样可以为新造船舶进行融资,与船厂不同,当船东作为融资主体时,借款金融一般是按造船价的 70% ~ 80%,最多不超过 90%;借款期限较长,一般为 5 ~ 10 年;抵押分为交船前和交船后,交船前抵押品为造船合同、租船合同、完工保函和预付款保函权益让渡,交船后抵押品则变为船舶和船舶保险权益让渡,此外还要求提供船壳和机器设备险、船东责任险、租家要求船舶经停危险海域或存在其他重要风险时投保战争险等必要的保险作为抵押品保险。当船东希望通过借款来为购置新建船舶融资时,有两种传统融资方式可供选择。船东可以获取银行融资,从而在船舶交付时支付全额价款,或者为交付前的分期付款进行再融资,这种方式称为"买方信贷"。船东也可以同意按延期支付条款,通过船厂提供的信贷来购置新造船舶,这种方式称为"卖方信贷"。目前,世界各地的造船合同中普遍采用的是买方信贷条款。

(2) 二手船购置融资。二手船购置也是船东获取船舶的主要方式,而二手船融资就是用于帮助船东购置二手船。船东在购置某项新资产时会接触多家贷款方,在贷款期限内,如果有其他贷款人提供更为优惠的条件时,船东也会通过再融资的方式更换贷款人,因此二手船融资也经常用于为借款人已有的以船舶为抵押的贷款进行再融资。

二手船融资中很少以买方信贷的方式进行出售,卖方一般不愿意在未收到全款时便向买方交付船舶，除非买方可以提供母公司保函等第三方担保作为信用支持。船东也可以要求银行出具保函，同时船东通过船舶抵押或其他担保方式，对银行保函项下对外支付的款项予以反担保，并向银行支付服务佣金。在交船后，融资抵押品发生了变化，以船舶作为抵押资产成为主要的船舶融资方式，而船东则成为交船后船舶融资的主要主体。交船后船东的借款金额一般为船舶造价的 50%，期限在 5~7 年，抵押品可以是船舶，也可以是租约收入转账协议。租约是船东与承运人或海运公司所签署的长期协议，融资提供者要求将船东的租约权益让渡和指定租金收入账户进行直接控制，以保障船东将租金作为归还贷款的重要保障，而避免用于其他用途。

3. 承租人。承租人有时也可以称为运营商，是从船东那里直接租用船舶，也可以通过经纪人来租船，然后向货主或货运代理人出售运输服务。承租人可以根据集装箱运输中的时间表和固定航线提供运输服务，也可以根据不同行程货主的要求来提供散装运输服务。承租人经常面临现有租船合同和运费变化之间的差异，以及能否有效利用船舶运力的商业风险，因此需要对冲价格风险。

4. 船舶管理人。船舶管理人是由船东授权维护和管理船舶的船员或技术管理人员，同时在船舶出租给承租人的过程中担任商业管理的角色。由于船舶的运营费用是船东根据预先约定的船员和运营成本预算来承担，因此船舶管理人通常是收取固定年费来管理船舶，而并不会直接面临租金波动的风险。但是也有部分船舶管理合同与获得的租金和履约情况有关，因此对船舶运输风险管理有一定的需求。

5. 货主。货主是希望通过船舶运输将货物送至预定目的地的主体。货主既可以直接从作为承租人的船东处购买运输服务，也可以通过货运公司或其他承租人处购买运输服务。货主主要面临的风险在于货物价格和运价的变化，因此需要金融衍生品来进行对冲，同时也对海运保险有一定的需求，以应对运输过程中的风险。

6. 货运代理人。由于货主的日常运输需求不足以成立必要职能完善的自有物流管理部门，因此往往需要选择专业的代理人来为其提供船舶运输管理，货运代理人便是主要为货主提供运输和相关服务的专业人士。货运代理人从船舶承租人那里购买运输服务，并出售给货主，在运营过程中传递运输服务的实际成本，并从相当稳定的服务所得中获取收益，因此货运代理人在船舶货运市场中面对的运价波动风险相对适中，但同样需要对冲价格波动风险。

7. 经纪人。经纪人是具有各种专业经验的航运市场中介。经纪人种类众多，船厂经纪人可以促成船厂和船东之间的合同，特别是新建造船舶方面的合同，还可以进行维修和定期进坞。船舶经纪人则主要支持二手船的买卖以及船舶租赁的商务管理。货运经纪人可以促成散货和项目货物的较大货运合同。经纪人对船舶金融的需求也同样多种多样。

知识拓展 3 - 1：上海国电海运十八艘巴拿马型散货船

（三）船舶融资的特点

船舶是航运企业赖以生存的核心资产，不同于普通制造业或工业企业的设备，船舶具有建造周期长、技术密度高、单件价值巨大、资金投入高等特点。并且从上文可以看出，船舶融资主体众多，船舶融资协议条款也十分复杂，这便使得船舶融资具有资金需求量大、融资方式众多、融资风险较高和无地域界限的特点。

1. 资金需求量大。船舶本身造价昂贵，特别是在新技术浪潮的席卷之下，船舶建造呈现出大型化和现代化的趋势。现代船舶通常配有先进的驾驶设备、导航设备和船舱设备等，使得新船造价往往高达几千万美元，而部分超大型集装箱船、LNC 船的造价甚至可高达上亿美元，这使得船舶融资往往需要十分庞大的资金量。

2. 投资回收期长。由于船舶本身造价较高，而船舶盈利来源主要为每日运价或租金收益，因此船舶的投资回收期较长，一般从投入新建到全部回收可持续 10 年以上，部分甚至长达 20 年以上。特别是当金融危机或自然灾害使得航运业低迷，航运日租金显著降低，回收全部船舶投资则需要花费更加漫长的时间。

3. 融资方式多样。船舶融资需求量大、投资回收期长的特点使得没有一家航运企业愿意且能够完全利用自有资金购买船舶，因此通常采用一种或多种相结合的融资形式，包括商业银行贷款、政府补贴贷款、权益融资、债务融资、融资租赁等，多种融资渠道的选择可以在一定程度上分散市场风险。此外还可以在国内融资渠道和国外融资渠道之间进行选择来分散汇率风险。由于每种融资方式都存在着自身的优势和不足，因此借款人需要综合考虑成本、风险、效益等问题，选择最为有利的融资方式来降低风险、提高效率。

4. 无地域界限。船舶融资的一个显著区别于其他融资项目的特征就在于其国际性和无地域界限性。在实际融资案例中，船舶的建造国可以与船东所在国不一致，船舶的建造资金通常是通过国外货币融资；船东也可以很轻易地向在当地设立办事处的外国银行贷款购买二手船，并且将资金最终支付给第三方国家的二手船所有者。船舶在构建、移交、运营的过程中又会涉及不同国家的规章制度，进而影响船舶融资。因此，船舶融资并无较为明显的地域界限。

5. 融资风险较高。船舶融资庞大的资金需求与长投资回收期特点，也注定了船舶融资具有较高的投资风险。一般而言，船舶融资面临着财务风险、汇率风险和利率风险。作为航运企业经营中必不可少的一部分，船舶融资不仅受航运企业本身运营情况、航运市场发展状况的影响，还受到政治、经济等其他方面影响，如政策法律法规、宏观经济发展水平、金融资本市场波动等。如采用国外出口信贷要受到国家政治关系的影响；采用单一币种受汇率变动的影响；金融危机也会猛烈打击船舶航运的价格，使得船舶融资风险骤增。可见，船舶融资难以预测，具备高风险性。

（四）船舶融资的融资决策

船东在考虑何时以及如何扩张或更新船队时，一个主要因素就是何种融资方式才是最佳选择。船舶融资决策就是在多种可行的融资方案中，选取较好地平衡最低融资成本与最小融资风险的最优融资组合方案，以满足航运企业扩充船舶运力所需的最低资金数量。船舶融资渠道主要有股权融资、负债融资和夹层融资三种来源，具体包括政府资助、商业银行贷款、融资租赁、发行股票、发行债券以及国际金融组织和机构的贷款等多种筹资方式。

首先，在船舶运营的总成本中，最大的一部分便是船舶的资本成本，购买船舶需要筹集大量资金，且存在较高风险，而采取不同的融资方式又会直接影响到船舶融资成本，进而影响到航运经营的经济效益，因此需要科学客观地对船舶融资加以分析决策。如果决策正确，便可以用较小的融资成本筹集到金额大、风险低的资金；但决策若不正确，轻则使企业蒙受损失，重则给企业今后发展带来沉重的债务包袱，甚至有破产的危险。可见在同样的条件下，决策水平的不同可能会得到不同的结果。因此，合适的融资决策才能达到技术上先进、经济上合理、客观上可能等目标。

其次，不同的筹资方式所涉及的资金成本、偿还期限、还款方式以及其他方面的限制条件都有差别，此外，航运公司的融资活动又会受到自身的资产结构、财务状况、经营管理能力等内部因素，以及国家政治、经济、法律、文化和国际金融市场、国际航运市场的变化等外部客观环境因素的制约，使得船舶融资环境复杂。在如此复杂的主客观条件的制约下，企业要以较低的成本融通到扩充船舶运力所需要的最低资金数量，并将融资风险控制在企业可化解的能力范围内，就必须进行专业的船舶融资决策。

最后，随着我国市场化改革不断深化，现代航运企业制度也逐步建立与完善。航运企业作为一个自主经营、自负盈亏的市场主体，船舶融资决策质量的好坏，必然直接关系到船舶投资效益和企业资本结构的好坏，进而承担起相应的企业社会责任，航运企业要根据船舶的生产经营特点，依法自主经营，通过科学客观的成本收益分析，自主选择资金来源渠道和融资方式，自主确定融资规模和融资结构，提高企业经济效益。同时航运企业作为负债经营的市场主体，必须严谨分析船舶融资规模、举债结构以及经济环境变化对企业负债风险的影响，谨慎确定企业自身的资金结构，有效控制企业负债风险，以确保企业负债经营安全有序。

航运企业在进行船舶融资时，主要有以下几个目标：高杠杆、延后还款、期限较长、价格较低、可自由分红、限制追索权、现金自由流动、提款确定性高等。

航运企业在进行船舶融资时，主要通过以下几个参数来判断：具体交易信息或公司信息、进展速度、期限与还款时间表、是否需要担保、约束条件、时间安排、灵活性、获取难易度、资本成本等。

航运企业在进行船舶融资时，可获得融资方式由以下几个方面来决定：借款人的信用状况、所提供的担保水平、现金流偿债能力、企业收益等。

第二节 船舶融资方式

船舶融资的方式多种多样，从资金来源来看，主要是来自银行机构和资本市场，包括银行贷款、发行股票、发行证券，还有一些其他方式包括融资租赁、经营租赁等。此外，由于航运事业往往涉及国家安全，政府也会积极参与到船舶融资之中。本节主要对政府贷款、商业银行贷款、债券融资和权益融资进行介绍，融租租赁由于其内容较为复杂，将其单独放在下一节进行详细介绍。

（一）政府贷款

由于航运业具有耗资巨大且关乎国家安全的特殊属性，因此政府经常通过向船东提供优惠贷款的方式来对船舶融资提供支持。

1. 政府贷款的方式。（1）政府贷款可以由政府利用利率补贴的方式，通过国家控制的银行给予船舶融资借款方以低于市场利率的优惠利率进行贷款。其中最为流行的一种方式是固定利率的长期贷款。固定利率长期贷款通常由国家控制的银行安排，以补贴的利率贷出，与市场利率的差额部分，由政府补给银行。这种来自政府的贷款，实际是政府对本国船东造买船的一种资助，通过这项资助，本国造船业和航运业可以获得巨大的优惠。（2）政府贷款还可以由贷款国政府使用国家预算资金直接与借款国发生信贷关系。由于航运业融资可以在不同国家政府之间进行，因此这种国际的政府贷款通常由政府有关部门出面洽谈，也有的是政府首脑出国访问时，经双方共同商定，签订贷款协议。西方国家政府有时希望通过给发展中国家发展航运业提供资助来扶持本国的造船业，所以发展中国家的航运业有时可以从发达国家政府取得优惠的融资，通常的做法是西方国家政府给予发展中国家低息贷款，但要求在西方国家的船厂建造船舶。此种政府贷款多数是政府的双边援助贷款，少数是多边援助贷款，它是国家资本输出的一种形式。

船舶融资政府贷款的特点是贷款期限长、利率低，且会受到国际协定制约。经济合作与发展组织制定了国际控制造船出口信贷协定的规定：贷款条件为偿还的最长期限从交船起不超过 8.5 年，贷款利率不低于 8%，且在交船前支付合同价格的 20%。

2. 政府贷款的具体类型。政府贷款实质上是政府通过对本国造船实行财政补贴来扶持本国造船工业的办法，具体而言，船舶融资中政府贷款的种类包括购买人贷款、供应人贷款、出租人贷款和混合贷款。购买人贷款是指直接给予船舶所有人的优惠贷款；供应人贷款是指给予船厂贷款，然后以价格折扣或优惠的条件把其优惠转移给购买人；出租人贷款是指出租人把船东作为借用人来资助；混合贷款则是以上三种形式贷款的组合。

除由政策性银行给予的优惠贷款外，最常见的政府扶持方式便是通过买方信贷或卖方信贷来提供定息的长期贷款。（1）买方信贷是将贷款以优惠价格直接发放给船东，船东通过担保得到银行的优惠贷款，并向船厂支付船价。有了买方信贷，船厂可以从订造新船的船东那里分期得到现金付款，用于支付船厂造船的各项支出。（2）卖方信贷则是直接将贷款发放给船厂，船厂再把这一收益通过降价或提供优惠的融资条件转给船东。卖方信贷是国际上常用的买造船的融资方式，即船厂或原船东向银行申请贷款造船，船价则由买方取得银行担保，分期将本息付予卖方银行。

另外，政府还可以为在本国船厂订造新船的船东的私人贷款提供担保。通过贷款担保将违约风险有效地从船东转移到政府身上，有利于船东与独立的金融机构打交道，从而减少了贷款收取的分段计息的升水风险。

3. 政府贷款的利息补贴。政府为了鼓励本国船舶出口，往往要求银行为船舶融资提供低息贷款，这往往会给提供低息造船贷款的银行带来利息损失。政府通常提供一部分利息补贴用于补偿银行因发放低息贷款而导致的利息损失。政府提供利息补贴的方式有两种：一是在政府的担保下由政府成立专门的机构按商业利率向商业银行贷款，然后由商业银行以较低的利率向船东发放贷款；二是政府向银行提供必要的担保，由商业银行直接以补贴利率向船东发放贷款，然后再从政府那里补偿利息的差额。

政府补贴贷款和商业银行贷款这两类贷款对于航运企业来说都是十分常用的融资方式。在实际融资过程中，常常将两种贷款组合起来使用，以达到较好的融资效果。但多数情况下，政府对新造船融资的扶持只占整个贷款计划的一部分，银行贷款仍是船舶融资的主力军。

（二）商业银行贷款

商业银行为航运企业提供了一笔灵活优惠的资本，是航运业的主要资金来源，自始至终都对航运业的发展起着重要的作用。欧洲商业银行是传统上航运业最可靠、最持续的贷款人，占全球航运贷款组合的65%以上，德国商业银行、德国北方银行以及挪威银行则是航运业的最大贷款机构。

从借款人角度来看，商业银行的债务融资利息成本较低，相较于伦敦银行同业拆放利率（LIBOR）高200~300个基点，相较于其他融资来源具有较强的竞争力。从商业银行角度来看，航运业虽然有所波动，且利润率相对较低，但航运资产的流动性和同质性都能够使商业银行以相对较低的成本开支发放大量资金，而船舶的定期换手导致贷款在到期之前往往被用于再融资，则可以使得银行采取低利润率的方式增加回报，因此航运业对商业银行来说仍是不错的行业。

商业银行不仅为新船建造和二手船购买提供了大量的短期、中期和长期资金，而且对航运业提供了包括营运费用支付、收益收取、处理外汇结算、提供财务信息和建议等范围广泛的其他财务服务。许多商业银行都设立专门部门向航运公司及其负责人提供广泛的融资产品。

1. 抵押贷款。商业银行抵押贷款往往是航运公司资本结构中除股权融资外的唯一融资类型，2008年次贷危机后引发的国际航运市场疲软，以及金融宏观审慎和资本市场的大力发展，使得商业银行抵押贷款占总投资的比重从70%~75%下降至50%~60%。

抵押贷款要求借款人必须以船舶作为抵押物，贷款人直接拥有对抵押物船舶的权利，并将船舶与任何和资产无关的索赔或责任隔离，从而来担保贷款人的风险敞口。抵押贷款还需要担保人，通常是由拥有单一目标公司股份的控股公司来作为借款人义务的担保人，但当航运公司收购的多艘船舶是由同一家银行提供融资，或者贷款人被要求增加无任何权利负担的船舶作为抵押物时，可以使用交叉担保。交叉担保的贷款将分成不同的单位，以便在出售任何船舶时都能偿还贷款，从而加强担保措施以降低信贷杠杆的风险。

（1）抵押贷款主要条款。商业银行抵押贷款融资的金额决定了借款人的融资成本，也决定了船东履行还款义务、抵御风险的能力。因此需要设定科学合理的条款，来保证船舶融资的收益至少能够满足融资成本，并且使得船舶资产可以为未偿还贷款提供足够的抵押担保。在进行抵押贷款融资时主要对以下几个方面进行谈判：

①融资金额。取决于船舶的船龄、运费以及担保情况，通常为抵押船舶价值的50%~80%。当借款人与商业银行有长期租约且信用良好时，融资金额可能会更高。

②融资期限。取决于船龄和银行获得资金的能力，通常在5~10年。

③贷款利率。取决于船东的信誉、抵押物的质量和流动性以及船舶融资市场的竞争情况，通常按照伦敦银行同业拆借利率的利差定价，利差范围在100~400个基点。一些优质船东支付的利差在250~300个基点，在经济危机时期甚至可以降到100个基点以下。

④贷款费用。贷款费用是对于安排和管理贷款所收取的费用，包括手续费、年费和佣金。抵押贷款的手续费一般为1%，佣金一般为利差的40%，年费则额外支付给贷款管理人。

⑤贷款偿还。取决于船龄，船舶越旧，还款期限越短，要确保在其使用寿命期间可以安全偿还贷款。通常还款每期固定数额，每半年或季度分期偿还，期末支付一笔大额尾款。为

了降低贷款人的风险，贷款摊销一般比船舶贬值更快，以便银行能够更快收回贷款。如果借款人与银行有长期租约且信誉良好，在租约期限内的还款数额可能会增加。

⑥担保措施。担保措施是为借款人发生违约的情况下作担保，通常是船舶抵押，此外也可以通过拥有抵押船舶的控股公司进行担保，或者船舶收入账户、借款人保险收益转让和借款人持有股权的质押。

⑦财务限制条款。财务限制可以是价值维护条款，要求抵押船舶的市值至少超过未偿还贷款金额的40%，如果低于该标准则需要借款人提前还款，或者提供现金等贷款人可接受的其他额外担保物。财务限制还可能包括借款人最低流动性、对担保人总负债金额上限等财务方面的条款。

⑧非财务性条款。除财务限制外，贷款人通常还会要求一些船旗、管辖权、船舶管理人、所需保险金额和定期提供财务数据等其他非财务契约条款。

（2）次级贷款。船舶融资可以通过向不同贷款人提供多个抵押贷款进行融资。具有优先级别的贷款称为"优先"贷款，贷款人享有第一顺位的抵押权；而第二笔贷款称为"次级"贷款，次级贷款人享有排在优先贷款人之后的第二顺位的抵押权，可以在优先贷款人的贷款偿还后对抵押物行使抵押权。当船舶有多个抵押时，不同贷款人之间可以签订债务级别协议，以便确定船舶出售时的债务偿还顺序。次级贷款的发放有助于公司增加对船舶抵押的杠杆作用，还会提高公司股权回报。

（3）银团贷款。由于航运公司的收购需要庞大的融资量，因此这些收购通常不可能由单一银行提供，实际案例中的抵押贷款往往是借款人与一小群贷款人之间的贷款，这些借款人组成了银团，而此类贷款也是"双边"贷款。

在银团贷款中，由一家银行作为贷款联盟的代理人，并向借款人收取费用，其他贷款人均对贷款收费享受同等或几乎同等的标准。各个贷款人之间可能有不同的风险，通过贷款协议规定了各贷款人可以单独行使的权利以及需要大多数贷款人授权才可以行使的权力。银团中每个贷款人有义务按贷款份额占比发放贷款，而各贷款人彼此之间的义务是独立的，如果其他贷款人没有参与其中，则无须承担责任。包括偿还贷款方式和期限变更、贷款保证金减少、贷款担保释放等重大事项需要贷款人一致同意，任何一个贷款人可以通过拒绝同意这些事项来获得控制其他银行通过特定决定的权力，彼此之间又相互制约。

银团贷款具有许多优势。首先，当贷款人希望将其贷款份额进行转让时，银团贷款协议规定了相对方便的程序将任一贷款人的全部或部分份额转移给另一贷款人，提高了贷款的流动性。其次，贷款份额分割的同时分散了融资风险，将船舶融资的高风险分散至不同贷款人之间，提高了贷款的安全性。目前，船舶融资市场新增贷款大部分都是双边或者协会交易的银团贷款。

2. 新造船融资。新造船融资也是抵押贷款融资的一种，但是在建船舶和已经交付船舶之间存在着一定差别。用已交付船舶进行抵押融资时，银行拥有可以赚取收益同时抵御风险的抵押船舶完成品。但是用在建船舶进行抵押贷款时，在交船前没有船舶可供抵押，也没有可以用于偿还贷款的收益，只有当船舶进行交付之后才可以开始偿还贷款。

通常的新造船融资是借款人将新造船合同转让给造船厂，如果违约则转让给贷款人。但是贷款人的风险明显高于交船前融资的原始贷款额，因为船舶建造通常是在建造期间分阶段付款，如果借款人违约，那么银行将对造船厂完成船舶建造工作负有责任。因此，交船前融资通常被设计成在船舶交付时进行还款的单独贷款，而银行也更愿意在从造船厂交付后为船舶提供融资。

新造船的付款通常分阶段进行，并在交付时支付一大笔尾款，而交付前的融资提款也往往与付款时间相对应，例如签署新造船合同时支付10%；切钢板时支付10%；铺龙骨时支付10%；试水时支付10%；在交船时支付剩余60%。因此，交船前贷款实际只支付了新造船融资的50%～60%，与交船后贷款类似，并且偿还交船前贷款可以与股权融资同时进行。

此外如果造船厂由于船舶有技术问题或破产情况下未能完成船舶建造，作为贷款人的银行会面临更多风险。当造船厂资质不足或面临政治不确定等风险的情况下，贷款人通常要求由船东或造船厂以额外的抵押物或公司担保的形式提供额外的担保，有时也会涉及银行或政府担保。

3. 夹层融资。夹层融资是对船舶享有优先于普通股权利的债务或股本，其融资成本比传统担保债务成本高，但低于股权融资成本。如果一家船舶企业试图在已经耗尽传统担保债务能力的情况下，通过不投入更多的资金而获得最大收益，那么夹层融资是较好的中间选择方案。夹层融资常见结构之一是带有股权权益的次级债券，这些次级债券对船舶拥有第二或第三顺位的抵押权，并且拥有比传统抵押贷款更高的利率和更轻松的还款。到期时，夹层贷款人可以得到该船舶一定比例的股权，并通过股价上升获得收益。传统航运银行是夹层融资的主要供应商，随着夹层融资的优势不断显现，一些对冲基金或私人股本公司也开始提供夹层融资业务。

4. 公司贷款。除了为正在建造或已经交付的船舶提供融资贷款，商业银行还可以直接向大型航运公司提供贷款服务。这些大型航运公司通常是上市公司，商业银行根据借款人企业的资产负债表、资本结构、负债履行能力以及现金流稳定性等方面来确定贷款的期限、还款条件以及其他契约条款。公司贷款可以是无担保贷款，其中一些是循环信贷额度贷款，公司贷款为航运公司提供了财务流动性，并且使他们可以对流动性进行管理。

（三）债券融资

企业融资渠道主要分为内源融资和外源融资，而外源融资又包括直接融资和间接融资，分别对应商业银行和资本市场。债务融资横跨两个融资渠道，既可以是商业银行的贷款，也可以是在资本市场发行的债券。公司债券融资一般会比商业银行债务融资更加昂贵，但其可以在二级市场自由流动，可以增加公司资金的流动性，同时由于债券不会进行分摊而是在到期时进行全额支付，因此也会提高财务的灵活性。

债券融资为航运公司提供了银行贷款以外的替代性融资方案。利率选择方面，债券发行一般是固定票息的固定利率债券，也有一些根据基准利率加上利差的浮动利率债券，基准利率通常选择伦敦银行同业拆放利率（LIBOR），随着中国金融市场不断完善，上海银行间同业拆放利率（SHIBOR）也开始作为选择。担保方面，债券可以由航运公司的船舶提供担保，也可以选择无担保形式。发行结构方面，债券可以根据公司资本结构的层级发行高级或次级债券。在选择权方面，债券可以提供可转换条款，通过向债券持有人提供以一定价格将债券转换为股票的期权，降低债券发行人的票息率。可见债券融资为航运公司提供了多种多样的融资优势，但是鉴于航运业的波动性较大以及航运公司规模相对较小，航运债券往往并非投资级。

1. 航运债券的特点。

（1）评级较低。公开发行债券通常采用第三方信用评级机构给予信用评级，一般评级越高融资成本就越低。主流船舶公司因其业务模式不太容易受到市场波动影响，往往能够获得较高评级，若船舶公司从事原油、干散货等大宗商品运输业务时，因为业务波动较大，往往很难达到投资级别。非投资级债券被称为"高收益债券"或"垃圾债券"，体现出其高票息和高违约率的性质。由于航运业波动高于大多数行业，航运债券几乎没有可以达到投资级的评级。若航运公司与承租人、信誉好的贸易商签订有长期合同，或者能从港口设施使用等方面取得战略优势，则有可能提高债券评级。

（2）利息较高。船舶债券与其他债券相比具有较高的风险，因此需要对行业风险补偿超额收益。航运债券的收益率要比无风险利率高出几百个基点，也高于其他行业的债券利率，通常要达到7%～9%，有时甚至超过12%。

（3）需要担保。船舶债券发行人通常营业历史相对较短，并且没有适当的公司架构和坚实的公司治理基础，仅依靠承诺难以成功募集到资金。船舶债券发行通常需要借款人提供附加抵押物，以其拥有的船舶或者长期租约的收入作为担保，以降低船舶债券的违约风险。

2. 航运债券的类型。根据不同的债券要素，航运债券可以按以下几方面进行分类：

（1）按到期日划分。短期债券的到期日在一年以内；中期债券的到期日在1～5年；长期债券的到期日则长于5年。航运债券的到期日大多在3～8年，罕有到期日少于一年的债券。航运公司发行短期债券的目的一般是为公司运营筹措资金，通常也是先发行短期债券直至其可以进行长期融资。

（2）按发行货币划分。在航运业绝大多数交易中使用美元收取运费、支付花销，因此美元是航运债券发行选择的主流。也有一些发行人大部分业务使用其他货币，因此债券发行人也可以使用其他非美元货币发行债券。通常航运债券选择的美元替代货币有人民币及离岸人民币、欧元、日元、新加坡元、挪威克朗等。需要注意的是，由于货币选择可能导致借款人需要以升值货币支付本金和利息，导致借款人在航运市场中承担复合风险，以当地货币发行债券的国际船东通常需要利用货币对冲工具进行对冲，规避这一情况。

（3）按利率划分。债券可以选择固定利率或可变利率。固定利率通常在发行时就确定一个标准价格，而可变利率一般与一基准利率绑定，例如LIBOR、SHIBOR或者在通货膨胀率上加一个协定的溢价。航运债券发行人可以选择在整个到期期间分别使用固定利率债券或可变利率债券。在利率较低的情况下，固定利率债券锁定了较低的融资成本，规避了利率走高的风险，因此是最优选择，但实际中债券持有者通常不希望在波动频繁的航运业中承担信用风险和利率风险的复合风险，因此航运债券绝大多数会选择浮动利率。

（4）按偿还方式划分。根据偿还方式不同，可以划分为固定票息债券、零票息券、年金债券、加息债券和永久债券。固定票息债券在约定时间间隔内稳定分批支付利息，到期日一次偿还本金；零票息债券所有的利息及本金在到期日一次性偿还，有时可以折价发行，在期末偿还本金，而把差价当作利息；年金债券的本金在到期期间逐步偿还，加息债券随着时间推移逐步增加应支付的本金和利息；永久债券的本金永远不用偿还，但需要永久支付利息。

零票息债券发行需要实力雄厚的发行人，年金债券和加息债券需要稳定的大量现金流，这都是波动频繁的航运市场无法保证的。而永久债券实际上相当于准股权，需要假设发行人永远存续，通常需要附属于政府并且有长期盈利租约的或拥有强大资产负债表的船东，但这在航运市场上十分少见。因此，航运债券中最常见的选择是固定票息债券。

（5）按受偿等级划分。当公司发生违约或者破产时，债券持有人作为公司债权人，在对清算资产进行清偿时拥有优先于股东的索赔权，但是对债券持有者也可能存在不同的索赔顺位，受偿等级中排名较高的债券持有者拥有在排名较低的债券持有者之前进行清算收益的权利。根据受偿等级进行排序，可以划分为高级担保债券、优先级无担保债券和次级债券。

高级担保债券是基于船舶等航运资产或者以长期租约等指定资产现金流证券化而来的债券，在债券中用于最高的安全等级。通常新船东以一组船舶作为抵押发行，是最为常见的航运债券。优先级无担保债券是由资金较好的航运公司发行，没有上述的航运资产或航运现金流为担保，依靠债券发行人的信誉，债券持有者在清算时享有优先于其他所有无担保债券持有人进行偿还的权利。次级债券是由资本结构优良、资产负债表可靠的成熟航运公司发行，在清偿顺序中处于优先级无担保债券持有人之后，其风险较高，因此在航运债券中相对罕见。

（6）按附加条款划分。债券发行人还可以为债券附加一些根据明确参数触发的赋予债券发行人或债券持有人某些权利的条款，包括可赎回条款、可回收条款、可转换条款等。

①可赎回条款赋予债券发行人可以按照固定价格在固定日期赎回债券的权利，如果发行人公司决定偿还本金，或者寻找到更为优惠的资金来源时，就愿意在到期日之前赎回债券。由于可赎回条款给了发行人选择权，为了给投资者以补偿，附加可赎回条款的债券票息率通常高于其他可比类型的债券。相反，可回售条款赋予债券持有人要求发行人以固定价格在固定日期回购债券的权利。航运债券通常附加可赎回条款，实践中很少出现附加可回售条款航运债券。

②附加可转换条款的债券拥有股权和债权的双重属性，因此在实际中被广泛运用。可转换条款赋予债券持有人在发行人财务状况恶化或者公司股价上升到预定阈值时，有权以预定比例将债券转换为股票的权利，实现债权向股权的转变。由于可转换债券发行人一方面承诺偿还债券利息，另一方面也允许当市场或借款人情况发展至有利状况时债券持有者可以参与股权交易，因此附加可转换条款的债券可以为债券持有者提供更好的回报，对于投资者有更大的吸引力。鉴于航运市场波动较大，航运债券往往选择可转换债券来为投资者承担的复合风险提供更高的回报。

3. 对比商业银行贷款融资。船舶债券和船舶贷款本质上都是债务工具，二者都需要最终偿还贷款，并且借款成本主要取决于借款人的信誉、投资业绩以及市场情况。但是船舶债券属于直接融资工具，船舶贷款属于间接融资工具，二者之间的重大差异使得借款人各有偏好。

（1）从审核标准来看，银行贷款一方面考虑杠杆率、与 LIBOR 的最低息差等客观量化标准，另一方面也会考虑如借款人与银行关系的程度和时间、借款人对银行整体战略价值、商业互补机会等主观标准，进而决定是否同意贷款；债券是在一级市场发行，在二级市场交易，需要提供非常客观的信息供投资者决策，因此航运债券多为基于定量决策的多方协议。

（2）从融资金额来看，船舶贷款的金额可能受到限制，有时小至几百万美元，可以为独立较小的船东提供债务融资，但可能无法为大型船东提供充足的贷款，也无法为市场提供有效的流动性。船舶债券为了维持二级市场的流动性，必须要有足够的体量来吸引机构投资者，所以发行债券通常数额较大，可以募集到相对充足的资金，有利于开拓资本市场的广度与深度。成熟的大型航运企业由于其可靠的商业模式和可信的业绩记录，往往能够以较好的定价和较低的成本发行债券。但是实际中航运债券的发行人往往规模相对较小，因此航运债券发行的数额可能相对较小。

（3）从信息披露来看，商业银行从借款人处获取的信息通常需要进行保密处理，并使用自身专门的信贷部门来对借款人信用进行审批，通常审批时间较短。航运债券则在公开市场发行，发行人需要向市场公开披露信息，并且对债券及借款人履约情况的评估是通过第三方评级机构进行，因为在准备、申报、审批、发行等程序中耽误大量时间，发行债券往往需要耗费较长的时间，并且需要花费比银行贷款更多的手续费。

（4）从借款偿还情况来看，银行贷款通常要求每期归还一定本金，当债务发生违约时，借款人和贷款人之间通常进行私下协商谈判，共同寻找最优解决方案。债券还款一般是到期日一次性偿还本金，这样可以释放现金流用于其他投资项目，降低船舶经营的成本，而当债券违约时，标准做法是债券持有人根据法律规定设立委员会，并且聘请财务顾问和法律顾问来进行公开处理，力求追回尽可能多的资金。

4. 对比权益融资。资本市场融资的方式包括发行股票或债券，前者是权益融资，股票持有者是公司的股东；后者是债务融资，债券持有者的身份是公司的债权人。

发行债券与发行股票具有一定的相似之处。首先它们都是有价证券，具有风险和收益并存的特征，被广泛用于公司的融资选择之中。其次它们都可以面向不特定大众公开发行，可以为公司带来广泛的资金来源。最后它们都可以在有组织的交易所或市场上交易，为公司的融资提供了流动性，是流动性工具。

发行债券比发行股票又具有一些优势。首先，债券收益相对稳定，风险较小，加之本息偿还期限固定，公司所融资金的偿还具有较高的确定性。其次，公司法中规定了每种融资工具的基本特征以及相应限制，但由于债券是债务工具，这些规定在同等程度上对股票的限制要远大于对债券的限制，债券融资更为灵活宽松。最后，作为公司的债务人，债券持有者在公司破产或解散时对于公司剩余资产处置方面具有优先权，因此债券偿还具有较高的保证，可能为其发行利率提供更多的优惠，降低融资成本。

但是，债券的优先级可能低于公司发行的其他形式的债务，使得债券主要对投资于股权但并不满足于传统股票的投资者具有吸引力。在某些情况下，航运公司发行的债券需要进行担保，从而使得债券持有人相对同一公司的股东或其他无担保债权人具有明显优势。当债务人违约时，执行抵押资产的收益将优先用于偿还有担保的债券持有人，之后才能向无担保债权人偿还。

尽管债券融资有着各种优势，但是债券条款在违约的时候通常难以调整，因此债券市场疲软可能会对航运公司造成重大风险。特别是随着船舶贬值和船舶船龄的增加，债券的非分摊性质可能会将杠杆水平提高至不可持续的状态，造成航运公司破产重组。

20世纪90年代末有大量航运公司发行了债券，但由于无法支付协议的利息，或声称无法满足未来的利息支付，最终以很大的折扣回购其发行的证券。但是次贷危机以来商业银行债务融资的可用性显著降低，加之债券市场的低利率，债券对投资者的吸引力显著增加，航运公司通过发行债券融资似乎又有了新的机会。虽然债券为航运公司的购买力和流动性提供了中期推动力，但仍然无法成为股权融资的永久替代。

（四）权益融资

船舶公司在资本市场进行直接融资的另一种方式就是发行股票，船舶公司通过放弃一部分公司所有权来获得融资，这种融资方式称为权益融资或股权融资。股票是公司的权益凭证，股票持有者称为船舶公司的股东，拥有分配船舶公司利润和未来价值的权利，权益回报可以是船舶公司的留存收益，也可以是现金收入。

1. 权益融资的分类。船舶公司通过发行股票进行融资同样可以按照不同标准划分：

（1）按优先权划分。根据股票持有者行使权利的不同，可以划分为普通股、优先股或者可转换优先股。普通股分为有表决权和无表决权两种，其股息取决于收益、再投资以及董事会的决定。优先股一般没有表决权，但有固定股息，并且在分配股息和破产清算时相较于普通股具有优先权。优先股还可以附加一些可赎回、可转换等条款，例如可转换优先股附加了可转换条款，允许持有人在一定条件下把优先股转换成普通股。

（2）按交易场所划分。根据不同的交易场所可以划分为场内交易和场外交易。场内交易主要是船舶公司股票在证券交易所进行交易，船运公司较为活跃的证券交易所包括纽约证券交易所、纳斯达克证券交易所以及香港证券交易所等。场外交易主要是船舶公司的股票在场外交易市场（OTC）进行交易，最为活跃的是挪威场外交易市场，场外交易市场一般监管要求较松，但是流动性往往也较差。

（3）按募集对象划分。根据募集对象是否指定可以分为公开募集和私募配售。公开募集是面向不特定投资者，在资本市场上公开发售股票，公开发售能够募集到大量资金，并且有较高的流动性，但是过程烦琐耗时，且募集费用较高。私募配售主要是面向特定对象的私下发售股票，其优点是灵活、耗时短，但往往会伴随更高的风险。

2. 首次公开发售。航运公司通过证券交易所向不特定公众提供发售股票的过程叫首次公开发售（IPO），也称为公司"上市"。公司IPO需要聘请投资银行担任承销商，负责准备招股说明书、股票定价、提交申请、发售股票等工作，承销商获得管理和承销费用。如果公司股票出售困难，承销商还可能签订包销代销协议，提高公司IPO成功率。IPO通常能够募集到大量资金，给航运公司带来稳定长期的资本，但是公司上市必须要求披露公司相关的财务状况、管理层结构、资金用途等详细信息，可能会使公司的一些秘密外漏。

航运公司IPO需要选择运价、国际贸易、经济周期有利的时期进行。因为投资者往往对航运业的行业基础缺乏基本了解，航运业不透明的商业动态和短缺的股票分析师的报道，使得投资者通常对航运业股票缺少兴趣。在有利的市场动态以及航运相关行业基础驱动因素的带动下，航运公司IPO会更大概率取得成功。

3. 私募配售。航运公司还可以针对保险公司、养老金、共同基金等机构投资者进行特定的股票发售。公司进行私募配售同样需要聘请资深的投资银行担当顾问，而航运业的高度周期和季节性特征使得航运股票波动频繁，这极大吸引了私募投资公司和对冲基金。私募发行不像公开发行那样有众多限制，但对发行对象有更高的要求。

私募融资中很大一部分是风险投资（VC），有时也被称为天使投资。风险投资多投资于初创的小型企业，为其提供初始资金，并且参与公司的经营方案、投资决策、管理模式等方面，而在公司启动、增长和扩张后退出。私募股权投资与航运业通常采用与现有航运公司成立合资企业的形式，并且在合资企业 IPO 后采取兼并、收购或股票分拆的方式退出。

第三节　船舶融资租赁

航运业的资本密集型属性有些与众不同。首先，航运公司拥有不同规模、不同船型、不同船龄的船舶资本，而即使同一种船舶类型，往往也存在着不同的资产分类，公司数以千计的股东并未分级，且资本构成和运营标准也不尽相同，使得航运公司通常存在不透明、非标准化和高度碎片化的现象。其次，航运业存在着高度周期性以及不可预测的收益和资产价值，使得商业银行在航运融资领域占据了支配地位。这些原因导致航运业通常缺乏有组织的替代资本。而船舶融资租赁可以不通过股东投入来增加资产，也就成为航运公司通过放弃可能无法使用的税收优惠来获得更多融资的方法。

（一）船舶融资租赁概述

1. 融资租赁的概念。租赁是指出租人在约定期间内将资产使用权转让给承租人以获取租金的行为，承租人在此期间拥有该资产的使用权，但资产的所有权仍保留在出租人手中。国际上对融资租赁给出了不同的定义。

（1）国际会计准则委员会定义融资租赁为："出租企业实质上将属于资产所有权的一切风险和报酬转移给承租企业的一种租赁"。

（2）美国财务会计标准委员会规定满足以下条件的租赁为融资租赁：①租赁开始时的最低租金支付现值等于或超过租赁资产公允价值的 90%；②租赁时间必须等于或超过租赁资产经济寿命的 75%；③租赁必须包含租赁期满时低价购买权；④租期结束时出租人把租赁财产所有权转让给承租人。

（3）英国设备协会则定义融资租赁的特征为：①由承租人而非出租人从设备供货方处选定设备；②承租人负责设备日常维修和保险，并对设备运营的风险承担完全责任；③设备所有权归出租人拥有，承租人永远不会变为资产的最终所有者；④租赁期满时承租人有权以低价续租该设备。

（4）我国《民法典》第 735 条规定，"融资租赁合同是出租人根据承租人对出卖人、租赁物的选择，向出卖人购买租赁物，提供给承租人使用，承租人支付租金的合同"。

综上所述，可以总结融资租赁是指租赁的当事人约定，由出租人根据承租人的要求，以承租人支付租金为条件，向承租人选定的第三方（供货商）购买承租人选定的设备，并在一个不间断的长期租赁期间内，出租人将该设备的使用权转让给承租人，再通过收取租金的方式回收投资。融资租赁又称金融租赁，是国际上最基本、最普遍的非银行金融形式。

2. 船舶融资租赁。船舶融资租赁是指出租人按照承租人对船厂的选择和对船舶的特定要求，向造船厂出资购买船舶并转租给承租人使用，同时向承租人要求分期支付租金的一种特殊融资模式。根据融资租赁的方式，出租人在整个租赁期内拥有船舶的所有权，租赁期满时承租人支付完全部租金并且履行完融资租赁合同规定的全部义务后，船舶所有权转移给承租人。这种融资方式既可以帮助承租人用较少的资金来满足营运需要，也可以帮助出租人实现丰厚的利润回报和可靠的债权保障，因此是一项双赢选择。

知识拓展 3 - 2："海洋石油 289"船融资

（二）船舶融资租赁的特征

船舶融资租赁是一种既具有融资又具有融物双重功能的特殊租赁方式，因此，船舶融资租赁不仅具有普通融资租赁的特征，还有其特殊特征。

1. 融资与融物并存。船舶的造价非常高昂，承租人往往难以负担。因此船舶融资租赁以融船舶的方式达到融资的目的，减轻了承租人的高昂经济负担，并拓宽其融资渠道。极大程度满足了资金密集型航运市场的要求。

2. 当事人众多。融资租赁是一项至少涉及三方当事人的交易并至少由两个合同构成的自成一类的三边交易。船舶融资租赁的当事人包括出租人（租赁公司）、承租人以及船舶供应商。两份合同包括出租人（租赁公司）与船舶供应商之间签订的船舶买卖合同、出租人（租赁公司）与承租人之间签订的船舶融资租赁合同。公司根据承租人对船舶和船舶供应商的选择购买特定的船舶，然后出租给承租人。这三方当事人相互关联，两个合同相互制约。

在船舶融资租赁期间，租赁公司对船舶享有所有权，只负责按承租人的要求给予融资便利，购买设备，但无需承担设备缺陷、延迟交货等责任和设备维护的义务。承租人也不得以此为由拖欠和拒付租金，负有支付租金的绝对义务，且此项义务是不可撤销的。在承租期满后，融资租赁船舶的所有权归属问题由出租人与承租人自行约定，一般承租人对设备拥有留购、续租或退租三种选择权。

3. 物权属性较强。不同于一般租赁物，船舶具有不动产性、领土性等独特的性质，也由此产生了大量的海事专属问题。因此，船舶融资租赁所涉及的法律问题并非完全适用通用的民商法，而需结合海事、海商等特别法来处理。同时，由于船舶造价极高，因此需要出租人在购买船舶时具有强大的资金支持，这也是船舶融资租赁与一般融资租赁的不同之处，即更需要财力雄厚的出租人。此外，船舶作为特殊的不动产，其投资具有长期性。出租人难以在短期内迅速收回成本，加之船舶运营中的安全航行等问题共同构成了由于标的物之特殊而导致的船舶融资租赁风险巨大的特点。

4. 所有权性质具有混合性。船舶融资租赁关系中，在承租人具有留购权的情况下，出租人与承租人往往约定在承租人付清最后一笔租金后才可以取得船舶的所有权，而在此之前，船舶的所有权均由出租人享有。与传统交易相较而言，船舶融资租赁所有权保留的方式是以承租人让渡立即享有所有权利益以实现对出租人的担保。而对于出租人来说，在融资租赁期间其所享有的船舶所有权是有一定限制的。即船舶的占有权、使用权和部分收益是由承租人所享有。船舶所有权转移不基于租赁物件本身的价值转让完成，出租人和承租人之间并不是纯粹的交易关系，还有信用相关的因素隐含其中。

（三）与其他融资方式的区别

1. 与政府贷款相比。政府贷款可以通过进出口银行提供，也可由其他政策性银行提供。由于政府贷款是具有补偿性质的贷款，所以对承租人和承租项目的批准评估具备一定要求，适用面窄、金额小、时间较长、环节众多、手续繁杂，有一定的规模限制。除此之外，政府贷款的对象包括政府对出租人、政府对承租人、政府对船舶供应商及以上三种形式的混合贷款。而船舶融资租赁是现代租赁中影响最大、应用最广、成交额最多的一种形式，其信用审查便捷，当事人只包括出租人、承租人及船舶供应商。

2. 与商业银行贷款相比

（1）收费不同。与商业银行贷款相比，船舶融资租赁多收取了服务费与名义货价。其中服务费的计算方式是租赁金额乘以服务费率，一般只在项目实施初期一次性收取。而名义货价以租赁金额乘以名义货价率计算，在项目结束时只收取一次，一般只占租赁金额的 $0.5\% \sim 1\%$。

（2）额度和期限不同。商业银行贷款的额度有限，常受到国家宏观调控和央行信贷政策的影响，贷款期限主要是一年期以下。而船舶融资租赁的额度主要是由承租人的资质和相应的固定资产价值来决定，额度范围更大，期限更长。

（3）门槛和程序不同。商业银行贷款有整笔贷出、整笔归还的特点，因此还贷时会面对较大的资金压力。而船舶融资租赁则可以根据承租人的资金情况和航运业的季节性特征合理安排。此外，商业银行贷款在程序上审批环节多、时间长、手续烦琐。而船舶融资租赁由于具有融资与融物的双重作用特征，信用审查相对简便，可以在很大程度上节约办理时间。

3. 与债券融资相比。债券融资大多基于信用或抵押、担保等增信，融资媒介是债权，债权是相对权利，只约束债务人，债权人只享有债权保障。而船舶融资租赁的融资媒介是租赁标的物，出租人享有租赁物的所有权，是物权保障，具有排他性、绝对性。

4. 与权益融资相比。权益融资属于股权融资，权益融资成本较高，受到许多条件的限制。其筹措的资金具有永久性特点，无到期日，无需归还。也就是说，融资人无固定的按期还本付息压力，股利的支付与否和支付多少，视项目投产运营后的实际经营效果而定。投资人若想要收回本金，需借助于流通市场。而船舶单件价值巨大，多以融资租赁解决巨额资金需要。由于船舶融资租赁属于债务融资，所以与权益融资相比限制条件较少，资本成本低于普通股，且无需大量资金就能融得标的物。

（四）船舶融资租赁的评估与决策

1. 船舶融资租赁的评估。由于购买船舶所需筹资量大，风险性高，因此船舶融资租赁的评估要在现实基础上加以科学地分析决策。在同样条件下，评估水平的不同可能会得到不同的结果。如果评估结果正确，那么有助于决策者用较小的融资成本筹集到风险性低、金额大的资金。若评估失误，轻则使企业蒙受损失，重则给企业今后发展带来沉重的债务包袱，甚至有破产的危险。

船舶融资租赁评估是一个多决策变量、多决策目标的系统化问题。随着我国现代航运企业制度的建立与逐步完善，企业作为一个自主经营、自负盈亏的市场主体，船舶融资决策质量的好坏，直接关系到船舶投资效益和企业资本结构的好坏。因此，加强对船舶融资的研究具有重要的现实意义。一方面，我国航运企业作为一个自主经营的市场主体，要根据船舶的生产经营特点，依法自主经营，自主选择资金来源渠道，自主确定融资规模和融资结构。为此，必须加强船舶融资租赁的成本效益分析，力求降低资金成本，提高资金收益。另一方面，航运企业作为负债经营的市场主体，需要合理地确定企业的资金结构，有效地控制负债风险。按照财务杠杆原理，当企业息税前资金利润率高于借入资金利率时，借入资金越多，企业自有资金的收益率就越高，但同时，企业的负债风险也越大。因此，必须进行船舶融资规模、举债结构的分析，以及经济环境变化对企业负债风险的影响分析等，以确保企业负债经营安全有序地进行。

2. 船舶融资租赁决策原则。船舶融资租赁要实现筹资结构最优化，提高资金使用效果，增强企业自我改造、自我发展和对市场的应变能力，主要应遵循以下几条基本原则：

（1）合理资金需求量原则。确定公司融资租赁需求量的合理界限，是船舶融资租赁决策所要考虑的首要问题，在一定技术水平条件下，企业存在一个能够取得最佳经济效益的生产规模。按照规模经济规律，生产规模的过大或过小，都会引起成本的上升，效益相对下降。因此，企业在进行船舶融资租赁过程中，应根据规模经济的需要，确定最佳船队发展规模，适量融资，以实现企业的最佳经济效益。

（2）融资成本最低原则。市场经济条件下，船舶融资渠道多样化，对手方众多，企业应通过对筹资路径的选择，尽可能降低筹资的综合资本成本，达到筹资结构的最优组合，实现企业利润最大化。

（3）最佳融资组合原则。最佳融资组合的衡量包括对融资规模的确定、融资成本的取舍、融资风险的衡量以及财务杠杆的运用等。这就要求航运公司对融资租赁有整体规划，在偿还方式上选择总成本最低方案，在偿还期限上采取分散化策略等。

第四节　船舶融资中的风险及防范

船舶租赁融资中的风险是指在进行船舶租赁融资项目的运营活动过程中，由于受到内外部环境及各种难以预测或控制的不确定因素作用，该项目的收益情况具有不确定性，造成项目的投资收益与预期收益发生偏离。一般来说，在船舶融资租赁中最常见的风险就是汇率风险和利率风险。

（一）船舶融资中的利率风险

由于船舶的高价值，致使融资租赁的出租人一般都需要通过向第三人融资来购买或建造船舶。当融资利率频繁变动，且租金固定或没有与融资利率形成正相关的关联时，必将产生较大的融资利率风险，导致出租人或承租人一方利益受损。在我国，贷款与存款利率受到央行严格控制，国家的行政决策、央行管理的手段和思路对利率风险有着决定性影响。

1. 利率风险的概念。利率风险主要是由于国内外政治、经济、军事等形势的变化，使得银行的利率发生变化而导致借贷双方遭受不同程度经济损失的风险。央行政策是造成利率变动的重要原因。如果出租方偿还借款前央行实行了紧缩型货币政策，利率随之上升。国际证券市场处于上升期的话，利率就会降低。出租方与承租方借款的期限不对等，这就会使融资租赁公司的资产和负债在时间上不对等。一方面，融资租赁的租金波动状况受利率影响显著，其性质类似于商业银行贷款。在航运公司的船舶租赁业务中，合同中规定的租金计算是以固定利率作为基础，一旦利率上涨，实际成本便会高于预计成本，融资租赁公司的损失也就出现了。反之，当利率降低时，那么已租出去的船舶的价格就会相对升高。另一方面，在船舶融资租赁实务中，由于船舶价格较高，因此多采取杠杆融资租赁模式。

2. 利率风险的防范。受利率风险影响较大的往往是船舶融资的出租人，而承租人受利率风险影响较小。这是因为对于承租人而言，承租人支付的租金在使用固定利率计算完毕后已经分摊到每一期。但是对于出租人所借入的购买船舶的资金是按照变动利率来计算的，并且资产负债时间上也不对等，一旦利率上升幅度较大，就会产生损失。对此，双方首先可以在合同中加入条款，当利率波动幅度超过某一规定上限或者下限时便可对租金进行相应的调整。其次，对于利率风险的规避，可以采用利用金融衍生工具对冲借款利率变化带来的风险，也可以通过约定租金与利率的联动机制由双方合理分担利率风险，减少一方的损失。最后，风险分散策略在船舶融资租赁实际应用中也较为常见。出租人在筹集资金时可以通过杠杆租赁模式减少因船舶高额价值所带来的风险，也可以选取多个行业的项目提供租赁，以分散船舶行业租赁项目给公司带来的高风险性，或还可采用授信制度，对承租人的授信额度分散处理。

（二）船舶融资中的汇率风险

船舶融资租赁项目是一项兼具长期性和系统性的工程，并且与国际支付结算等问题密不可分。当国际金融市场出现变化，各国的中央银行将根据外汇市场的变化与供求关系来调节本国汇率。因此，如果汇率出现较大波动，必定会给船舶融资租赁带来风险。

1. 汇率风险的概念。汇率风险又称外汇风险，是指在船舶租赁融资活动过程中，以外币计量的资产与负债由于汇率变化而引起其价值的上升或下降，从而给承租双方或者其中一方带来经济损失的可能性。浮动汇率制下，汇率风险的产生是由于汇率发生变动引起的，而汇率变动的原因从根本上说是由于外汇市场上各种货币的供求关系得不到平衡造成的。首先，船舶在进行租赁交易的过程中，如果经过租赁双方转手，产生两种或两种以上的货币交易类型将造成汇率风险。但是如果交易双方使用同种货币，就可以避免这样的风险发生，目前最简单的租赁方法就是使用同种货币交换，这样就无汇率风险一说。其次，近年来国际金融市场充满了不确定性，如果某出租方之前在筹资时借了一笔外汇，之后汇率逐步攀升，还款时外汇汇率依旧居高不下，就会蒙受巨额汇兑损失。此外，由于船舶公司大多跨国经营，在船舶融资租赁活动中交易的达成与实际结算的时间往往不一致，存在一定的时间差。在这一段时间差中，外汇与本币或其他国家货币的折算率可能会发生波动造成汇率风险。最后，在浮动汇率下，如果借入的是澳大利亚元，但还款方要求用美元还款，由于两种货币在借入和偿还时汇率发生了变化，例如澳大利亚元在偿还时升值了，借款人就要承担汇率风险，增加借款成本。

2. 汇率风险的防范。针对汇率风险，承租方和出租方都可以采用适当的方式规避风险。如在谈判过程中尽量达成本国货币交易，减少外币使用，或选择使用同一种货币来完成交易，最大程度避免汇率波动对后续交易带来的损失。当实在无法避免使用多种货币交易时，可以采用远期外汇交易、外汇期货、外汇期权、外汇掉期和货币互换等以外汇交易为对象的金融衍生产品，将汇率波动的不确定性转化为确定性，从而大幅提高企业汇率风险规避效率，以达到对冲风险的目的。除此之外，船舶公司还可以使用风险嫁接策略，即通过使用特定方式把融资租赁的亏损负担转嫁给他人，将可以预见的风险降低、规避不利影响的策略。在船舶融资租赁中，风险转嫁的方法主要分为两种：第一，保险。保险在风险转移策略工具中最为常用。第二，控制型非保险转移。这种方式是指利用契约或合同把风险转嫁给其他人。

本章重要概念

船舶融资 债券融资 权益融资

本章习题

1. 船舶融资的特点有哪些？
2. 船舶融资的形式有哪些？
3. 船舶融资租赁的基本特征有哪些？
4. 按照融资过程中资金来源的不同方式，航运公司的融资方式可以分为（　　　）。
A. 内部融资　　　　　B. 外部融资　　　　　C. 股权融资
D. 债务融资　　　　　E. 长期融资
5. 船舶融资租赁的优点有哪些？
6. 关于船舶融资租赁运作模式的说法，正确的是（　　　）。
A. 出租人订造船舶后寻找合适的承租人出租
B. 融资租赁公司与航运企业签订航次租船合同
C. 承租人可根据协议以船东身份处理与船厂事务
D. 出租人承担船舶使用期间的维修与保险责任

第四章

船舶投资

■ 本章导读

  航运产业是典型的资本密集型产业，融资决策主要解决资金的来源问题，投资决策则关乎资金的使用方向。航运企业是从事船舶客货运输业务的企业，是航运市场最重要的主体之一，船舶是其提供运输服务最基本的生产工具，航运企业通过船舶投资拥有对船舶的所有权或使用权，从而达到对航运市场的供给能力，参与航运市场的经营。因此，船舶投资是航运企业经济活动的最初环节和最为重要的内容之一，船舶投资决策直接与企业船队规划相关，主要确定船舶投资的方向与规模，是涉及航运企业生产经营全局、改变船队结构和运输能力的战略性活动，船舶投资效益的好坏将直接影响航运企业今后的经营效益。因此，本章将展开介绍船舶投资活动，主要涉及船舶投资的概述、船舶投资分析方法、船舶投资决策及评价指标、船舶投资风险等相关内容。

■ 课程思政

在投资中始终保持风险意识

  "明者防祸于未萌，智者图患于将来"出自西晋陈寿《三国志》，这句话说的是明智的人在灾祸没有萌生的时候就加以防范，聪明的人对于将来可能发生的危害会预先进行估计，只有这样，在灾祸危害发生的时候，才能从容应对。

投资是企业运行中的主要经济活动，投资决策影响企业的发展。我们知道，一般而言，投资具有金额大、回收期长、投资风险大等特点。因此，要培养学生的全局意识和风险意识，在把握投资机会的同时要警惕未来可能发生的潜在风险，争取做到"图之于未萌，虑之于未有"。

第一节 船舶投资概述①

第二次世界大战以来，随着国际金融市场尤其是欧洲货币市场的迅速发展，推动国际航运业投资规模的急剧增长，带动了国际航运业的迅猛发展。在当今的国际航运业中，船舶投资活动日益频繁、日益扩大，已成为航运业发展的主要力量。

一、船舶投资主体

在航运领域中，投资的主体由航运企业或船公司构成，当然也包括其他一些非航运企业，如一些货主企业、商社、公司或金融实体。在某些情况下，由于所涉及的投资巨大，因此也会出现投资主体由几个经济实体构成的情况，从而形成联合投资主体。作为船舶投资主体需要具备四个要素：

1. 有相对独立的投资决策权。投资主体首先应是投资决策主体，它可以自主地决定是否投资，向哪个方向投资，采取何种形式、何种技术投资，进行多大规模的投资等一系列战略性决策，即它必须在一项投资决策中占主导地位，这种投资决策权在不违背法律和国家宏观投资政策的前提下应当受到保护。

2. 自我筹措并自主运用投资资金。投资主体同时还必须是资金筹集与运用的主体。无论其投资项目所需资金形成于何处，均应是由其自身设法筹集到的，包括进行内部积累和外部融通资金，面对资金的使用，也完全是自主决定的。

3. 拥有对投资船舶的所有权或经营权。投资主体还须是投资直接结果的权益主体。从理论上讲，这种权益应当体现为所形成资产的所有权，不过在对船舶投资的情况下，多数只能体现为经营权。

4. 自我承担风险。投资主体必须是投资责任主体。作为投资项目的法人，它对投资的结果负责，承担风险，投资成功，投资主体固然受益；而当投资失败，责任也应由投资主体承担。

二、船舶投资性质及基本特点

航运业是需要巨额投资的资本密集型产业，而且是具有特殊风险的产业，航运业投资主要体现在船舶投资方面，而行业的风险也反映到船舶投资方面。船舶投资是一种特殊的投资方式，它既具有投资的一般特点，同时也具有某些航运业所特有的特性，其主要特点如下：

1. 投资额较大。当今船舶的大型化和采用先进的技术装备使其价值昂贵，通常需要较大的资金投入。一艘船舶的订造与购置，少则需要数百万美元，多则需要数千万美元，甚至上亿美元资金的投入，尤其是在当今的国际航运市场中，船舶大型化已经成为一种普遍的发

---

① 赵刚. 航运企业经营管理［M］. 北京：人民交通出版社，2005；甘爱平，曲林迟. 航运金融学［M］. 上海：格致出版社，上海人民出版社，2010.

展趋势，而一艘现代化的大型船舶（如第四代或第五代集装箱船）的建造或购置均需要数亿美元资金的投入。

2. 投资回收期长。由于船舶投资额较大，因此其投资回收期一般较长。经营一艘船舶，从投入资金建造或购置到其投资全部收回，一般至少需要 5 年以上的时间，有的甚至长达 10 年以上或更长的时间。如我国许多从事国际航运的船舶，其投资回收期都在 10 年以上。国外一些大的国际航运企业的船舶投资回收期一般在 7~8 年。

3. 投资币种多样。船舶投资不同于一般其他行业的投资，它通常具有多种可供选择的投资币种，如美元、日元、欧元、瑞士法郎等，在国际航运投资中大多采用美元作为投资货币的币种。

4. 投资风险性较大。船舶投资的高风险性表现为，船舶投资不仅受买造船市场波动的短期影响，更重要的是受金融市场、航运市场变化的长期影响。

5. 投资时机难把握。买造船市场作为航运基本市场的相关市场，与航运基本市场相互影响、相互作用、相互依存。就市场变化规律而言，买造船市场的变化规律通常滞后于航运基本市场或与航运基本市场相类似，航运基本市场的运费率或租金的变动将直接影响船价的变动，增加掌握船舶投资时机的难度。如何掌握好船舶投资时机，取决于对航运基本市场未来状况的预测及分析结果。

三、船舶投资与船舶融资的区别与联系

当前，船舶融资与投资决策已成为航运企业重要的决策活动，属于航运企业的战略决策系列。其最终目标是实现企业利润最大化，或者说，实现股东财富的最大化。这两项决策活动均与企业的资金运营相关，存在一定的联系，但又有着质的区别。

1. 两者的决策目标与效用不同。船舶投资决策直接与企业船队规划相关，主要确定船舶投资的方向与规模，即在决策期间内，应在什么时机着重发展（处置）何种船型的船舶，发展（处置）多少船舶，它是企业整体发展战略的一个重要组成部分。船舶融资决策主要解决船舶投资资金的来源问题，即如何以最低的融资成本、可控制的融资风险筹措到所需要的船舶投资资金，它是企业重要的财务决策和资金运营活动。

2. 两者在决策环境、评价指标与决策程序方面存在区别。在决策环境方面，除了如世界经济形势、国际航运市场发展趋势等对两种决策共同起制约作用的环境外，在外部环境方面，船舶投资决策侧重于分析各货运市场对船舶运力的需求以及船型的发展趋势，而船舶融资决策侧重于对世界金融市场的分析；在内部环境方面，船舶投资决策侧重于对公司现有船队结构及市场竞争力的分析，而船舶融资决策侧重于对公司债务规模、结构及偿债能力的分析。在决策的评价指标方面，船舶投资评价指标主要包括净现值（率）、内部收益率等，而船舶融资的评价指标主要有加权平均资本成本、企业价值或股票市场价值等。在决策程序方面，船舶投资决策往往要对投资船舶进行技术经济论证，以达到技术上先进、经济上合理的标准，而船舶融资决策往往是在确定了意向的投资船舶及所需资金之后，选择以什么渠道、通过什么方式最佳筹集资金的问题。

3. 两种决策活动互相依存，互为条件。船舶融资是船舶投资是否得以实现的前提，决定船舶营运过程中的资金成本；船舶投资是船舶融资的依据，投资项目质量影响船舶

融资资金的质量，包括融资的难易程度、融资成本和偿付期限及经营风险等。在企业的现金流通方面，从过程来看，船舶融资活动始于现金流入，终于现金流出（还本付息），而船舶投资活动始于现金流出（初始投资），终于现金流入；但从效益来看，两种活动都取决于现金流入量与流出量的对比，间接反映在投融资活动结束后，由船舶经营活动引起的现金流量上。

第二节　船舶投资分析方法[①]

对于航运企业来说，进行投资分析是企业船舶投资前必须要做的工作。船舶投资的目的就是在众多的投资方案中，找出多个可行性方案，并在此基础上，对各方案的结果进行比较。而船舶投资分析方法则通过对评价指标的计算，根据判别可行性方案的经济准则或标准，在对各方案结果比较的基础上，进行最优方案的选择。本节介绍一些常用的船舶投资分析方法。

一、现值法

现值法是航运企业进行船舶投资最经常采用的投资分析方法。我们知道根据资金的时间价值原理，不同时点上发生的费用与效益是不能直接比较的，为了消除时间因素的影响，比较各投资方案，最简便的一种方法就是把它们的结果均转化为现值。

（一）判别准则

为了对各船舶投资方案的结果进行比较，必须选择判别准则，以便根据选择的准则对它们作出评价。在现值分析法中，同情况的判别准则如表 4 - 1 所示。

表 4 - 1　　　　　　　　　　　　现值分析法判别准则

情况	判别准则
1. 相等投入（资金或其他投入相等）	收益或其他产出的现值最大
2. 相等产出（收益或其他产出相等）	费用或其他投入的现值最小
3. 不相等的投入和产出（资金或其他投入不相等）	使（收益现值 - 费用现值）最大

（二）现值分析法

现值法最经常用来确定将来收入或支出的现值。例如它能帮助我们确定一艘船舶的实际价值。如果已知将来的收入和费用，采用适当的利率就可以算出船舶资产的现值，这就能够提供买进或卖出这艘船舶的正确估价。此外，运用现值法，还可以根据航运企业所拥有船舶的预期收益，确定股票和证券的价值。在运用现值法进行船舶投资分析的过程中，必须要考

---

① 吕靖，张明，李玖晖 . 海运金融——船舶投资与融资［M］. 北京：人民交通出版社，2001.

虑到各方案的计算周期。通常对航运企业的投资项目来说，无论是船舶投资，还是其他陆上产业投资，其总是会有一个相应的项目时间周期。在这种情况下，每一种方案的计算结果必须按照这个时间周期来考虑，这个时间周期通常称之为计算期，有时也称为分析期。

船舶投资现值法中会遇到两种不同的计算期的情况：各投资方案的使用寿命相同和各投资方案的使用寿命不同。下面用具体实例对这两种情况加以讨论。

1. 当各投资方案的使用寿命相同时。当所选择的船舶投资方案具有相同的使用寿命时，这时的计算期即为方案的使用期。

【例 4-1】某船公司为经营某一航线的需要，打算购买一条二手船舶，现市场上有两种不同的二手船报价如表 4-2 所示。

表 4-2　　　　　　　　　　　　　　二手船报价情况

船舶	船价费用（万元）	使用寿命（年）	使用期末残值（万元）
A	1 500	5	200
B	1 600	5	325

若 A、B 两艘船舶均能满足该航线运营的需求，利率为 7%，问应选择哪艘船舶？

由于该问题是产出相等的问题，且 A、B 两方案又具有相同的使用寿命，因此该投资项目的计算期也应是 5 年，根据前面所述的判别准则，最优方案应该是费用现值（PC）最少的船舶，计算如下：

A 船舶费用现值：

$$PC_A = 1\,500 - 200 \times (P/F, 7\%, 5)$$
$$= 1\,500 - 200 \times 0.7130$$
$$= 1\,357.4\ （万元）$$

B 船舶费用现值：

$$PC_B = 1\,600 - 325 \times (P/F, 7\%, 5)$$
$$= 1\,600 - 325 \times 0.7130$$
$$= 1\,368.275\ （万元）$$

所以 A 船舶的费用现值小于 B 船舶的费用现值，应选择 A 船舶。

事实上，在大多数情况下，各投资方案往往具有不同的投入与产出。

【例 4-2】某船公司为开辟某一航线，打算购置一艘船舶，现有两种船型的船舶备选，费用与收益如表 4-3 所示。

表 4-3　　　　　　　　　　　　　船舶费用与收益情况

船舶	船价费用（万元）	平均年净收益（万元）	使用寿命（年）	使用期末残值（万元）
A	2 000	450	6	100
B	3 000	600	6	700

假定利率为 8%，请问应选哪种？

船舶 A：

净现值（NPV）= 收益现值 − 费用现值

$$= 450 \times (P/A, 8\%, 6) + 100 \times (P/F, 8\%, 6) - 2\,000$$

$$= 450 \times 4.6229 + 100 \times 0.6302 - 2\,000$$

$$= 143.325 \text{（万元）}$$

船舶 B：

净现值（NPV）= 收益现值 − 费用现值

$$= 600 \times (P/A, 8\%, 6) + 700 \times (P/F, 8\%, 6) - 3\,000$$

$$= 600 \times 4.6229 + 700 \times 0.6302 - 3\,000$$

$$= 214.88 \text{（万元）}$$

判别准则是净现值最大，故应选择船舶 B。

2. 当各投资方案的使用寿命不同时。在实际船舶投资分析中，各投资方案的使用寿命往往是不同的。如 A 方案的船舶使用寿命是 5 年；而 B 方案的船舶使用寿命是 10 年。对于这种情况，显然无法将两方案直接加以比较。为了能够对这类问题进行分析比较，往往需要选取一个一致的计算期，各方案参与比较时就以此时期来考虑。如在【例 4 − 1】中，假设船舶 B 预计有 10 年的使用期，即为船舶 A 的使用寿命的 2 倍，假定 B 船舶 10 年后的残值为 325 万元，那么应买哪种设备呢？这就需要重新计算船舶 B 的现值费用：

$$PV_B = 1\,600 - 325 \times (P/F, 7\%, 10)$$

$$= 1\,600 - 325 \times 0.5083$$

$$= 1\,434.8025 \text{（万元）}$$

但现在能否用这个现值费用与船舶 A 的现值费用相比较呢？显然不行。为了进行比较，我们必须选一个统一的计算期。在本例中可选 10 年，即船舶 A 使用 5 年，再加上 5 年的更新船舶，这样一共 10 年的使用期与船舶 B 进行比较，此时：

$$PV_A = 1\,500 + (1\,500 - 200) \times (P/F, 7\%, 5) - 200 \times (P/F, 7\%, 10)$$

$$= 1\,500 + 1\,300 \times 0.7130 - 200 \times 0.5083$$

$$= 2\,325.24 \text{（万元）}$$

这样对两种都是使用 10 年的船舶而言，船舶 B 的费用较低。

在一般情况下，当两个船舶投资方案的使用寿命各不相同时，我们把计算期定为两个方案使用期的最小公倍数。然而在某些特殊的情况下，如两个方案的使用寿命分别为 7 年和 13 年，这时最小公倍数是 91 年，一般来说，91 年的分析期是不现实的，因此适当的计算期应当以需要投资方案的年限大概有多长为基础，这就要求在各投资方案使用寿命终了前，估计终端价值。

一般来说，对于使用寿命不同的船舶投资方案，其计算期的确定有下述三种方法：（1）最小公倍数法，即投资方案的计算期为各方案使用寿命的最小公倍数。（2）最大使用寿命法，即方案的计算期取为各方案使用寿命的最大者。（3）公共计算期法，即取一公共计算期，估计各方案使用寿命终了前的残值。

有时，在船舶投资项目中，常常会遇到具有两个以上方案可供选择的情况。事实上，多方案的问题可以用与两方案问题完全相同的方法加以解决。

二、年值法

船舶投资现值法是把一个比较方案换算成一个等值的现值总和，它可能是一个等值于费用的现值或等值于收益的现值，或者是一个等值的净现值。但是除了计算等值总和外，还可以根据等值的年现金流量比较各种方案的优劣。它可能是等值的等额年费用，即费用年值（annual cost，AC），等值的等额年收益（annual benefit，AB），或者两者之差值（AB－AC）。

（一）年值分析准则。

为进行年现金流量分析，必须首先给出判别年值的准则（见表4－4）。

表4－4　　　　　　　　　　　年值分析准则

情况	判别准则
1. 投入相等（钱款或其他投入资源相等）	使等额年收益（AB）最大
2. 产业相等（所要完成的任务、收益相等或其他产出相等）	使等值等额年费用（AC）最小相等
3. 投入、产出均不相等（贷款或其他投入、收益或其他产出均不等）	使净年值 NAV（AB－AC）最大

（二）年值法

年值法是另一种将各投资方案转化成可比形式的方法，与现值法所不同的是，它是将各方案均转化成等额年值，然后再进行比较分析。为说明年值法，考虑下面案例。

【例4－3】航运公司为改进某船舶上的技术装备，考虑三种技术改造投资方案，各项费用情况见表4－5，三种方案的寿命均为10年，如果利率为8%，应选哪个方案？

表4－5　　　　　　　　　　　投资方案　　　　　　　　　　　单位：元

项目	方案 A	方案 B	方案 C
设备购置费	150 000	250 000	330 000
每年节省的材料劳务费	140 000	90 000	140 000
年运行费	80 000	60 000	60 000
使用期末残值	15 000	25 000	33 000

A 方案：

$AB = 140\ 000 + 15\ 000 \times (A/F, 8\%, 10)$

$\quad\quad = 140\ 000 + 15\ 000 \times 0.0690$

$\quad\quad = 141\ 035$（元）

$AC = 80\ 000 + 150\ 000 \times (A/P, 8\%, 10)$

$\quad\quad = 80\ 000 + 150\ 000 \times 0.1490$

$$= 102\ 350\ （元）$$

$NAV = AB - AC = 38\ 685$ （元）

B 方案：

$$AB = 90\ 000 + 25\ 000 \times (A/F, 8\%, 10)$$
$$= 90\ 000 + 25\ 000 \times 0.0690$$
$$= 91\ 725\ （元）$$

$$AC = 60\ 000 + 250\ 000 (A/P, 8\%, 10)$$
$$= 60\ 000 + 250\ 000 \times 0.1490$$
$$= 97\ 250\ （元）$$

$NAV = AB - AC = -5\ 525$ （元）

C 方案：

$$AB = 140\ 000 + 33\ 000 \times (A/F, 8\%, 10)$$
$$= 140\ 000 + 33\ 000 \times 0.0690$$
$$= 142\ 277\ （元）$$

$$AC = 60\ 000 + 330\ 000 \times (A/P, 8\%, 10)$$
$$= 60\ 000 + 330\ 000 \times 0.1490$$
$$= 109\ 170\ （元）$$

$NAV = AB - AC = 33\ 107$ （元）

应该选择净年值 NAV 最大的 A 方案。

（三）计算期

比较年现金流量时，还有计算期的问题，具体讨论如下：

1. 各投资方案的使用寿命相同。当所研究的各方案的使用寿命相同时，这显然是一种理想的情况，这时的计算期等于各方案的使用寿命。

2. 各投资方案的使用寿命不同。当不同方案的使用寿命不同时，计算期的选取有三种方法，即最小公倍数法、最大使用期法和公共计算期法。在进行分析时，通常是假定以费用、性能等均等同的投资项目来置换。

然而，值得注意的是，对于上述问题，在使用年值法进行船舶投资项目经济分析评价时，可以不考虑各方案的使用寿命。即对于具有不同使用寿命的投资方案，可以直接用年值法对其进行比较。这是因为，用年值法进行投资方案比较时，无论对投资方案进行多少次重复实施，其年值总是不变的，所以年值法实际上是假定了各方案可以无限多次重复实施。

三、内部收益率法

（一）内部收益率的计算

内部收益率是总收益等值于总费用时的利率。内部收益率法是船舶投资分析的一种重要分析方法，为了解这一分析方法，首先应了解如何计算内部收益率。

为了计算一笔投资的内部收益率，必须将各种投资的效果换算为现金流量，然后从现金流量中求得未知值 i，这个 i 值就是内部收益率。计算内部收益率的现金流量方程有两种：

净现值 （NPV） $=0$

$AB - AC = 0$

两个方程式用不同形式表示同一概念，只有在收益率 i 未知的情况下，它们可以表示费用与收益的关系。

【例 4 - 4】已知如表 4 - 6 所示的现金流量。

表 4 - 6 现金流情况

年	现金流量（元）	年	现金流量（元）
0	-100	3	20
1	20	4	40
2	30	5	40

计算该投资的内部收益率。

由 $NPV = 0$ 得：

$NPV = -100 + 20(P/F,i,1) + 30(P/F,i,2) + 20(P/F,i,3) + 40(P/F,i,4) + 40(P/F,i,5)$

试 $i = 10\%$：

$NPV = -100 + 20 \times 0.9091 + 30 \times 0.8264 + 20 \times 0.7513 + 40 \times 0.6830 + 40 \times 0.6209$
$= 10.156$

这表明试算的利率 i 过低。

再试 $i = 15\%$：

$NPV = -100 + 20 \times 0.8696 + 30 \times 0.7561 + 20 \times 0.6575 + 40 \times 0.5718 + 40 \times 0.4972$
$= -4.015$

这样我们知道所求的 i 介于 $10\% \sim 15\%$。

用内插值法计算内部收益率：

$i = 10\% + (15\% - 10\%) \times [(10.156 - 0)/(10.156 + 4.015)] = 13.58\%$

（二）内部收益率分析

在现值分析和年现金流量分析两种计算方法中都要选择一个计算用的利率，这是一个既困难又易引起争议的问题。在收益率法中，计算时一般不用利率，而是按照现金流量计算内部收益率。

收益率法中，对单一独立投资方案的分析评价准则为：当方案的内部收益率 i 大于标准收益率 i^* 时，则认为该方案在经济上可行；反之，若 $i < i^*$，则认为该方案在经济上不可行。

对两个相互排斥的方案，如果其收益率均大于标准收益率，那么如何确定最佳方案呢？这时要计算两个方案之间的增量收益率，然后将计算出来的收益率与标准收益率进行比较，如果增量收益率 ΔROR 大于或等于标准收益率，则选用费用较高的方案；如果增量收益率小于标准收益率，则选用费用较低的方案（见表 4 - 7）。

表 4 – 7   内部收益率法分析准则

情况	准则
$\Delta ROR \geq$ 标准收益率 $\Delta ROR <$ 标准收益率	选费用较高者 选费用较低者

这里的标准收益率，有时也称为最低希望收益率（minimum attractive rate of return, MARR）。

一般情况下，多方案增量分析法步骤如下：（1）计算各方案的收益率，舍去内部收益率小于标准收益率的方案；（2）把保留的方案按费用现值的大小重新排序；（3）从费用较低的方案开始，对两个费用最低的方案进行分析，选出最好的方案；（4）把（3）中选出的可取方案和下一个费用较高的方案进行比较，再选出最好的方案；（5）依次比较下去，直到所有方案都被检验完毕，找出多方案中的最优方案。

【例 4 – 5】提供 5 个使用期长达 20 年的相互排斥的方案如表 4 – 8 所示。

表 4 – 8   方案情况   单位：万元

项目	A	B	C	D	E
费用	4 000	2 000	6 000	1 000	9 000
等额年效益	639	410	761	117	785

如果利率为 6%，应选哪个方案？

（1）计算各方案的内部收益率，如表 4 – 9 所示。因为使用年限较长，通过查表得出内部收益率的近似值。

表 4 – 9   内部收益情况   单位：%

项目	A	B	C	D	E
内部收益率	15	20	11	10	6

（2）重新排序，如表 4 – 10 所示。

表 4 – 10   重新排序   单位：万元

项目	D	B	A	C	E
费用	1 000	2 000	4 000	6 000	9 000
等额年效益	117	410	639	761	785

（3）计算增量，如表 4 – 11 所示。因为使用年限较长，通过查表得出内部收益率的近似值。

表 4 –11　　　　　　　　　　　　　增量情况

项目	B – D	A – B	C – A	E – C
费用	1 000	2 000	2 000	3 000
等额年效益（万元）	293	229	122	24
增量收益率（%）	28	10	1.5	<0

分析：B 比 D 好；A 比 B 好；C 不如 A；E 不如 C，因此 A 为最优方案。

（三）计算期

在讨论现值分析和年现金流量分析时，需要着重考虑的是计算期，在收益率分析中也是如此。对于两个分析方案来说，选择判别的方法是检验两个方案之间的差值，这种检验必然要选定分析期。对相同的使用期自然不必说；对使用期不同时，仍然是采用如下三种方法，即最小公倍数法、最大使用期法和公共计算期法。

四、投资回收期分析法

投资回收期是指以项目的净收益抵偿全部投资（包括固定资产投资和流动资金）所需要的时间，其单位通常为年。投资回收期分为静态和动态两种。

（一）静态投资回收期

投资回收期的计算公式如下：

$$\sum_{i=0}^{T}(B_i - C_i) = P \tag{4-1}$$

其中，P 为初始投资，指项目的总投资；T 为计算确定的投资回收期；B_i 为第 t 年的收益；C_i 为第 t 年的费用。

若每年的收益、费用均相等，分别为 B 和 C，则有式（4–2）。

$$T = \frac{P}{B-C} \tag{4-2}$$

其中，$(B-C)$ 为每年的净收益。

把计算出来的 T 与标准投资回收期 T^* 相比较，如果 $T \leq T^*$，则方案可行；反之，则不可行。在多方案评价时，一般把投资回收期最短的方案作为最优方案。

（二）动态投资回收期

动态投资回收期的计算公式如下，如果每年的净收益为一常数 A，则有式（4–3）。

$$P = A(P/A, i, T) \tag{4-3}$$

将计算出的 T 与标准投资回收期相比较，如果 $T \leq T^*$，则方案可行；反之，则不可行。

【例 4–6】某航运企业正在考虑在两种船型的船舶中选择一种，如果两种船舶的使用年限都为 8 年，不考虑残值，应选哪一种？已知利率为 8%，如表 4 – 12 所示。

表 4 – 12 　　　　　　　　　　　船型选择情况　　　　　　　　　　　单位：万元

船型	费用	等额年收益
A	2 000	450
B	3 000	600

1. 静态。

$$T_A = \frac{2\ 000}{450} = 4.4\ （年）$$

$$T_B = \frac{3\ 000}{600} = 5\ （年）$$

故应选 A 船舶。

2. 动态。

（1）A 船舶：

$$2\ 000 = 450(P/A, 8\%, T_A)$$

因此：

$$(P/A, 8\%, T_A) = \frac{2\ 000}{450} = 4.4$$

查表得：$5 < T_A < 6$。

（2）B 船舶：

$$3\ 000 = 600(P/A, 8\%, T_B)$$

因此：

$$(P/A, 8\%, T_B) = \frac{3\ 000}{600} = 5$$

查表得：$6 < T_B < 7$。因此 $T_A < T_B < 8$，应选 A 船舶。

对计算投资回收期的使用方法，有以下几点需要特别注意：（1）这是一种粗略的、不精确的经济分析计算方法；（2）静态的计算方法没有考虑到资金的时间价值；（3）忽略了投资回收期以外的全部经济效果；（4）用投资回收期法选用的方案不一定是必须采用的。

投资回收期法的优点：（1）不熟悉经济分析的人也能进行这种计算；（2）投资回收期是一看就懂的概念，此外，投资回收期确实提供了一个有用的度量，它告诉我们靠投资收益回收投资所需的时间，企业家常常对投资回收期很感兴趣。

第三节　船舶投资决策及评价指标

一、船舶投资决策及其重要性

决策就是决定行动的策略。通俗地讲，决策就是决定，它是人们在生活工作中普遍存在的一种活动。在实际生活和工作中，凡对同一个问题，面临几种自然情况（或自然状况，或客观条件），为了实现某一目标，又有几种行动方案可供选择，这就构成了决策。

经济管理中所说的决策，是指一种行为过程，即预先对某种经济行为模式与实施策略进行抉择，以控制未来的经济活动，达到某种特定经济目的的过程。而所谓投资决策，就是投资主体在实施投资之前，对投资的各种可行性方案分析和对比，从中确定出多（盈利多）、快（回收快）、好（质量好）、省（资金成本低）的，有利于公司发展的最优方案的过程。具体地讲，决策就是指人们为了实现某一特定目标，在占有信息和经验的基础上，根据客观条件，提出各种备选行动方案，借助于科学的理论和方法，进行必要的计算、分析和判断，从中选出一个或多个满意方案，作为目前和今后行动的指南，直至决策目标实现的全过程。

在市场经济条件下，船舶投资是作为市场主体的航运企业进行的以资金运用为内容的独立经济活动，船舶投资是维持航运企业简单再生产和扩大再生产调整运力结构、开拓市场、提高竞争能力和市场地位的重要保证。船舶投资的性质决定了船舶投资决策是涉及航运企业经济活动全局性、长远性、方向性问题的重大战略决策。决策的正确与否，直接决定企业经济活动系统的发展方向和成败。船舶投资决策正反两方面的实例也有力地证明了这一点。

船舶投资决策是一个复杂的过程。船舶投资本身所具有的特点，如投资量巨大和过程的长期性、内容和操作的复杂性、行为的高风险性，以及对外部协调与支持条件的强依赖性等，决定了船舶投资决策不应是一个瞬间完成的过程，而是一个严谨细致的过程。船舶投资的决策，须经过广泛的调查研究，掌握大量的信息资料，运用多种技术手段在反复进行分析、预测、计算、比较的基础上才能科学地作出。同时，从决策在管理活动中的作用来看，在同样的条件下，决策水平不同会得到不同的结果。如在有利条件下，由于决策错误造成失败；在不利条件下，决策正确会变不利为有利，从而得到成功。由此可见，船舶投资决策贯穿于整个经营管理过程的始终，是航运企业经营管理的关键和核心。

二、船舶投资决策程序

船舶投资决策从产生意向到付诸实施，要经历一个过程。如果把决策当作由决策主体、决策方法、决策手段以及决策对象构成的系统，那么，该系统的运行表现为逻辑分析和综合判断的过程，其中包括一系列的具体阶段或步骤，构成了决策程序。科学的决策程序是决策科学性的一个重要保证。船舶投资决策程序主要包括以下内容：

（一）确定决策目标

确定目标是进行决策的前提，也是整个决策过程的出发点。经营决策系统的重要特征之一，就是具有明确的运行目标。否则，决策就会失去方向和依据，其他阶段的工作也无法进行。决策目标是在一定的条件下，决策者希望达到的标准，也是衡量决策执行结果的基本尺度。明确合理的决策目标，有助于决策的制定和执行。为此，决策目标的确定需要做好以下工作：

1. 在调查研究的基础上发现问题和提出问题。决策过程从某种角度看，可以认为是发现问题和解决问题的过程。为发现问题和解决问题，必须开展调查研究，全面收集信息，了解企业内部和外部的动态。船舶投资决策是航运企业整体发展战略的重要组成部分，从航运市场学的角度分析，决策目标的确定，首先要了解世界经济、航运市场以及买、造船等相关市场状况，分析研究世界经济对航运市场的影响和航运市场本身的发展趋势；分析公司船队结构状况，从而对企业目前存在的问题和今后的发展方向作出正确的分析判断。

2. 提出明确的决策目标。决策目标是制定和实施决策的基础，目标含义明确，内容具体，才能对控制和实施决策起到指导和依据作用。在调查研究和分析的基础上，提出明确的决策目标。船舶投资决策目标包括两个方面：效益目标和运力指标，即竞争条件下，航运企业在航运市场中的期望利润、市场占有率以及船舶投资期望达到的运力增长量等。

3. 确定决策目标，做到需要与可能的统一。决策目标的确定，除考虑其先进性外，更重要的是其合理性和可行性，三个方面要相互协调一致，即技术上的先进性、经济上的合理性和客观条件的可能性相结合。

（二）拟订备选方案

拟订备选方案就是针对已确定的决策目标，制订多套可能的方案，以供选择。拟订备选方案的目的是为达到决策目标寻求最佳途径。由于实现目标的途径在多数情况下不是单一的，因此拟订的方案也不应是只有一个。拟订尽可能详尽的备选方案，是抉择最优方案的基础，也是决策程序中必不可少的一个环节。决策质量的好坏，在很大程度上受到备选方案的制约。

（三）评价选择最优方案

在拟订备选方案的基础上，对各种方案进行总体评价和全面比较，以便从中选择出最有利于实现决策目标的优化方案。评价选择方案是决策的关键，决策的成败不仅仅取决于备选方案的优劣，更主要取决于最终所选择的实施方案是否最优。

对备选方案进行评价选择，包括两个相互联系的过程，即评价阶段与选择阶段。评价阶段是对所有的备选方案进行充分的分析论证，并作出全面的评价。在进行综合全面的评价时，应注意尽可能使用定量分析方法，采用统一的客观的量化标准进行衡量，提高评价过程的科学性，防止主观臆想。选择阶段是对评价比较的结果进行总体权衡和最终抉择，选定最优方案。决策人员应根据自己的经验，在定量分析的基础上，进行定性分析，将定量计算和定性分析结合起来，权衡备选方案的利弊得失，最后确定出最优方案。在市场经济条件下，最优方案的选择，主要围绕不同方案经济上的合理有利性、技术上的先进可靠性和实施条件的保证性等方面进行。

（四）控制实施方案

把投资决策看作一个严密、动态的过程，则最优方案的确定，并不意味着决策过程的终结，完整的决策系统运行过程还应包括决策方案的实施和修改完善，以确保决策取得较好的效果。因此，在决策方案实施过程中，往往还需要随着实践变化进行不断的修改与充实；已作出的决策是否科学，也必须从实践结果中得到检验。事实上，任何系统性、多内容的决策，都难以做到完美无缺；而船舶投资的复杂性，更决定偏差存在的普遍性。这就需要重视决策执行的效应，不断地、及时地组织信息反馈，以发现原来决策存在的错误，弥补其缺陷，随着实践的要求对原定目标及其趋近手段加以调整，从而使决策内容臻于完善。

航运企业船舶投资决策分析程序如图4-1所示。

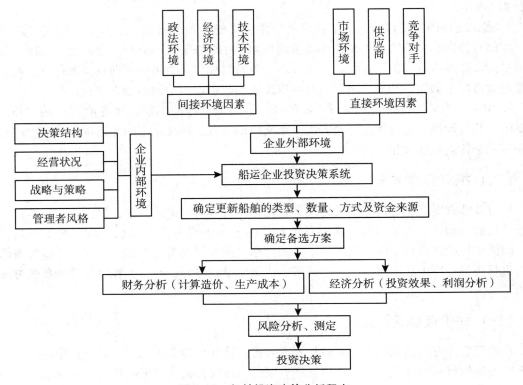

图4-1　船舶投资决策分析程序

船舶投资决策的主要内容包括四个方面：

1. 补充船舶及更新旧船。其途径一是订造新船；二是购买二手船。

2. 租赁船舶。当航运企业资金不足或要求在短期内获得船舶时，通过租赁船舶也是补充运力的一种有效办法。

3. 确定船舶合理的更新期。船舶合理更新期的确定即研究船舶或船用设备使用年限的问题。若能够很好地解决这个问题，同样可促使航运企业进一步提高生产效益和经营效益。

4. 船舶的技术改造。这是航运企业应当经常注意的投资决策，如船型改造，以提高装载能力或改变用途；改变舱室结构以改善装卸条件；或为了扩大运力，或为了改变货运功能；更新动力或添置设备等。这些局部性的技术改造是投资省、见效快、收益好的技术措施。

三、船舶投资评价指标

（一）船舶投资评价指标概述

在市场经济条件下，人们做任何事情，都应当首先考虑其收益，衡量其效果，而且不但要做定性分析,还要有量的考虑,对于船舶投资这样需要耗费大量资金及各种其他相关资源投入的大事情,当然不能例外,而且还应当做得更认真、更系统、更科学。在航运经济活动中,经济指标是评价经济效益的工具,要预测、计算、比较和考核船舶投资经济效益的有无和大小,离不开建立和运用具体的指标和方法。船舶投资评价指标,就是考核评价船舶投资活动经济效果的工具。

建立船舶投资评价指标体系是评价船舶投资活动经济效果的客观要求。因为,要科学地计算、比较、考核和预测船舶投资效益的大小,离开具体的方法和指标是不行的。船舶投资的经济效果包含有多方面的因素,是个多层次的复杂概念,这是船舶投资活动的经济特点所决定的。船舶投资的每一个阶段、每一个环节都存在着投资的经济效益问题,都应当进行投入与产出、费用与效益的比较,因此仅仅依靠单独几个指标是说明不了问题的,必须根据国际航运业的具体特点和基本实际要求,建立一个能够基本反映费用与效益的完整的指标体系。

目前,我国航运企业的投资存在着许多问题,其主要表现在以下几个方面:

1. 投资的盲目性较大。在市场经济条件下,面对我国航运市场宏观管制大幅度的放开,有些航运企业的决策者认为,这是一个良好的机会,只要企业做出大量的投资,扩大经营规模,就可以在市场中站稳脚、在竞争中得到胜利。在这种错误的主观推断下,没有仔细分析航运市场的实际发展变化情况,大量投资购入船舶,从事国际海洋运输,结果在激烈的航运市场竞争中,碰得头破血流,最终导致了企业投资失败,造成资金大量的浪费、呆滞。

2. 投资缺乏科学性分析。在我国的许多航运企业,对船舶投资事先并未作详细的科学分析论证,只是根据过去的经验稍作定性的考虑后,便作出投资的决策。有的航运企业即使是进行投资前的可行性研究,也是仅仅进行个别几项指标的简单计算,很少从定量分析的角度,综合考虑各方面的因素,进行详细的科学分析与计算。

3. 投资结构不合理性。现代的航运企业对于投资缺乏合理、优化的决策。这些企业的决策者们在决定投资时,往往是根据眼前的利益,而不是从长远的、全局的观点考虑问题,这样导致了企业投资的单一性。如 A 航运企业拥有大量船舶和吨位,但是,这些船舶大都是同一种船型、同一种吨位,在经营时,该公司只能在一定的区域内营运。这样,因为其船型单一,缺乏灵活性,必将对企业的经营产生不利的影响。

总之,以上几点是我国一些航运企业在投资中所共同存在的问题,也是导致航运企业经营失败的几个主要原因。

(二) 建立我国航运企业投资评价指标体系的意义

任何国家或地区国际航运业发展速度的快慢,航运企业或船队规模的大小,固然取决于其对航运业投入资金量的多少,同时也取决于怎样有效地使用投资。在投资总量不变的情况下,投资利用越好,获得的投资成果越多,经济效益越大,航运企业或船队发展进步得就越快。

随着世界经济的飞速发展,国际贸易全球化一体化的进程不断加快,对国际航运业的需求也在不断扩大,在对航运业的投资不断增长的同时,人们也应当注重提高投资效率。航运企业在扩大生产、进行投资时,就必须建立和完善航运企业的投资评价指标体系及投资评价考核制度，以现代化的、科学的投资评价理论与方法，对航运企业的各种投资项目进行科学的评价，并把分析评价的结果应用于指导航运企业的经营管理上，对航运企业的经营管理活动实行最优化控制，以达到最理想的投资经济效果。

（三）建立指标体系的指导思想与原则

1. 投资评价指标体系建立的指导思想。在市场经济条件下，我国原有的一些投资项目评价指标体系与管理模式已经不能适应现代企业科学管理的要求，为了保持航运企业的各项投资持续、稳定、健康地发展，同时也为了能使航运企业的各项投资与国家的宏观管理、调控政策相互协调、统一，迫切需要建立一套与社会主义市场经济体制相适应的系统、完整、科学、全面评价投资项目的指标体系，以发挥对航运企业投资发展的导向作用。投资项目评价指标体系建立的指导思想是：以适应社会主义市场经济为重点，按照导向性、科学性、可比性和操作性的要求来设计投资项目评价指标体系。具体来说，导向性是指运用该评价指标体系对现行投资进行分析评价后，对企业即将作出的投资产生导向作用；科学性是指投资项目评价指标体系的设置要从企业发展的规模、质量、速度等不同角度对企业的投资作出全面、客观的评价；可比性是指投资项目评价指标体系要适合于国际和国内同类企业之间进行相互比较；操作性是指投资项目评价指标体系要尽可能做到数据搜集容易，评价分析方便。

2. 投资评价指标体系建立的原则。在社会主义市场经济体制下，评价投资项目的各项效益，就需要建立一套新的评价指标体系，使之能正确评价投资的各项效益。投资项目评价指标体系的设计应当遵循下列原则：

（1）要能体现社会主义市场经济。投资经济效益的本质特征和要求及社会主义市场经济效益学的原理表明，投资要讲求投资效益，要求少投入多产出，以同样数量的投资，取得更多的满足社会需要的经济成果。正如马克思在《资本论》中曾经引用李嘉图的话，真正的财富在于用尽量少的价值创造出尽量多的使用价值，换句话说，就是在尽量少的劳动时间里创造出尽量丰富的物质财富。

（2）要符合投资资金循环与周转的原理。进行投资活动就是资金运动即循环与周转过程。设置投资项目评价指标体系，既要利用使用价值和实物指标，又要利用价值和时间指标；既要能全面综合反映这一资金运动全过程的经济效益，又要分别反映资金投入、实施阶段的效益，以及投资的产出和回收阶段的效益。这对于分析论证投资资金是否能实现良性循环，对于增强投资的价值观念、时间观念、资金周转观念和投入产出观念至为重要。

（3）要适应不同层次计算和评价投资效益的需要。投资活动涉及对获得收益或承担责任的各个层次和环节。社会主义市场经济条件下，这些不同层次和环节的利益从根本上说是一致的，但又有其相对独立性，投资效益评价指标按不同层次和环节来设置，便于分别计算、评价、分析和考核。它们的效益指标又有其各自的特点。

（4）新的评价指标体系要力求简便，可操作性强。

（四）船舶投资项目评价指标

就一般投资项目来说，可以有多种指标用于其经济效果的评价。本书中仅讨论那些适用于船舶投资项目的经济评价指标，这些评价指标在对投资项目进行经济合理性分析时，要对项目的微观与宏观投资经济效益进行动态和静态及定性和定量的分析，其指标将作为项目进行科学决策时的重要依据。

1. 投资回收期。投资回收期又称投资返本年限，它是反映投资项目财务上投资回收能力的重要指标。分为静态投资回收期和动态投资回收期。

静态投资回收期是指从投资项目建设开始之日起，用项目各年的净收益来回收项目全部投资所需要的时间。换言之，指项目从建设之日起，到期累计净现金流量恰好等于零时所经历的时间，计算公式如下：

$$\sum_{t=0}^{T} (CI - CO)_t = 0 \tag{4-4}$$

其中，T 为所要计算的投资回收期；CI 为第 t 年的现金流入量；CO 为第 t 年的现金流出量。

利用该指标体系进行评价时，把计算出来的 T 与标准投资回收期 T^* 相比较，如果 $T \leqslant T^*$，则方案可行；反之，则不可行。一般来讲，在计算投资回收期时，需要同时注明项目从投资开始年算起的投资回收期，以便从不同角度全面反映项目情况。

静态投资回收期指标，在国内外得到了广泛应用，其优点是：概念清晰，简明易用而且一定程度上反映了项目风险的大小。主要缺点是：未考虑资金的时间价值，过分强调迅速获得财务利益，没有考虑投资后项目运行情况，不能全面反映整个项目的总收益。

2. 借款偿还期。借款偿还期是指在国家财政规定及项目具体财务条件下，以项目营运后可用于还款的资金偿还固定资产投资国内借款本金和建设（造）期利息所需要的时间。计算公式如下：

$$D = \sum_{t=1}^{T_d} R_t \tag{4-5}$$

其中，D 为固定资产投资国内借款本金和建设（造）期利息之和；T_d 为固定资产国内借款偿还期（从借款开始年计算）；R_t 为第 t 年可用于还款的资金，包括利润、折旧及其他可用于还款的资金。

当借款偿还期满足贷款机构的要求期限时，即认为投资项目是有清偿能力的。

3. 净现值。净现值是反映船舶投资项目在计算期内获利能力的动态评价指标，是投资项目经济效果评价的最重要指标之一。净现值是指投资项目按基准收益率将其寿命期内各年的现金流量折现到投资起点的现值代数之和，即项目全部现金流入现值减去全部现金流出现值的差额。计算公式如下：

$$NPV = \sum_{t=0}^{n} (CI - CO)_t (P/F, i, t) \tag{4-6}$$

其中，NPV 为投资项目净现值；CI 为第 t 年的现金流入量；CO 为第 t 年的现金流出量；n 为投资项目的寿命年限或计算期（包括建设期和营运期）；i 为基准收益率。

因此，应用净现值进行财务评价的准则是：若 $NPV \geqslant 0$，则投资项目经济上可行；若 $NPV < 0$，则投资项目经济上不可行，应淘汰。

4. 净现值率。净现值率是反映项目盈利能力的效率型动态评价指标，是项目净现值与全部投资现值之比，即单位投资现值的净现值。计算公式如下：

$$NPVR = \frac{NPV}{TPV} \tag{4-7}$$

其中，$NPVR$ 为投资项目净现值率；NPV 为投资项目净现值；TPV 为项目总投资的现值。

净现值率反映了项目的资金利用效率，即它表示的是单位投资能产生多少净现值，可以作为净现值的一个补充指标来使用。显然：

当 $NPVR \geq 1$ 时，投资方案可行；当 $NPVR < 1$ 时，投资方案不可行。

5. 净年值。净年值是指投资项目按基准收益率将其寿命期内各年的现金流量折现到每年的等额年值。计算公式如下：

$$NAV = NPV(A/P,i,n) = \sum_{t=0}^{n} (CI-CO)_t (P/F,i,t)(A/P,i,n) \tag{4-8}$$

其中，NAV 为投资项目净年现值；CI 为第 t 年的现金流入量；CO 为第 t 年的现金流出量；n 为投资项目的寿命年限或计算期（包括建设期和营运期）；i 为基准收益率。

应用净年值指标进行投资项目经济评价的准则是：若 $NAV \geq 0$，则投资项目经济上可行；若 $NAV < 0$，则经济项目财务上不可行。

如果将净年值的计算公式与净现值的计算公式加以比较，不难发现净年值与净现值在项目评价的结论上总是一致的。因此，就项目的评价结论而言，净年值与净现值具有相同的评价效果，即他们是等效评价指标。

6. 费用现值与费用年值。费用现值是按基准收益率将其寿命期内各年费用的现金流量折现到投资起点的现值代数之和。计算公式如下：

$$PC = \sum_{t=1}^{n} CO_t (P/F,i,t) \tag{4-9}$$

其中，PC 为投资项目费用现值；CO_t 为第 t 年的现金流出量；n 为投资项目的寿命年限或计算期（包括建设期和营运期）；i 为基准收益率。

费用年值是按基准收益率将其寿命期内各年费用的现金流量折现到每年的等额年值。计算公式如下：

$$AC = \sum_{t=1}^{n} CO_t (P/F,i,t)(A/P,i,n) \tag{4-10}$$

其中：AC 为投资项目费用年值。

由于对于某些船舶的投资项目，其产出价值是相同的，或者是能够满足相同的需求但其产出或收益难以用实际货币价值计量时，可以通过计算费用现值或费用年值进行方案的比选。其方案判别的准则是：费用现值或费用年值最小的方案为最优方案。

7. 动态投资回收期。动态投资回收期是在考虑资金时间价值的情况下，从项目开始投建之日起，用项目各年的净收益来回收项目全部投资所需时间。即项目从建设之日起到其累计净现金流量现值恰好等于零时所经历的时间。计算公式如下：

$$\sum_{t=0}^{n} (CI-CO)_t (P/F,i,t) = 0 \tag{4-11}$$

式中符号含义同前。

与静态投资回收期相比，动态投资回收期的特点是：考虑了资金的时间价值因素，能真正反映资金回收时间，但计算较麻烦，而且缺乏动态基准投资回收期作为对比标准。一般的，如果投资回收期不长，且基准收益率太低，动态投资回收期和静态投资回收期相对差别不大，可以只计算静态投资回收期并进行分析。

知识拓展 4 – 1：中国船舶产业投资基金

第四节　船舶投资风险

一、船舶投资风险

船舶投资风险是指投资者进行船舶投资后，可能发生的投资收益的变动程度。从投资管理的角度看，船舶投资的风险可以分为系统性风险与非系统性风险两类。

（一）船舶投资的系统性风险

船舶投资的系统性风险是指各个国际航运企业或船东不能控制的，给各个国际航运企业或船东带来的影响大致相同的船舶投资收益波动的可能性。通常认为，这种系统性风险是船舶投资所固有的，是不可分散的。根据前述对船舶投资环境因素的分析，船舶投资的系统性风险是由航运市场、金融市场与公共政策三个方面的因素引起的。

1. 航运市场风险。国际航运市场具有周期性，总是处于"复苏－高涨－萎缩－低谷－复苏"这样一种周而复始的循环中，既有产生巨额利润的繁荣期，也有造成众多国际航运企业或船东破产的衰退期，一个此类型的完整的市场周期可能要花 3~4 年时间。国际航运市场的周期变化是造成船舶投资收益不确定的主要原因，是船舶投资的基本风险。运价的周期性波动是国际航运市场周期性变化的直接反映，而运价的周期性波动来源于国际航运的供需平衡状况。

从国际航运需求方面看，航运市场主要受两个方面因素影响。

一是国际航运的运量，具体可归结为四个因素：（1）国际贸易量。国际航运运量是国际贸易量的派生量，直接受世界经济与国际贸易的影响，国际经济的周期性起伏影响着国际贸易并进而影响着国际航运需求，使国际航运需求处于周期性波动中。（2）其他运输工具。不同的运输方式在一定的条件下是可以相互替代的，例如航空运输可以减缓国际贸易的发展对国际航运的需求，尽管目前国际贸易中的绝大部分运输由航运所承担，但航空运输、铁路运输、公路运输以及管道运输的发展对国际航运的运量产生了一定影响。（3）运输成本。航运成本的高低以及其他运输方式运输成本的水平也对国际航运运量带来一定的影响。航空运输从技术上说也适应国际货物运输，但其昂贵的成本使得其在国际货物运输中所占比率仍是较低的。（4）政治事件。战争的发生、对一些国家的制裁以及一些国家或地区的政治动

91

荡，必然会给国际航运造成不同程度的影响。

二是国际航运的运距，具体又由两个因素引起：（1）国际航运的一般运距。这是由全球的自然资源分布与产业分布所决定的，但随着新的资源被发现与原有资源枯竭，发展中国家的发展等原因引起产业分布的变化，将或多或少地改变国际航运的运距。（2）政治事件。例如20世纪70年代末的中东战争造成苏伊士运河的关闭，海湾地区运往西欧的石油不得不绕道好望角，增加运距一万公里以上，造成了这一时期对油轮运输的旺盛需求；同样中东战争结束苏伊士运河开放，造成中东战争期间因油轮运输需求旺盛而建造的大批油轮过剩。

从国际航运供给方面看，航运市场主要也受两个方面因素影响。

一是世界船队的规模，构成国际航运供给的基本组成部分，具体受四个因素影响：（1）新船供给。世界各船坞的造船订单与船舶出坞量直接影响着国际航运船队的规模。（2）旧船报废。旧船报废与船舶失灭从另一个方面直接影响着国际航运船队的规模。（3）船龄结构。船队的新旧程度直接影响着船队可营运的规模，同时影响着新船供给与旧船报废。（4）航运规制。例如国际海事组织对航运船舶技术要求的提高，迫使一大批船舶退出营运。

二是现有世界船队的营运效率，构成国际航运供给的另一个组成部分，具体受三个因素影响：（1）船舶利用率。船舶利用率的提高等同于增加了船舶的供给。（2）燃油价格。燃油价格的变动，会在一定程度上改变船舶的使用效率，例如燃油价格的上涨，可能使国际航运企业采用经济航速手段，但会影响船舶的使用效率。（3）航运规制。国际海事组织等对航运船舶技术要求的提高会使船舶增加进坞检修时间，国际航运需求与航运供给之间的平衡状况决定了国际航运市场的波动起伏。国际航运需求主要取决于世界经济的变化带来国际贸易量的变动，在某一特定时期是相对稳定的，对运价的敏感程度并不高。而国际航运供给的确定总是滞后于国际航运需求的变化，世界经济的周期性波动及其航运供给变动的滞后性造成了供需的动态不平衡，进而形成国际航运的周期性。国际航运市场周期的存在形成了船舶投资的基本风险，是船舶投资系统性风险的主要来源。对于船舶投资者而言，航运周期的出现是其进行决策所要面对的主要不确定性来源，同时也给船舶投资决策带来了诸多的灵活性，例如给实物期权方法的应用留下了较大的空间。

2. 金融市场风险。船舶营运总成本中资本成本占有较大的比重，金融市场的变化对船舶投资也具有举足轻重的影响。实质上，金融市场特别是船舶融资市场的变化影响船舶的投资，进而影响国际航运的供给，反过来又影响船舶的投资与融资。船舶投资的金融风险主要来自资金供给、银行贷款政策、利率与汇率等四个方面。

对船舶投资资金的供给并不是一成不变的，在经济发展时期，特别是国际航运的繁荣时期，资金供给相对充裕。一方面，这一时期巨额的盈利使得国际航运企业有较多的留存收益用于船舶投资；另一方面，受这一时期国际航运高额利润的引诱，各方都愿意将资金投入国际航运业，但在经济的萧条期间，又会出现相反的一种资金供给情形。由于船舶投资的数额巨大，需要通过银行贷款来帮助完成投资。同样地，银行贷款政策也会出现类似的情况。

利率的波动带来船舶投资的利率风险。对于以较高比例债务融资的船舶投资来说，债务融资的利息成本是船舶营运成本中一项很重要的固定成本。以固定利率借入的债务资金会因市场利率的下降而产生这一固定成本不能下降的风险；以浮动利率借入的债务资金会因利率上升而存在增加营运成本的风险。此外，不同的利率水平还会影响投资者对船舶投资时机的选择，在其他因素相同时，若债务利率较高，投资者倾向于选择延迟投资；反之，若债务利率较低，投资者倾向于选择尽早投资。

通常船舶在国际范围融资并进行建造，必然会遭受汇率变动的风险。在船舶投融资中，从国际商业银行取得的船舶贷款、从国际资本市场上取得的船舶融资资金以及从外国政府获得的船舶出口信贷资金等，都会发生所获得的资金币种与支付的造船款的币种可能不一致、资金取得的时间和需进行支付的时间不一致的情况，都会对船舶投资带来相应的汇率风险。此外，国际航运作为一项跨国经营活动，其营运收入与营运支出采用不同的币种结算，也会带来营运中的汇率变动风险。汇率变动是国际投融资与跨国经营公认的收益不确定的重要因素。

3. 公共政策风险。各国对本国国际航运业具有不同的政策，这些政策对各国国际航运船队的竞争力带来极大的影响，从而引起船舶投资决策的变化。这主要反映在对船舶的投资政策与船旗登记政策上。由于一些航运强国都将本国国际航运船队的发展当作关乎本国经济贸易发展的重要因素来考虑，而且从政治上和军事上加以重视；并且，国际航运中的外汇结算、船舶所取得的外汇收支节余在国家的国际收支平衡、保持本国货币稳定中具有一定作用，航运强国对本国国际航运船队通过税收优惠、低息贷款或投资补贴等方式给予特定的投资政策，扶持其发展。

各航运国家从本国利益出发对船舶制定有船旗登记政策，不同的船旗登记政策对船舶的营运管理、营运收益产生一定的影响。船舶投资政策与船旗登记政策的不同给船舶投资者的投资带来的影响具有双重性：一方面，一国强有力地扶持本国国际航运船队的政策，使本国船舶在国际航运竞争中处于有利的地位，可以促进本国船舶的投资；另一方面，使其他国家船舶在竞争中处于不利地位，对这些国家的船舶投资产生副作用，反过来又会进一步刺激具有较强的扶持本国国际航运船队政策的国家的船舶投资，但各国在不同的时期都会调整国际航运政策，给船舶投资带来政策风险。

（二）船舶投资的非系统性风险

船舶投资的非系统性风险是指各个国际航运企业或船东在一定程度上能够控制对船舶投资收益产生波动的可能性。这种非系统性风险与各个国际航运企业或船东的管理理念有关，在各个国际航运企业或船东间具有较大的差别，通过一定的方法是可以分散消除的。船舶投资的非系统性风险由国际航运企业或船东在进行船舶投资中的发展战略、船队优化、财务优化、规模经济与技术条件因素所决定的。

1. 发展战略。各个国际航运企业或船东都具有自己的发展战略，发展战略的不同必定带来对船舶投资的影响，由于国际航运业的跨国经营以及生产与销售过程的不可分离性，只有扩大投资才能取得竞争优势。一些投资者出于竞争地位的考虑，加大对船舶的投资；一些大型制造企业，实施多元化经营战略，以期降低经营风险，也就从分散风险的角度考虑，进行船舶的投资；也有一些投资者纯粹从盈利的角度考虑从事国际航运投资，因为在航运高涨时期，通过船舶投资可以取得丰厚的利润；还存在一些投资者通过投资船舶获得船舶持有利得，原因在于国际航运市场的多变性带来的船舶价格的多变性。投资者的战略是在不断调整的，战略的不同必然影响投资。

2. 船队优化。投资是进行资产优化的重要手段，国际航运企业或船东需要根据国际贸易物种的变化与运输要求的变化，对船队的类型结构进行调整；根据国际航运市场与船舶市场的变化，对船舶的船龄结构进行调整；根据国际航运发展的趋势与运输需求的变化，对船舶的吨位结构作出调整；根据各地区经济与贸易的变化，对船舶的航线结构进行调整；根据国际航运技术的变化，需要不断推进船队现代化和船队优化，也必然对船舶投资产生影响。

3. 财务优化。船舶几乎都是负债经营的，但各国际航运企业或船东的负债经营策略却存在着差异。一方面，国际航运企业或船东可以通过借入资金扩大投资规模，并利用财务杠杆来提高投资收益率；另一方面，由于固定的定期还本付息义务，可能导致国际航运企业或船东的财务危机，甚至造成国际航运企业或船东的破产，为此，需要通过船舶投资进行财务优化。在财务优化的过程中，资本结构、资产结构、资本成本与盈余水平是必须要考虑的四个因素。资本结构是指国际航运投资中借入资本与权益资本的比率结构，直接反映着国际航运投资的财务风险；资产结构影响着国际航运投资中的变现速度，也在一定程度上反映着船舶投资的财务风险；资本成本是进行船舶投资时融资必须考虑的，其高低与船舶投资的财务风险存在着关联；投资的盈余水平也影响着船舶投资的融资决策，而对财务风险产生影响。对资本结构、资产结构、资本成本与盈余水平的不同追求，所带来的财务风险就不同。

4. 规模经济。作为需要巨额投资，进行跨国经营的国际航运业来说，为了降低营运成本，提高竞争力与改善业务质量，需要一定的船队规模，特别是集装箱班轮运输。换言之，船舶投资的收益与国际航运企业或船东的船队规模相关。国际航运特别是集装箱班轮运输需要在全球建立营销网络，需要建立包括燃料供应、船员配备、船舶维修等服务体系，需要有完善的调度与营运决策系统，需要一个包括运务、机务、商务、财务在内的管理信息系统，这些投资与维护费用随着船队规模的扩大，单位运输量所负担的费用相应减少。国际航运业具有规模竞争的特征，其竞争优势随着船队规模的扩大而凸显出来。随着规模的扩大，业务质量也会随之改善，同时又巩固竞争的优势地位。例如，在进行班轮运输的航线上，投入更多的船舶营运，提高航班的频率，对客户来说更为便捷，必然更具吸引力，竞争优势也会确立起来。规模经济的反面是规模不经济，一是由规模太小而引起；二是规模超出航运需求而引起。这也与进行营运的航线或区域的竞争对手有关。但也不可否认，船队规模过大，在国际航运市场陷于低谷时，会不堪重负，因而也存在着风险。如何把握船队规模，是实现国际航运企业规模经济效益需要解决的一个问题。

5. 技术条件。国际航运企业或船东不仅需要通过投资建立一支现代化的船队，而且还需要通过投资提高与现代化船队相配套的技术条件，这涉及管理水平、人员素质与信息系统三方面的因素，同样的船舶投资，由于管理水平的差异而最终的投资收益是极其不同的。竞争对手技术条件的完善必然会影响本企业船舶的竞争力；反之，本企业技术条件的完善，会使本企业船舶在竞争中处于优势地位。管理水平的提高依赖于人员的素质，而信息系统是提高管理水平的一种手段。为此，无论是国际航运企业或船东自身或对手技术条件的变化，都会引起船舶投资收益的波动。总之，船舶投资的风险如图4-2所示。

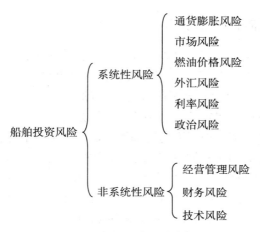

图 4 - 2 船舶投资风险

二、船舶投资风险的特征与产生的原因

（一）船舶投资风险的特征

1. 客观性。在船舶投资过程中，产生风险的因素是多种多样的，有来自航运市场的，也有来自国际航运的公共政策，还有来自资本市场的，等等，这些风险因素客观存在于船舶投资活动的各个方面。

2. 突发性。风险的出现不以投资者的意志为转移，风险因素最后导致实际的风险对于投资者来说往往是突发的，特别是一些突发的国际事件引起船舶投资收益的突变。例如，20世纪80年代初，中东战争的结束导致苏伊士运河的开放，世界油轮一夜之间由供不应求变为供给过剩，并且是严重过剩；再如国际燃油价格的升降，马上会引起船舶投资收益的变动，等等。

3. 多变性。由于船舶投资的收益受到众多环境因素的影响，任何环境因素的变化，都会带来实际收益与预期收益之间的偏差。

4. 动态性。船舶投资风险的性质及其带来的影响呈现出动态变化的趋势。例如，对投资收益带来极大影响的国际航运市场，由于国际贸易量、航运成本、船舶供给、船舶效率等因素的变化，就处于不断变化之中，使船舶投资收益产生动态风险。

5. 相对性。船舶投资的风险对于不同的投资者是不同的，也就是说投资者对于船舶投资的风险具有不同的承受能力。这种承受能力通常受到投资额、收益水平、拥有的财务实力以及对风险的态度等因素的影响。例如，船舶投资收益总是伴随着发生投资失败的可能性，损失的可能性和数额越大，投资者期望能够得到的可以弥补损失的收益也就越大；反之，收益越大，投资者愿意承担的风险也就越大。

6. 无形性。船舶投资风险不能像具体的物体那样容易被衡量或描绘出来，而需要用特殊的概念和方法，如系统理论、概率、弹性、模糊等概念和方法，通过定性与定量两个方面的有机结合进行界定或估计测定。

（二）船舶投资风险产生的原因

对于船舶投资风险产生的原因，可以归为三个主要的方面：

1. 船舶投资环境因素的不确定性。船舶投资的内外部环境因素都有可能发生变化，在环境因素发生变化后，投资者就需要对所进行的船舶投资进行调整，以适应环境因素的变化，为此形成了船舶投资的不确定性，这种不确定性是造成船舶投资风险的最直接原因。

2. 船舶投资者对投资环境认识能力的有限性。认识与把握船舶投资环境，首先要把握投资环境的属性，而这种属性是由各种数据和信息来反映的，也就是说投资者通过各种数据和信息去认识与把握船舶投资环境及其未来的发展变化。但投资者对于船舶投资环境属性的认识能力，无论在深度上还是在广度上都存在着局限性。并且，投资者获取船舶投资环境的数据和信息能力的有限性与船舶投资环境发展变化的无限性是客观存在的，投资者难以获得船舶投资环境的完备信息，不能确切预见船舶投资环境的未来发展变化，从而形成了船舶投资的风险。

3. 船舶投资环境信息本身的滞后性。虽然船舶投资环境的属性可以通过数据和信息来进行反映，但这些数据和信息需要更新，而更新总是在环境发生变化之后才能完成。对于投资者的投资决策来说无疑已经滞后。换言之，在进行决策时，有关船舶投资的实际数据和信息尚未发生，决策中所使用的数据和信息都是对决策当时环境的描述与未来环境的推断，因而导致了信息的不完备，造成了船舶投资的风险。随着投资的进行与船舶的营运，投资者对环境的认识会不断深入与提高，信息的完备性程度也随之提高，直至投资结束船舶退役，投资者才可以说获得了这一船舶投资的完备数据与信息。信息的滞后性无疑是造成船舶投资风险的重要原因。

船舶投资风险的特征及其成因说明投资者要能够识别与掌握船舶投资的风险因素，运用合适的技术方法和工具手段，才能使投资决策具有科学性。

知识拓展 4 - 2：海上风电繁荣带来船舶投资狂潮

本章重要概念

船舶投资　现值法　年值法　内部收益率法　投资回收期法　船舶投资决策　船舶投资评价　船舶投资风险

本章习题

1. 简述船舶投资的主要分析方法有哪些？
2. 简述船舶投资决策程序。
3. 简述船舶投资评价指标有哪些？
4. 简述船舶投资过程中存在的风险。

航运资金结算

■ 本章导读

实现全球航运配置不仅需要完整齐备的航运产业，更需要健全的航运金融市场。为实现这一战略，我国应大力发展金融中心和航运中心相结合的"航运金融"，而航运资金结算是航运金融发展的重要环节，对航运金融发展具有深远影响。本章将对航运资金结算进行介绍，阐述其不同类型及形成原因。详细介绍我国航运资金结算类型，从生产收支、结算收支、筹资收支和投资收支资金四个维度分析，进一步探讨航运资金结算新模式。

金融科技近年来发展迅速，区块链、大数据、云计算等技术在航运资金结算中发挥着重要作用，未来航运资金结算将迎来一片"蓝海"。我国应运用好金融科技，多方位、多层次创建国际航运结算中心，将航运业、传统金融业、金融科技新技术三者有机结合，吸引国内科技服务公司加入航运结算等服务领域，推进航运结算数字化进程，加快我国航运资金结算发展。

■ 课程思政

海运费人民币结算的时代内涵

海运费"不爱人民币、爱美元"一直是航运人心系的"老大难"。这给中国航运业带来了一些弊端，包括支付成本大、具有风险，制约了中国海运电子商务平台的发展，不利于中国航运业国际化和电子化等。在 2021 年全国两会上，全国人大代表、中国远洋海运集团有限公司时任董事长、党组书记许立荣提出了聚焦人民币结算问题的意见建议。他认为，我国《中国人民银行法》和《外汇管理条例》均明确规定，人民币作为我国的法定货币，在我国境内采用人民币进行计价结算是我国国家货币主权的体现。

　　人民币国际化已经成为高质量发展、高水平开放的重要组成部分，随着人民币国际化程度不断提高，中国在全球贸易市场和投资市场将会有更大话语权，中国金融机构与企业的对外贸易和投资将变得更加灵活，并在其中获得更多的主导性。海运费的人民币结算时代凸显了国际社会对中国经济发展的信心，理解这一时代内涵将提高学习航运资金结算的意义。

第一节　航运资金结算中心

一、航运结算中心概念

航运结算中心是依托政府引导若干航运企业结算中心等集中落户于某地区，通过搭建航运交易结算平台，实现多方参与，建设统一交易结算体系，打造集约化优势，致力于提升航运资金结算效率，降低结算成本，并为航运企业及相关服务机构提供服务交易与结算的通道。如图5-1所示，航运结算中心包含两个层次内涵：一是基于一定规模航运及相关企业在地区集聚；二是搭建航运结算中心平台。航运结算中心有两种类别：集聚式和平台式。

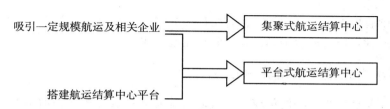

图5-1　航运结算中心的层次和类别

（一）集聚式航运结算中心

集聚式航运结算中心是某地区依托特有优势资源或政策利好等行政性措施，吸引航运企业结算中心布局，集聚于某个城市或者区域，表现出个体在空间上的集中。依托对区域金融等航运有关要素资源的充分利用，为发挥航运企业或其结算中心实现对成员单位收支统收统支、集中管理等功能提供基础保障，实现信息流和资金流在某区域的汇集，进而发挥对航运相关服务的带动作用，产生一系列对地区航运和经济发展有影响的一种城市航运功能形态。集聚式航运结算中心属于航运结算中心建设初级阶段。

（二）平台式航运结算中心

平台式航运结算中心是指办理航运产业链上开展航运及相关企业之间资金往来结算、资金拆借，并提供投融资服务、航运信息服务等的交易结算平台。即依托航运企业结算中心集中落户于某地区，建立满足航运企业交易及资金结算需求的机构或平台，联结起贸易商、船公司和航运企业内部结算中心系统，实现区域航运交易资金收支的集中结算和处理，进而实现收付资金和交易信息在航运结算中心系统中的直观反映，为航运交易的市场主体提供全程在线交易、结算清算、投融资以及其他衍生功能性服务，方便航运企业和船公司实时跟进结算和清算过程、掌握交易收付信息、获取快捷服务等，从而建立航运市场主体之间密切联系的生态系统。平台式航运结算中心属于航运结算中心建设的高级阶段，如表5-1所示。

表 5-1   两种组织类别下航运结算中心的比较

组织类别	集聚式航运结算中心	平台式航运结算中心
组织状态	航运企业结算业务、结算机构、金融机构与相关服务主体等的聚集地	市场主体入驻一个结算中心平台，以实现时间和空间上的聚集
阶段特征	初期阶段	高级阶段

知识拓展 5-1：浙江港口舟山港

二、航运资金结算中心形成模式

航运结算中心根据主导因素不同，有两种形成路径：一种是由市场自发形成，为需求引致型模式；另一种是依托外力推动，为政府导向型模式。

（一）需求引致型航运结算中心

需求引致型航运结算中心的形成源于航运基础业务对航运效率和衍生服务的巨大需求，因此其取决于某地区港航发展水平、航运贸易基础等。区域经济增长拉动进出口贸易增长，激发了对航运货物运输的需求，频繁的航运交易产生大量运费收支和各项经营性支出，推动巨额航运资金流量不断形成。而航运企业对资金结算的便利程度和资金管理非常重视，众多航运企业将自有资金结算中心布局在航运运输需求大、金融结算服务条件好的地区，建立区域性航运结算机构，使得该地区实现企业结算中心汇集。

无论是以支付和清算功能为主的集聚式航运结算中心，还是以整合市场交易信息和提高交易效率为主的平台式航运结算中心，都将在不同程度上通过集中化的结算业务和多样化的增值服务，帮助航运企业降低交易费用和服务搜寻成本。此类需求引致型航运结算中心发生在航运市场规模雄厚的港口城市，需要巨大交易作为支撑和保障，对于一般性港航城市来说，自发形成健全的航运结算中心系统耗时较长。

（二）政府导向型航运结算中心

某地区航运业的发展或者结算等金融服务水平尚不符合满足企业将航运结算中心落户本地的标准，但该地区在战略支撑、区位优势、腹地经济、人力资源等方面具有有利条件，依托该地区政府等有关部门的顶层设计和政策支持，由政府进行引导推动，吸引国际国内航运企业集团或者区域结算中心在该地区落地建设，或进一步搭建统一的航运结算中心平台。在地区航运市场发展水平相对不高、基础业务体量相对较小、服务体系尚不健全时，依靠政府"看得见的手"起到一定的推动作用，加速航运企业结算中心或结算业务，以及航运衍生服务机构的集聚，有利于缩短航运结算中心形成品牌的时间（见表 5-2）。

表 5 - 2　　　　　　　　需求引致型和政府导向型航运结算中心比较

形成模式	需求引致型航运结算中心	政府导向型航运结算中心
发展条件	区位优势、航运发展水平	战略底层支撑、适时发展契机
主导因素	较强的经济与贸易实力、较发达的结算等金融支持；市场自发培育，形成时间较长	良好的政策设计、优化的制度保障；政府推动，初期形成时间较短
政府作用	监督运行、维持管理、规范行为等辅助职能	确立发展方向、制定定向吸引和扶持政策；监督运行、维持管理、规范行为等辅助职能
代表国家或城市	伦敦	新加坡

三、国内外航运资金结算中心

当今全球航运结算中心主要有伦敦清算所、新加坡交易所和纽约航运交易所三家。目前国际航运结算中，更多的还是以美元、欧元为主，结算行也多是国外货主指定的外资银行。随着"一带一路"倡议和人民币国际化战略的推进，可探索适时实现航运结算人民币化，建立满足市场需求的结算机构，建立人民币在岸和离岸结算中心。国内航运结算中心主要有上海航运交易所和香港航运交易所，相较国外航运资金结算，国内还无法充分满足航运企业资金集中结算和外汇结算。

（一）伦敦清算所

伦敦清算所（LCH）成立于1984年，目前为13条交易最活跃的干散货路线的远期运费协议，以及海岬型船、巴拿马型船、超大灵便型船和灵便型船等干散货定期租船路线的期权提供独立清算服务，客户受益于伦敦清算所违约基金的稳定性和安全性。伦敦清算所规定，经授权的经纪人可通过清算所的清算会员注册交易并使用清算服务。交易通过两条监管通道进行：一是英国金融行为监管局监管的干散货期货多边交易平台；二是新加坡金融管理局监管的注册市场运营商。经授权的经纪人可以在伦敦时间 7：00 ~ 18：00 选择任意一个通道注册交易，清算通道开放至 18：30，在云服务器接收并确认符合条件的交易后，交易将按照清算所规则进行。伦敦清算所持有的远期运费协议合约受初始和变动保证金的限制，期满后所有未平仓头寸均为现金结算。清算所根据市场波动定期调整初始保证金比率，货运合同的每日和最终结算以波罗的海交易所提供的价格为依据。所有远期运费协议期货和期权费用都享有减免50%的优惠，不收取合约清算现金结算费用和期权行权费用。

（二）新加坡交易所

新加坡交易所（SGX）成立于1973年。2016年，新加坡交易所收购波罗的海交易所，后者的明星产品远期运费协议（FFA）交易的管理权由此从伦敦转移至新加坡，随后新加坡在航运金融领域的权威性迅速提升，成为当今国际干散货及油轮运价衍生品的主导者，为服务于新加坡国际航运中心建设，不断加快在航运衍生品市场的布局。

新加坡交易所针对海岬型船、巴拿马型船、超大灵便型船和灵便型船的定期租船，以及船东、租船公司和贸易公司等主要干散货市场用户均可使用的关键单条航行路线，提供了一系列航运衍生品合约，主要包括干散货定期租船远期运费协议（FFA）、运费期货合约及相应期权。其中，运费期货合约可完全替换相应的远期运费协议掉期。期货合约与其对应掉期合约具有相同的每日和最终结算价格及到期日，在进行清算时，两种合约的风险管理方法和收益是相同的，如果客户在期货合约及其相应掉期合约中拥有等额相反头寸，则客户的保证金可完全冲销。同时，以期货合约为标的的期权可为客户提供管理价格风险的额外有效对冲工具，参与者可以通过选择适当的行使价和期权策略，根据其风险概况定制财务保护措施和持仓。

此外，新加坡交易所提供定期租船一揽子（5条航线）与单个运输航线之间的重要保证金优惠，其货运衍生品与互补大宗商品（如铁矿石和煤炭）衍生品之间也可享受保证金冲销，从而提高资本效益。新加坡交易所航运衍生品清算通过其全资附属机构——衍生品清算所进行。新交所衍生品清算所对违约金风险敞口的资本要求低于1%，每日为所有衍生品运行一个清算周期，在周期内计算未偿还头寸利润，并根据当日执行的交易和前一天提出的头寸进行结算。为减少日间价格波动，清算所每日执行3个日内保证金周期，每个清算周期末直接扣款指令会发送至清算所的结算银行，结算银行直接从清算会员账户扣款以追加保证金。

（三）纽约航运交易所

纽约航运交易所（NYSHEX）成立于2015年，旨在为全球航运业提供数字化货运能力，为业界提供新的标准化数字货运合同。纽约航运交易所是为全球海洋运输行业里的托运人、货运代理商和承运商构建一个平台，提供现货市场和运费波动替代方案，还提供航运衍生品交易、专业航运保险代理和航运融资租赁，为航运企业集装箱运输提供保值避险、价格发现的交易凭条等。其采用场外交易模式，依托班轮公司资源为市场提供6~12个月的可转让远期运输协议，托运人可以自由选择承运人与其他服务内容，实现线上交易、线上结算。

纽约航运交易所是全球航运数字化产业链条中最重要的一个交易平台，近年来逐步将业务重心转向航运数字化发展与平台化建设，不断推进航运服务的智慧化进程。一方面，纽约航运交易所汇集了各国航运运营商、第三方服务商等行业主体，实现整体流程无缝对接的航运服务，整合航运资源。与大型航运公司开展深度合作，不仅与马士基、达飞、中远等航运业巨擘存在航运业务合作关系，而且与马士基、达飞、赫伯罗特多家船公司建立资本纽带关系，吸引船公司入股纽约航交所。另一方面，纽约航运交易所不断优化线上航运服务，纽约航交所自成立以来，始终定位为"航运界领先的数字平台"，旨在提升航运业整体的数字化水平，不仅将大部分航运业务线上化，如在线订舱、预订锁舱、信息查询、物流追踪等，同时提供标准化的数字化货运合同、数字化集装箱远期运费合约等衍生业务，有效提升航运信息的可共享性。同时，纽约航运交易所还与马士基、达飞等航运企业合力研发相关领域的信息服务技术与产品，共同促进航运业的数字化转型。

（四）上海航运交易所

上海航运交易所（SSE）是经国务院批准、由交通运输部和上海市人民政府共同组建，于 1996 年 11 月 28 日成立的我国唯一一家国家级航运交易所，现已成为国际班轮运价备案受理中心、国际航运信息中心、航运运价交易中心、船舶交易信息平台和鉴证中心、航运业资信评估中心和上海口岸航运服务中心。航交所提供有关船舶交易方面的相关服务，包括发布船舶供需信息、办理船舶交易鉴证、代理船舶竞价、船舶价值评估、代收代付船款等全程交易业务。由交通运输部指定的"中国船舶交易信息平台"接受全国各船舶交易市场的成交信息报送，并进行重点船舶交易的公示。旗下的上海船舶保险公估有限责任公司，主要从事船舶的检验、估价及风险评估，保险船舶出险后的查勘、检验、估损理算和残值处理，风险管理咨询等，是目前国内专业、权威、合法的价格公估机构。

（五）香港交易所

香港交易所（HKEX）成立于 1891 年，在中国香港及伦敦均有营运交易所，旗下成员包括香港联合交易所有限公司、香港期货交易所有限公司、香港中央结算有限公司、香港联合交易所期权结算所有限公司及香港期货结算有限公司，还包括世界首屈一指的基本金属市场——伦敦金属交易所（LME）。由于中国香港具有自由港的便利条件，很多国际大型航运企业把东亚地区航运业务的结算中心设在中国香港，结算账户一般开设在花旗银行、汇丰银行等国际大银行，因此中国香港是全球重要的国际航运结算中心。

第二节　航运资金结算种类

航运资金结算是航运企业在生产经营、支付、筹资、投资等过程中涉及的结算业务。国内航运资金结算市场广阔，国内科技服务公司巨头纷纷加入到航运结算等服务领域：阿里巴巴集团（阿里云）与中国交通通信信息中心达成"互联网＋航运"合作；阿里巴巴的外贸服务平台一达通与全球航运巨头马士基航运推出了物流订单直达船公司的订单交易平台——舱位宝，马士基方面为船东提供舱位以及确定定价，阿里巴巴方面则负责从技术层面上实现定金预付与交易结算；阿里巴巴集团建立云上的宝船网 2.0 系统，可以通过船舶装载的船舶自动识别系统（AIS）与国际海事局数据获取全球范围内船舶的实时和历史位置数据，该系统数据覆盖全球超过 30 万艘船舶；阿里巴巴和中海集团合作的集装箱海运综合服务平台 eShipping 上线；招商轮船与阿里云共同探索数字化转型与创新，响应全球业务快速扩张过程中建立的产品服务体系，分享物联网、大数据和人工智能应用技术与场景相结合的新理念，推动传统产业数字化转型；电商乐舱网推出了纯线上应收账款保理业务，有效解决企业资金问题；腾讯与招商局集团签订战略合作协议，双方将在互联网＋基础设施、社区/园区、交通、物流、金融等五大领域展开全面合作。

一、生产经营收支

生产经营是围绕企业产品的投入、产出、销售、分配乃至保持简单再生产或实现扩大再生产所开展的各种有组织的活动的总称。企业生产经营的着眼点是某个特定的市场供求关系，通过对市场需求及发展趋势的研究与预测，研制、开发、生产、销售其产品和服务。航运生产经营收支主要包括船舶买卖、港口业务和运费收付。

（一）船舶买卖

船舶交易是大买卖，买卖过程涉及的决策、谈判、检验、交接、文书、证件等环节较多，船舶经纪人在其中起到重要的沟通和催化作用。所以，按照国际惯例，船东出售旧船多数委托专业的船舶经纪公司来完成。佣金一般按船价的 1% ~2% 收取。

国际船舶和新造船交易已经有一套全球公认的标准和惯例，而我国的《船舶交易管理规定》实际上是一个"中国籍二手船舶交易管理规定"，外籍船舶交易和在建五星红旗新造船交易都不适用本规定。此外，规定还明确了有市有场的集中交易、官方指定的交易评估机构、船舶买卖经纪人的许可制度、将船舶信息数据库的责任落实到船舶交易服务机构等。在这种制度安排下，船舶交易服务机构，也即各地的船舶交易市场承担了船舶经纪人的角色，而对二手船舶的估价，也在船舶交易市场进行。

（二）港口业务

港口业务主要包括船舶服务、为发货人和收货人提供的服务、港口内货物装卸和搬运、港口经营辅助性业务和港口业务信息的协调。根据费用性质，港口费可分为五个方面：一是各国对进出国境的外籍船舶征收的具有关税性质的船舶吨税；二是为保持航道和港口水域畅通，使船舶安全进出港口和装卸货物，向使用航道、设备、港口水域的船舶和进出港口的进出口货物征收的港务费。这种费用不是按提供的劳务或服务计收，而是按生产经营地主管机关的规定计收，因而又称规费；三是港口有关机构因向船舶或货物提供装卸货物或理货的劳务，收支港口或向船舶或货物提供与装卸货物密切相关的其他劳务，或向船舶提供引航、移泊、拖船、泊位、系解缆、业务或向货物提供库场、堆存等劳务或设备而收取的装货费、卸货费、理货费、验舱费、熏舱费、平舱费、绑扎费、起货机工力费、引航费、移泊费、拖船费、系解缆费、停泊费、货物堆存费等；四是船舶代理人接受委托代办进出港口的申报手续、代揽货载，以及联系安排船舶在港内各项作业和其他业务而向委托人计收的代理费（见船舶代理）；五是港口有关机构提供其他杂项作业的劳务和出租港务船、车辆、机械设备等，向委托人或使用人收取的使用服务费。

1. 船舶服务。因为船舶服务的种类和范围非常广泛，包括船舶通信、引航、拖带、安排船舶进出港的港内代理服务，燃油、水、食品、设备等的供应以及船舶修理等。在这些功能中，最重要的是港内船务代理服务，一般由航运公司驻港口的机构经营。外国船公司往往利用当地公司作为港口代理，除了船公司的驻港机构作为港口船务代理外，一些港口经营公司也设有船务代理机构，经营船务代理业务。港口船务代理负责办理船舶抵港、在港期间及离港的所有事务，包括装卸货物的订舱、船舶抵港手续、保证泊位、安排装卸以及离港后的一些事务。由于要接受大量的信息以及准备大量的单证，船务代理信息管理是否高效则显得至关重要。

2. 为发货人和收货人提供的服务。主要有两种业务：从发货人手中接受货物或向收货人交付货物的货运代理业务和按发货人要求将货物进行仓储的仓储业务。这些服务在国外许多港口都是由私营企业经营的，而在我国则主要由港务局所属装卸公司经营。如果是出口货物，货运代理从发货人处接受货物，办理报关手续，必要时进行包装后将货物运到码头，把提单和其他文件交给发货人；如果是进口货物，货运代理接受收货人委托的提货通知和提单，领取货物，代表收货人办理有关手续，将货物交付给收货人。它们的业务需要准确地处理信息、填制所有必要的单证。经营这些业务的货运代理必须依法获得交通运输主管部门颁发的许可证。货运代理是一项涉及面广的业务，所以一般都由专业公司承担，但不少港口经营者利用其经营港口的优势也从事着这项业务。受货主委托从事货物仓储业务的公司一般也需要由政府主管部门颁发许可证。仓储业务的一个特点是仓储公司可以为所储存的货物签发仓库收据，在国外，这种仓库收据是可以转让的有价证券。

3. 港口内货物装卸和搬运。这是港区内主要的经营业务。港区内的货物装卸、搬运包括码头装卸作业、船舶与仓储区之间的水平运输、集疏运货物的装卸以及前沿码头、前方仓库、货物分类场地内的作业。

4. 港口经营辅助性业务。在港口除了上述这些直接相关的业务活动外，还有货主仓库与港区之间的货物运输、港区内的运输，以及理货、称重、检验和保安等辅助服务。

5. 港口业务信息的协调。在港区的每种业务经营人之间都存在明显的差异，使相互间的信息提供和接收变得复杂。为此，港口装卸经营者，作为码头经营的主体，往往保持着对码头作业的总体控制，以便协调各种与港口相关的业务及信息。

（三）运费收付

运费收付主要包括在货物运输中产生的基本费、附加费、其他附加费（燃油附加、绕航附加、货币贬值、港口拥堵费、变更港口）等。船公司在向代理公司、造船修船公司、保险公司、石油公司等支付经营性开支等方面，经常需要使用其他货币，国际航运的运费收入通常以美元计价和结算。国际大型航运企业的业务遍布世界各主要港口，频繁发生运费的收缴以及各项日常性支出，且其资金流量相当大，因此资金的结算和资金的集中管理对航运企业非常重要。

在航运业务中，航运企业（承运人）向托运人（货主）收取的运输劳务费叫作"运费"，而计算运费的单位价格叫作"运价"。航运价格由费率标准、计收办法、承托双方经济责任及其费用划分等综合因素组成。目前，现货运价体系大体上可分为定期船（班轮）运价和不定期船（租船）运价两种。

1. 定期船运价。在航运业务中定期船运输也称班轮运输，定期船运价也就指班轮运价。班轮运价的特点主要有：①班轮运输成本较高，因而班轮运价水平也高；②班轮运输的货物对运费的负担能力较强；③班轮运价相对较稳定，在短期内不变动；④班轮运输是一种垄断价格；⑤班轮运价的制定是在运输成本的基础上实行高值货物高运价，低值货物低运价的政策。

（1）班轮运价。班轮运价是由基本运费和附加费两部分组成。基本运费是对每一计费单位货物所收取的基本费用，其中基本费率有等级费率、货种费率、从价费率、特殊费率和均一费率之分；附加运费是为了保持在一定时期内基本费率的稳定，还能正确反映出各港的各种货物航运成本的一类费用，一般包括燃油附加费、货币贬值附加费、港口附加费、转船附加费、超长超大超重附加费和拥挤附加费等。

运费的计算标准通常有按货物重量、尺码或体积来计算，按货物重量或尺码并选择其中收取运费较高者；按货物 FOB 价收取一定百分比作为运费，又称从价运费；按每件为一单位计收，由船货双方临时议定价格收取运费，又称议价运费。

（2）集装箱运价。班轮的主要形式是集装箱班轮，同时也有少量以杂货船、滚装船、冷藏船和载驳船来负责杂货运输的班轮在运行。因此，集装箱运价经常被单独拿出来讨论。

集装箱运价分为标准集装箱运价、非标准箱重箱运价和特种箱运价三类。标准集装箱运价按照不同规格箱型的基本运价执行，标准集装箱空箱运价在标准集装箱重箱运价的基础上减成计算；非标准箱运价按照不同规格的箱型，在标准集装箱基本运价的基础上加成计算，非标准集装箱空箱运价在非标准集装箱重箱运价的基础上减成计算；特种箱运价在箱型基本运价的基础上按装载不同特种货物的加成幅度加成计算。

集装箱运费的计算办法有两种。一种是与普通班轮运输的运费计算办法一样，对具体航线按货物等级及不同的计费标准计算运费。由于这种计费方式过于烦琐，不易被货主接受，故基本不予采用；另一种是对具体航线实行分货物等级和箱型的包箱费率，或不分货物等级只按箱型的包箱费率计算运费。包箱费率也是按箱计收运费的费率。因采用"均一费率"或"包箱费率"的计费办法十分方便，这种方式已被船公司普遍采用，是当下使用最为广泛的集装箱运费的计算方式。

2. 不定期船运价。不定期船运价也叫租船运价，可按计费单位、租船方式和租船期限分为三类。

（1）按计费单位分为每吨运费和包舱费运费。在承租船舶中，所运货物是大宗的，除木板按板尺（B/M）计费以外，一般按重量每吨多少美元计费。但在运送铁屑、圆木等杂物时，常采用包舱运输形式，这时按照船舶的全部或部分舱位收取一笔包租运费，亦称为一笔运费。

（2）按租船方式分为程租船运价和期租船租金。程租船是指按一定的航程租用船舶，包括按单程租船、往返租船、连续航次租船、航次期租船、包运合同租船等方式租赁船舶。在这种租船方式下，船方必须按租船合同规定的航程完成货物运输服务，并负责船舶的经营管理以及船舶在航行中的一切开支费用，租船人按约定支付运费。运费率通常按照运输货物的数量收取，或者按照某一固定的费率收取。航次租船的合同中规定装卸期限或装卸率，并计算滞期和速遣费。

期租船是指由船舶所有人按照租船合同的约定，将一艘特定的船舶在约定的期间，交给承租人使用的租船。这种租船方式不以完成航次数为依据，而以约定使用的一段时间为限。在这个期限内，承租人可以利用船舶的运载能力来安排运输货物；也可以用以从事班轮运输，以补充暂时的运力不足；还可以航次租船方式承揽第三者的货物，以取得运费收入，通常以船舶载重吨和时间来计价。

二、结算收支

结算收支主要包括保险收付、其他收付和航运衍生产品交易收付。

（一）保险收付

保险收付是指财务人员在收到/支出对应交易对手（客户、经纪人、代理人、分出公司、赔款接收人等）的费用（保费、佣金、手续费、赔款等）的情况下，在收付系统中对相应的保单、批单、赔案、账单进行收付登记并编制凭证的过程。航运保险主要包括船舶险、货运险、责任险等，其是针对航运业高风险、高投资的特点而设计的一种损失补偿机制，对于降低航运风险具有极为重要的意义。

1. 保险种类。

（1）船舶险。船舶保险是以各种类型船舶为保险标的，承保其在海上航行或者在港内停泊时遭到的因自然灾害和意外事故所造成的全部或部分损失及可能引起的责任赔偿。当保险责任范围内的灾害事故导致船舶本身发生损失，与船舶有关的利益发生损失，以及出现了应由船主承担的经济赔偿责任时，由保险人进行赔付。这种保险可附加船舶战争险，以承保海上发生战争或类似战争行为造成的船舶损失。

（2）货运险。货物运输保险是以运输途中的货物作为保险标的，保险人对由自然灾害和意外事故造成的货物损失负赔偿责任的保险。海上货物运输险以海上运输工具运载的货物为保险标的，保险人承担整个运输过程，包括内河、内陆运输保险标的遭受自然灾害和意外事故的损失。在目前的国际贸易中，买卖双方以投保海洋货物运输保险作为必要条件，通过海洋货物运输保险来获得经济保障已成为国际惯例。

（3）责任险。责任保险是在被保险人依法应负损害赔偿责任时，由保险人承担其赔偿责任的保险。这种保险以被保险人依法应承担的责任为保险标的，以第三人请求被保险人赔偿为保险事故，其保险金额即被保险人向第三人所赔偿的损失价值。

2. 保险理赔。保险理赔是指在保险标的发生保险事故而使被保险人财产受到损失或人身生命受到损害时，或保单约定的其他保险事故出险而需要给付保险金时，保险公司根据合同规定，履行赔偿或给付责任的行为，是直接体现保险职能和履行保险责任的工作。航运保险主要涉及海上运输货物保险理赔和船舶险理赔等。

海上运输货物保险的保险金额是保险人对被保险人承担货物损失赔偿责任的最高限额。在保险实际业务中，通常是以货物的价值、预付运费、保险费和预期利润的总和作为计算保险金额的标准。货物保险费是由保险公司在货物损失率和赔付率的基础上，根据不同的运输工具、不同的目的地、不同的货物和不同的险别，按进出口货物分别制定出来的费率表来确定。我国海上运输货物保险费率一般由基本费率（包括一般货物的基本险费率和指明货物基本险费率）、附加费率和老船加费费率构成。

船舶险理赔主要采用委付的形式，委付是指保险船舶等发生事故后，被保险人将尚未实际全损的保险船舶的一切权利和义务转移给保险人，而要求将船舶作推定全损进行赔偿。委付是被保险人的一种单方面行为，不必征得保险人的同意，但保险人有同意接受委付、放弃接受委付和拒绝接受委付的三种权力。保险人选择接受委付，则不能撤回，必须按保险金额赔付被保险人的全部损失，同时取得有关标的的一切权力；若选择放弃接受委付，必须按推定全损赔付被保险人同时放弃对保险标的的一切权利；若保险人拒绝接受委付，表示其不同意按推定全损处理赔案。在保险人没有决定之前，被保险人可以收回已提交的委付通知书。

（二）其他收付

其他结算收支包括货运代理收付、船舶维修收付、船舶代理收付。代理收付业务是银行接受收费单位和付款人（用户）的委托，将付款单位或付款人（用户）在银行账户的约定时间一次或分次划付给收费单位的资金结算业务。

1. 货运代理收付。货物运输代理服务是指接受货物收货人、发货人、船舶所有人、船舶承租人或者船舶经营人的委托，以委托人的名义，为委托人办理货物运输、装卸、仓储和船舶进出港口、引航、靠泊等相关手续的业务活动。

国际海运运输服务跨境收款由货代完成，传统资金链条存在境外托运人向境外货代平台支付运费（境外划转）、境外货代平台向境内货代支付运费（跨境汇款）、境内货代向境内船代支付运费（境内划转）、境内船代向船公司支付运费（境内划转或跨境汇款）4 个环节，一般历时 6~8 天。目前新结算路径下国际海运服务跨境收款由船代完成，资金链条在中间两个环节发生变化，由境外货代平台将境外代收托运人的海运费直接支付给境内船代（跨境汇款），跳过划转给境内货代的环节，银行人工审核流程减少，提升 2 个工作日的办理时效，同时货代可节省境内外币划转手续费（银行单笔收 0.1%，单笔最高 1 000 元），且在国际收支方面具备一定的合理性。

2. 船舶维修收付。船舶维修是指船舶的船体和结构、机器或设备、舾装或构造、系统等在船坞或船厂进行修理，以达到其原设定的状态或功能要求并能够继续使用。根据船舶修理的复杂程度，一般分为坞修、岁修、检修等。（1）坞修：船舶修理项目较大较多，质量检验要求较高（一般按国家年检规范要求），需进坞修理如进行涂装、甲板机械设备、机舱机械设备、尾轴、推进器、船壳及上层建筑物外壳均需经过检修。（2）岁修：船舶修理项目相对大修来说较小较少，但仍需进行船体清洗和涂装，甲板机械设备、机舱机械设备、船壳、尾轴、推进器等局部检修。（3）检修：该类船舶修理除了进行水线以下喷漆加工外一般不需要进坞修理，只在修船码头上进行翻修、检修，以机械设备修理为主。

船舶维修主要涉及船舶维修支付，船舶修理费用是指在报告期内修理竣工船舶所支付的实际修理费用，它反映修船费用的使用与节超情况。修理费用应具体统计船舶厂修费用、自修费用和配件购置费用等，以便分析各项修船费用的组成和实际节超情况。为进行费用预算和分析比较，引入船舶平均修理费用，其是指修理竣工船舶平均的修理费用，它能够反映船舶平均修理费用水平的高低。船舶平均修理费用有两种计算方法：一种是以每艘船计算；另外一种是按每吨位（客位、千瓦）船计算。其中修竣船舶艘数是指根据船合同规定的修理项目，在报告期内已经全部修理完工的船舶数，包括在报告期或报告期以前送修，在本报告期完工出厂的船舶数，计算公式为：

$$船舶平均修理费用 = 船舶修理费用/修竣船舶艘数(元/艘)$$
$$船舶平均修理费用 = 船舶修理费用/修竣船舶吨位(客位·千瓦)数(元/人、千瓦)$$

3. 船舶代理收付。船舶代理是指接受船舶所有人、船舶经营人、承租人或货主的委托，在授权范围内代表委托人办理在港船舶业务、提供有关服务或完成在港船舶其他经济法律活动的代理机构。主要经营办理船舶进出港口手续，联系安排引航、靠泊和装卸；代签提单、运输合同，代办接受订舱业务；办理船舶、集装箱以及货物的报关手续；承揽货物、组织货载，办理货物、集装箱的托运和中转；代收运费，代办结算；组织客源，办理有关海上旅客运输业务；其他为船舶提供的相关服务。

船舶代理业属于国际航运服务业，船舶代理机构可以接受与船舶有关的任何人的委托，办理各种航运业务。设在各港口的船舶代理机构，对本港和本地区有关机构情况熟悉，了解本国法律、法规和习惯，长期从事代理工作，积累了丰富经验。因此，往往能比船方更有效地办理船舶在港的各项业务，节省船舶停港时间，加快船舶周转，提高船舶营运经济效益。

船舶代理结算采用备用金结算，船舶离港后，船舶代理应及时汇总船舶在港期间所支付的各项费用和应收取的代理费，详细列出"航次结账单"，连同所付的各项收费单据和代理费收据寄交委托方，并将备用金余额退回或结存。备用金的结算以"一船一结"为原则，在船舶离港后及时做出航次结账单，并将航次结账单和所付费用的原始单据寄交委托方。在航次代理的情况下，备用金按航次结算，船舶代理在寄交航次结账单及随附的各项收费单据的同时，应将备用金余额退还委托方，或根据委托方的要求将余额结存。在长期代理的情况下，备用金不必按航次结清，但在船舶离港后，仍须及时将航次账单及随附各项收费单据寄交委托方，并按月向委托方抄送往来账目，核清账目。

（三）航运衍生品交易收付

航运衍生品交易收付包括航运运价期货、期权、航运指数的期货交易收付。航运运价金融衍生品是指以航运运力、运价相关指数作为交易标的，以期货、期权、远期协议和掉期（互换）等作为交易合约模式的金融工具。全球运价金融衍生品至今共出现三种形式：运价指数期货、运价远期合约（FFA）和运价期权。

三、筹资收支

筹资指企业作为筹资活动的主体根据其生产经营、对外投资和调整资本结构等需要，通过筹资渠道和金融市场，运用筹资方式，经济有效地筹措和集中资本的活动。航运企业通常会发生银行借贷、股票发行与融资、发行债券、租赁、保理业务等。

（一）银行借贷

银行贷款是最为常见和最为传统的航运企业船舶融资方式之一，航运企业向银行提出申请，审核通过后获得银行发放的贷款，以购置船舶资产。在此过程中，商业银行通过融资利率与同业拆借利率的利差和办理贷款相关手续的过程中产生的中间费用和管理费用等获得收入。该融资模式极大地推动了近代航运事业的发展，但在实际过程中，由于船舶资产具有很高的价值，并且航运业的风险高，因而产生坏账和无法履约行为的概率也比较大，因此商业银行对于航运企业的船舶融资限制较多，对于运营规模和资金实力都较弱的中小航运企业而言，在获得银行贷款时往往会遇到更多制约因素。

在船舶融资实践中，对于新造船舶，融资被划分成交付前和交付后两个部分。交付前融资中，除了造船合同将作为贷款方的贷款担保被交给资金出借方之外，银行还需开具一份资金偿还保函。交付后融资中，贷款方需向银行提供担保品，一般包括船舶抵押、期租方权利转让、收益和保险的转让等。此外，协议内还需要涵盖经营和财务在内的其他相关契约。从交付前至交付后的整个期限最长可以达到 15 年，贷款比例一般为船舶成本的 6~8 成，比例的高低取决于融资企业的运营能力和资金实力。图 5-2 为银行借贷典型的融资结构。

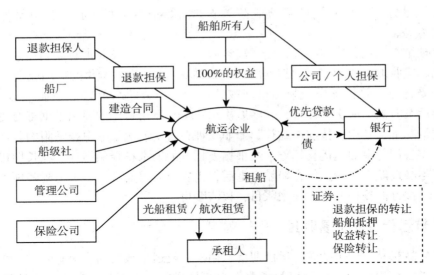

图 5–2 银行借贷典型的融资结构

（二）股票发行与融资

股权融资的主要目的是通过增资扩股引入股东的方式为公司的运营发展融通资金。与债券融资相比较，股权融资的最大优势在于通过这种融资方式募集资金在很大程度上可以避免企业偿还贷款和债务的压力，但是对航运企业自身的要求较高。股权融资分为公开发行和私募发售。公开发行是指融资主体，即发行人通过证券交易所等公开面向社会发行股票以融集资金，具体体现为公司上市或上市企业增发配股等多种形式。私募发售是指融资主体，即发行人按照其实际需求寻找投资者并在公平协商的基础上建立合作关系，从而使投资者以增资入股这一方式获得企业股份进而达到募集资金的目标。

（三）债券融资

债券融资是指企业在证券市场上发行债券来募集资金的方式。发行债券对于航运企业而言是一种比较行之有效的融资途径，早在 20 世纪 80 年代，我国就已经有很多企业开始通过债券发行这一方式来拓展融资路径，这一模式也为航运企业的船舶融资拓宽了融资渠道，使得航运企业可以不定期融集资金来及时地解决航运企业的资金缺口问题。在融资过程中，债券的发行需要由专业的债券评级机构来对发行方进行信誉评级，这也是衡量债券风险的一项重要指标，这一评价结果是否公正直接影响到投资人的资金安全和发行企业的公共信誉，只有信用评级达到要求才可以对投资人产生保障，才能进行债券发行；反之，如果信用评级达不到要求，则无法进行债券发行。严格的债券评级可以反映出企业的真实运营状况和综合实力，从而为投资者的投资决策提供可靠的参考依据。大型航运企业的资金实力和偿债能力强、信用评级较高，因而资金融集量较大，且还款期限长，所以这一模式对于规模较大的航运企业而言较为适用。而对于中小航运企业来说，由于其自身资金实力和运营规模的限制，债券发行之前的信用评级就更为严格，所以融资的时间成本和资金成本都会增加，且企业的还本付息压力会增大。

（四）融资租赁

融资租赁模式是指由出租人向船厂支付承租人所选择船舶的全部船款，出租人拥有船舶的所有权，租赁期内承租人向出租人按期缴纳租金并享有船舶使用权，从而形成租赁的模式。在合同期内，船舶的所有权归属于出租人，合同期满后，船舶承租人将资金进行全部支付并且根据融资租赁合同中的规定将相关义务履行完成之后，船舶所有权转移给转承租人。

1. 直接租赁。直接租赁（直租）是指出租人根据承租人（企业）的要求和选择从供货商处购入承租人所需设备（或其他固定资产），再租赁给承租人使用。出租人使用现有资金或者来自于资本市场的募集资金对承租人船舶进行购买，然后将此船舶租给承租人进行运营，在合同期内，承租人依照双方约定的方式进行租金偿还。并且合同规定，合同到期后，承租人或支付部分费用从而取得所有权或继续租赁船舶或停止租赁行为。该租赁模式一般用于企业新建船舶融资租赁和二手船买卖融资租赁，拓宽了融资渠道，减轻了企业还款压力，同时可以得到国家政策优惠。

2. 售后回租。售后回租（回租）是指承租人为现金头寸及其他资金使用用途等，需要将自有的设备等固定资产卖售给租赁公司，盘活存量资产，然后再从租赁公司租回使用。承租人先将其自有船舶卖给出租人，进而双方之间签订融资租赁合同，获得船舶出售的款项用于生产经营，然后将船舶从出租人手中租回。船舶期限届满以后，出租人以象征性的价款将船舶的所有权仍转回给承租人，即船舶的所有者。该融资方式比较常见，既保留了承租人对租赁船舶的所有权和使用权且不会对承租人现有业务的正常运行造成实质影响，同时又解决了承租人的现金问题，并且船舶本身就是进行还款的担保物，为双方的融资租赁行为提供了保障。该租赁模式一般用于盘活航运企业自有船舶资产，通过融资以扩大船队规模。

3. 经营租赁。经营租赁（基于非全额清偿的融资租赁）是以非全额清偿为典型特征的融资租赁，即出租人根据承租人对租赁物和供货商的选择，购买租赁物，并中长期出租给该承租人使用，通过在计算承租人应付租金时预留余值方式的一种租赁安排。在这种租赁交易中，需要出租人在租赁期满后通过对租赁物余值的处理才可能收回全部租赁投资并获得预期的相应收益。该租赁模式呈现融资渠道、币种多元化特点，一般用于以国际航线运输业务为主的承租人，有利于优化债务结构，保持船舶资产结构弹性。

4. 杠杆租赁。杠杆租赁是指船舶出租人以自有资金支付船舶价款的一定比例（20%～40%）资金作为财务杠杆，带动银行以及其他金融机构等为项目提供贷款或以其他方式参与船舶出租人以让渡收取船舶租赁资金的权利来作为贷款的担保，出租人将船舶租赁给船舶所有人，船舶所有人则支付租金给出资方。因此，出租人可以较少的资金带动融资。该种模式提高了航运企业融资效率，但是增加了航运企业风险。

四、投资收支

投资指经济主体为了在未来可预见的时期内获得收益或是资金增值，在一定时期内向一定领域投放足够数额的资金或实物的货币等价物的经济行为。航运船舶投资是指航运企业或船东购买或建造船舶从事航运业务以获取收益的行为。船舶的投资与融资是航运金融的重要组成部分，是推动航运业增长的直接动力，在国际航运业发展中起着重要的作用。第二次世界大战以来，随着国际金融市场尤其是欧洲货币市场的迅速发展，推动国际航运业投、融资规模的急剧增长，带动了国际航运业的迅猛发展。在当今的国际航运业中，船舶投资与融资活动日益频繁、日益扩大，已成为航运业发展的主要力量。

船舶投资的主要内容，包括四个方面，一是补充船舶及更新旧船，其途径主要是订造新船和购买二手船；二是租赁船舶，当航运企业资金不足或要求在短期内获得船舶时，通过租赁船舶亦是补充运力的一种有效办法；三是确定船舶合理的更新期，船舶合理更新期的确定即是研究船舶或船用设备使用年限的问题；四是船舶的技术改造，这指航运企业应当经常注意投资决策，如船型改造，以提高装载能力或改变用途，改变舱室结构以改善装卸条件，或为了扩大运力，或为了改变货运功能，更新动力或添置设备等。船舶投资是一种特殊的投资方式，它既具有投资的一般特点，同时也具有某些航运业所特有的特性。

第三节　我国航运结算中心建设

一、我国航运结算建设存在的问题

（一）缺乏航运结算中心

结算中心是成本控制中心、资金集中中心、财富管理中心和价值创造中心，但相应的航运、港口企业财务中心（公司）较少，缺乏集约化的企业管理结算中心。在我国主要交通方式管理中，航运业缺乏类似中国航空结算中心、铁路结算中心的信息集中、结算集中的组织和机构，行业结算处于各自为政、散乱、粗放的低层次阶段。从航运金融的角度看，目前在做的航运衍生品交易分割为两个结算体系：上海航运交易所的衍生品交易和上海清算所的航运衍生品交易。

（二）缺乏统一的信息统计和管理系统

我国港口、船舶融资、船舶交易信息不透明，未建成统一的信息统计和管理系统，缺乏对航运类信息的统计管理制度。对航运收入及衍生品结算的海关、口岸、税务等部门与金融资金收付系统、结算系统联网工作有待加强。

（三）离岸航运资金结算中心建设有待进一步加强

在离岸金融业务方面，我国离岸金融业务处于起步阶段，其经营币种仅限于可自由兑换的货币。当前我国在开展离岸金融业务的过程中存在诸多问题，如企业对离岸业务知之甚少，相关法规落后于实务进展。监管上存在一定"真空地带"，可能放大风险。此外，目前资本项目的自由兑换仍未实现，结算业务只能以经常项目为主。

（四）对航运结算还没有形成统一的认识

作为一个航运、港口、船舶制造大国，对其形成的物流带动的资金流，及其拉动国民经济的贡献度和未来预测不足，对航运结算中心研究不足。目前一些理论研究主要针对航运、港口企业的结算中心，没有对航运结算进行系统研究。

二、金融科技在航运结算中的应用

科学技术是推动社会进步、人类发展不可或缺的工具，随着金融科技的不断成熟及应用，目前在社会的各个领域都可以发现金融科技的身影，金融科技正在悄然改变人类社会。金融科技主要是指通过运用现代科技创新金融产品、运营模式、业务流程等，提升金融业务的质量与效率，致力于运用人工智能、大数据、云计算、物联网等信息技术深度整合金融业务，可以为金融业转型升级持续提供动力，为增强金融服务实体能力，防范重大金融风险发挥重要作用。金融科技包含四个核心部分，即大数据金融、人工智能金融、区块链金融和量化金融，可以提供存贷款和融资服务、支付、清算和结算服务、投资管理服务、市场支持服务等四种服务，将推动我国金融行业高质量发展并进入一个全新的时代。结算作为航运金融中重要的一环，为更好地推动其建设发展，应当运用好金融科技，积极创新航运结算业务，推动航运结算中心发展。以金融科技为支撑，多方位、多层次创建国际航运结算中心，将航运业、传统金融业、金融科技新技术三者有机结合。

（一）云计算在航运结算中的应用

云计算技术具有高扩展性、高连续性的特点，航运结算服务与云计算技术的结合，能够迅速扩张服务能力，动态支持海量结算交易和相关服务需求，提高结算业务系统承载力。以非银行结算机构为代表的机构将分布式数据库成功运用于金融业务之中，为金融机构信息基础设施的升级和优化提供了新的思路。通过云计算，金融科技不断优化各类支付结算服务，有效提高了人民币跨境支付系统的科技应用水平，完善了人民币国际化基础设施，逐步优化移动支付技术架构体系，并通过互联互通实现应用与航运企业间的互认互扫。此外，为支撑自身联机事务处理业务的快速增长，当前非银行结算机构快速发展分布式事务数据库系统。

（二）大数据在航运结算中的应用

大数据在航运结算中的应用主要在用户行为分析、交易欺诈识别两个方面。在用户行为分析方面，"支付＋精准营销"是基于支付环节产生的大量交易数据对用户行为进行研究的场景融合例子。企业凭借支付行业强大的流量优势和覆盖的众多场景，通过大数据精准提炼用户画像，对用户行为进行深度分析。在对客户精准分层的基础上，针对不同层次用户进行精准营销，同时也能为特约商户定制财务管理、营销规划等服务。在交易欺诈识别方面，目前支付交易操作十分便捷，客户已经可以做到随时、随地、随心地完成资金转账操作。面对盗刷和金融诈骗案件频发的现状，支付服务提供的市场主体交易诈骗识别挑战巨大。而大数据可以利用账户基本信息、交易历史、位置历史、历史行为模式、正在发生行为模式等，结合智能规则引擎进行实时的交易反欺诈分析。例如腾讯云构建的"天御"大数据反欺诈平台，主要应用于银行、证券、保险、P2P等行业客户，能够准确识别恶意用户与行为，解决客户在支付、借贷、理财、风控等业务环节遇到的欺诈威胁，降低企业的损失。

（三）人工智能技术在航运结算中的应用

人工智能技术正逐步运用于航运结算领域中，主要通过生物识别、机器学习等技术来提高结算的便捷性、安全性。在支付端，指纹识别、声纹识别、人脸识别等基于大数据基础的人工智能识别技术被应用于支付交易中用户身份识别和指令验证环节，其中指纹识别应用最为成熟，与传统的身份识别和交易验证相比，生物识别技术具有精度高、速度快、防伪性好等特点，有助于提高客户体验和支付的安全性，有效削减欺诈和盗用等事件的发生。除了生物识别技术以外，机器学习技术也在各大机构和公司不断得到尝试。在风险可控的前提下开展非接触式支付、生物识别技术支付、智能穿戴设备支付及银行卡综合服务等支付方式创新，运用可信执行环境技术优化金融服务受理环境，逐步丰富业务范围和应用场景，充分发挥支付机构在支持航运业方面的优势，促进金融支付与产业链、供应链、物流链、服务链、价值链的深度融合。

（四）区块链技术在航运结算中的应用

区块链技术具有公开、不可篡改的属性，从而为去中心化的信任机制提供了可能，具备改变金融基础架构的潜力。各类金融资产等均可被整合进区块链账本中，成为链上的数字资产，在区块链上进行存储、转移、交易，应用前景广阔。目前区块链应用在跨境支付、支付网络构建、数字票据等领域已经得到了一定探索。在跨境支付领域，区块链技术能够在收付款人之间直接连接，降低跨行、跨境交易复杂性和成本，确保交易记录透明、不可篡改，降低运营风险，优化现有代理行模式下的资金转移和信息传递方式，大大提高支付效率，降低业务成本。在支付网络构建方面，利用区块链技术也能够实现更加安全稳定的支付环境。在数字票据领域，可以通过区块链搭建票据交易系统，让每个参与交易的企业都登记注册为区块链用户，可以提升票据运转效率和流通性，降低交易风险，有利于中小企业的信用积累。2017年，中国人民银行基于区块链技术建立的数字票据交易平台已经成功完成测试。

知识拓展 5 - 2：厦门港口

三、发展趋势

（一）建设航运金融结算中心

积极建设上海航运金融结算中心，打造技术标准形成高地，积极推进研发金融科技的关键技术，推动大金融科技新技术深入研发，通过创新推动技术与航运结算的融合发展。一是深入开发基础技术领域，提升金融创新的技术支持能力，运用新技术优化移动支付技术架构体系，统一标记航运结算账户、规范相关客户端软件接口、交易集中式路由，实现航运企业与金融企业、航运企业与港口企业、航运企业相互之间的互联互通、互认互扫。二是推动航运结算市场的国际化，利用技术创新进一步丰富金融市场供给侧，提升资源配置效率，统筹布局安全、稳定、高效的信息基础设施，积极争取国家级金融科技重大项目和平台在沪落地，吸引国际航运公司总部与结算中心在中国落户，加快形成全要素金融科技产业集群。

（二）优化金融科技航运应用场景

为解决航运市场中长期存在的信息不对称问题，通过数据挖掘、存储、分析和预测，提供丰富可靠的信贷数据和模型，用于投资和贷款决策，有助于金融体系的高效运行。一方面，促进跨部门数据共享，依法有序丰富金融科技数据资源，建立适应大规模商业应用的技术框架和协调机制，利用科技金融机制中的区块链技术通过修改共识机制、链上扩容、构建链外支付通道及分片等方式，实现实时交易方案的推出。另一方面，探索人脸识别等新技术，持牌金融机构可以构建全新的转接清算模式，同时实现安全与方便。风险管理方面，人工智能、大数据、区块链等新技术的引入已经给传统金融风险管理模式带来新的变化，形成新技术与风险控制的完美融合。加强推动监管沙盒设置，争取航运金融与结算等金融项目入驻，通过沙盒测试期监管，运用一系列的条款和指标规避相关金融风险，提升金融机构的风险管理能力，推动金融监管试验区与上海风险管理中心建设。

（三）加快推进航运业数字化进程

数字化进程能够提升航运服务费跨境结算银行审核效率，从货主、货代到船代，这一系列的代理关系逐步由纸质服务合同或协议文件转变为电子文件。目前，部分地区已通过跨境金融服务平台实现航运费境内划转线上化，符合条件的航运费境内划转可实现秒级到账，解决了部分企业诉求。随着航运业数字化程度的提升，银行可通过内部系统与货代、船代系统进行直联，以便更准确、高效地将订舱信息、提单信息、海运发票信息与跨境收支、境内外汇划转的结算信息配对，提高货代、船代资金结算效率，进一步规范航运服务费的跨境收支管理。在企业自律、银行展业的前提下，通过更多优质的货代、船代便利化收汇、用汇，实施结算新模式，促使更多的船代为货代提供更优质的航运代理服务，提升我国航运企业的国际市场份额。

（四）探索适时实现航运结算人民币化

随着人民币国际化的不断推进，跨境贸易中使用人民币的比例和场景不断增加。但目前国际航运结算中，更多的还是以美元、欧元为主，结算行也多是国外货主指定的外资银行，随着国内商业银行的全球布局和人民币清算行的不断增加，建议适时在合同条款中约定以人民币作为结算货币的时机不断成熟。通过开展航运收入及衍生品人民币结算，进而发展本外币结算，同时建立满足市场需求的结算机构、建立人民币在岸和离岸结算中心，最终将形成以航运企业结算中心为连接点的网络化的多功能、多币种航运结算系统，促成我国航运金融新形态，发挥上海的航运与金融枢纽功能。积极推进有条件的货代、船代企业适用结算新模式，开展贸易便利化试点业务。

本章重要概念

　　航运结算中心　生产经营收支　货物运输代理服务　船舶代理服务　直接租赁　融资租赁　经营租赁　债券融资　船舶投资　金融科技

本章习题

一、简答题

1. 简要分析航运结算中心形成的原因。
2. 简述航运结算的种类。
3. 金融科技在航运结算中有哪些应用？
4. 分析我国航运资金结算存在的不足并提出相关政策建议。

二、案例分析题

　　国际结算是银行一项重要的中间业务收入来源，总体上属于低风险、高收益的业务。同时，国际航运的运费收入通常以美元计价和结算，而船公司在向代理公司、造船修船公司、保险公司、石油公司等支付经营性开支等方面，经常需要使用其他货币，这需要银行提供外币交易服务。国际贸易企业、航运公司也经常需要到外汇市场上去平仓外汇头寸，以规避价格变动的风险。因此，航运资金结算业务十分依赖于结算体系的效率以及外汇市场的发展。国际大型航运企业的业务遍布世界各主要港口，频繁发生运费的收缴以及各项日常性支出，而且其资金流量相当大，资金的结算和资金的集中管理对航运企业非常重要。

　　目前我国在人民币可自由兑换的条件下，资金结算产品的设计必须考虑以下的原则：

　　（1）资金结算产品多样化、结算货币多元化。由于航运企业业务有可能涉及全球各个国家，涉及资金结算的业务种类也十分复杂，这就要求金融机构能够提供多样化的结算产品满足航运企业的需求，同时多元化的结算货币也能够降低航运企业的汇兑成本。

　　（2）结算手续简便，结算网络先进，提高结算效率。由于航运企业资金结算业务频繁、资金流量较大，所以对于资金的结算效率要求较高。因此，简便的结算手续和先进的结算网络都是影响航运企业选择资金结算地点和机构的重要因素。

　　请根据我国目前资金结算发展现状和资金结算产品的设计原则，探讨我国航运结算未来发展路径。

第六章

航运保险

■ 本章导读

地球上海洋的总面积约 3.6 亿平方公里，约占地球表面积的 71%。船舶在如此广袤的水域空间里航行，面临各种各样的风险，有自然灾害、意外事故，也有海盗、战争等外来风险，它们共同威胁着货物、船舶和人员的安全。

本章首先介绍了风险的基本概念、特征和类别，从而引出海上风险的概念，随后分别详细介绍了海上货物运输保险和船舶保险的概念、险种、主要条款以及承保和理赔的一些理论和实务相关内容。

■ 课程思政

从传统文化中汲取保险思想

天有四殃，水旱饥荒，其至无时，非务积聚，何以备之。——《开望》

国无三年之食者，国其非国也；家无三年之食者，子其非子也。——《周书》

1. 请你说说以上两句话蕴含的课程思政。
2. 请说说你所知道的我国古代的保险故事。
3. 请你说出十个以上与保险有关的成语。

保险是人类古老的经济活动，早在公元前 2000 年就孕育了"共同海损分摊"的保险思想。我国古代也有着博大精深的保险思想和丰富的保险实践活动。早在公元前，长江就已经成为横贯我国东西的主要交通要道，但由于当时的造船技术相对落后，加上长江水急浪高，经常发生船只倾覆、货物损失的事故。后来，人们逐渐改变了将货物集中装载在一艘船上的做法，将货物分装在不同的船上，一旦发生风险，产生的损失就分摊到每个商人身上。后来这种做法被广泛运用，进而发展成了"船帮组织"，这种由整个船队分担损失的做法，蕴含了我国最古老的分散风险的保险思想。

第一节 风险与海上风险

一、风险

（一）风险的概念

关于风险的概念，经济学界一般认为它是指未来的一种不确定性。自然界和人类社会存在着种种风险，如地震、海啸、洪水、台风、战争、疾病等，都会给人类造成身体或是财产方面的损害和损失。

（二）风险的特征

理论界一般认为风险具有三个特征：客观性、损失性和不确定性[①]。

1. 客观性。客观性指风险是一种客观存在的状态，无论人们是否意识到，它都是客观存在的，无关喜好，不以人的意志为转移，与当事人的期望和认识无关。人们只能降低风险发生的概率，而不能消灭风险。

2. 损失性。广义的投资活动中，风险指的是收益和损失的不确定性，而在保险学意义上的风险是纯粹风险，只有损失而无获利，这一点有别于投机性风险，因为投机性风险既有可能损失，也有可能获利。

3. 不确定性。风险的不确定性指的是风险发生与否、发生时间、发生地点、损失程度等难以事前预测，且对被保险人而言，事故发生属于意外，而非故意行为所致。

（三）风险的类别

1. 风险按其性质分类。风险按其性质可以分为纯粹风险和投机风险。

（1）纯粹风险是只带来损失的风险。例如发生地震致使居民房屋倒塌，经济财产受到损失，像自然灾害这类风险就是纯粹风险。

（2）投机风险是既可能盈利也可能损失的风险。例如购买股票、债券等金融资产，就面临着利率风险、价格风险等投机风险，可能盈利也可能损失。保险人一般将投机风险视为不可保风险。

2. 风险按其对象分类。风险按其对象可分为人身风险、财产风险、责任风险和信用风险。

（1）人身风险。人身风险是指可能导致人的伤残、死亡、丧失劳动能力以及增加费用支出的风险，包括生命风险和健康程度的风险，如疾病和意外事故等。死亡是人生命中必然发生的事，但死亡发生的时间是不确定的；而健康风险则具有明显的不确定性；这些风险会造成经济收入的减少或支出的增加。

（2）财产风险。财产风险是指有形资产因发生自然灾害、意外事故而遭受损失、灭失

[①] 魏华林，林宝清. 保险学 ［M］. 北京：高等教育出版社，2017.

或贬值的风险。如房屋遭受火灾、地震等损失的风险；船舶及其承载的货物在海上航行时遭受沉没、碰撞等损失的风险。

（3）责任风险。责任风险是指因个人或团体的疏忽或过失行为，造成他人的财产损失或人身伤亡，按照法律、契约应负经济赔偿责任的风险。

（4）信用风险。信用风险是指由于一方不愿或无力履行合同约定，致使对方发生经济损失的风险。信用风险又称违约风险。

3. 风险按产生的原因分类。风险按产生的原因可分为自然风险、社会风险、政治风险、经济风险和技术风险等。

（1）自然风险。自然风险指的是因自然力的不规则变化产生的现象造成的对人类的经济活动、物质生产或生命安全的风险，如地震、水灾、火灾、风灾、雹灾、冻灾、旱灾、虫灾以及各种瘟疫等自然现象带来的自然灾害。在各类风险中，自然风险是保险人承保最多的风险。

（2）社会风险。社会风险指个人或团体的行为对社会稳定和社会秩序造成损失的可能性，如抢劫、偷盗、故意破坏等行为对他人财产和人身安全造成损失或损害的可能性。

（3）政治风险。政治风险又称为国家风险，是指在对外投资和贸易的过程中，因为东道国的政治环境或东道国与其他国家之间政治关系发生改变而给外国企业的经济利益带来损失的不确定性。

（4）经济风险。经济风险是指在生产、销售等经营活动中由于经济前景的不确定性或决策者的主观失误等原因导致经济上损失的可能性，它是市场经济发展过程中的必然现象。

4. 风险按性质分类。风险按性质分为可分散风险和不可分散风险。

（1）可分散风险。可分散风险也称非系统风险，指的是通过不同风险单位组合后可以减少风险损失的不确定性，或者说面临风险的个人或组织联合起来分担风险时，能降低风险损失的程度。

（2）不可分散风险。不可分散风险也称系统风险，指的是不会因为面临风险的个人或组织联合起来分担风险而减小风险，或降低风险损失的程度。

二、海上风险

（一）海上风险的定义

海上风险一般指的是船舶、货物在海上运输或海上活动过程中存在的遭受损失的不确定性和可能性。英国《1906年海上保险法》中这样描述：海上风险是指因航海所发生的风险，也就是海难、火灾、战争、海盗、抢劫、盗窃、捕获、拘留、限制，以及政府和人民的扣押、抛弃，船长船员的不法行为或其他类似性质或在保险合同中注明的风险。

保险人承保的海上风险都在保单或保险条款中明确规定，保险人只负责由保单列明的风险造成的保险标的的损失，因此需要正确理解各种风险的确切含义。在现代海上保险业务中，保险人所承保的海上风险有特定范围。一方面，它并不包括一切在海上发生的风险；另一方面，它又不局限于航海中所发生的风险。也就是说，海上风险是一个广义的概念，它既指海上航行中特有的风险，也包括一些与海上运输货物有关的特种风险。

（二）海上风险的类别[①]

一般而言，按照性质划分，海上风险可分为海难风险和外来风险两种，而海难风险又可分为海上自然灾害和海上意外事故。

1. 海上自然灾害。海上自然灾害是指海上发生的一切不以人的意志为转移的自然界破坏力量所引起的灾害。属于海上自然灾害的主要有恶劣气候、雷电、地震、海啸、洪水、火山爆发和浮冰等。

（1）恶劣气候。恶劣气候是指船舶在海上航行时遭受不可预见和不可抗拒的气候条件，如暴雨、飓风和大浪等自然现象，这些自然现象足以使船舶出现颠簸、倾覆、进水，造成船体破裂、船上机器设备损坏，或者使船上的货物浸水、倒垛、散包、冲走等损失。

（2）雷电。雷电主要指雷击闪电自然现象造成航行于海上的船舶或其所载运货物的直接损失，它由雷电直接造成，或者由于雷电产生的火灾造成。

（3）地震。地震是地壳快速释放能量过程中造成的振动，其间会产生地震波的一种自然现象。地球上板块与板块之间相互挤压碰撞，造成板块边沿及板块内部产生错动和破裂，是引起地震的主要原因。地震发生在海底，就会使海水发生强烈扰动，产生海啸，使船舶和货物倾覆沉没。

（4）海啸。海啸是由海底地震、火山爆发、海底塌陷或滑坡产生的破坏性海浪。海啸的波速高，波长可达数百公里，可以传播几千公里。海啸的破坏能力极大，当它袭击拥挤港口或地区时，会使船舶互撞、船舶沉没，甚至把一些大船冲向海岸等。海啸按成因可分为三类：地震海啸、火山海啸、滑坡海啸。

（5）洪水。洪水是由暴雨、急骤融冰化雪、风暴潮等自然因素引起的江河湖海水量迅速增加或水位迅猛上涨的水流现象。洪水可造成航行或停泊于沿海水面上的船舶及其所载货物被淹没、冲散、冲毁、浸泡等。

（6）火山爆发。火山爆发是地球内部的熔融物质在压力作用下喷出，或者由于火山爆发引起的地震，都会造成航行的船舶及其所载货物的损毁。

（7）浮冰。浮冰是指浮在海面随风、浪、流漂移的冰。它们大部分沉于水下，仅小部分露出水面，随海流漂向低纬度地区，沿途不断溶解破裂，对航海安全造成危害。1912年发生的"泰坦尼克号"海难，就是因为航行中船体撞到流动的冰山进而船毁人亡。

2. 海上意外事故。海上意外事故是指船舶或其他海上运输工具遭遇外来的、突然的、非意料中的事故，如船舶搁浅、触礁、互撞、沉没、与流冰或其他物体碰撞、船舶失踪等。这里需要指出的是，海上保险所承保的意外事故并不泛指所有的海上意外事故，而是指保险条款中规定的特定范围内的意外事故。[②]

（1）船舶搁浅。船舶搁浅指的是船舶由于意外原因致使船底与海底、海礁、海滩或其他障碍物紧密接触，导致无法航行，处于静止或摇摆状态，造成船体损坏或停航12小时以上。如果船舶虽与障碍物接触，但仍能继续航行，则称为擦浅，不属于搁浅；如果船舶是由于在浅水区停泊或作业时因潮汐或装载而致使船舶坐落于海底，则称为坐浅，也不属于搁

---

① 应世昌. 新编海上保险学［M］. 上海：同济大学出版社，2010.
② 袁建华. 海上保险原理与实务［M］. 成都：西南财经大学出版社，2014.

浅。船舶搁浅时，如果货物载于船上，保险人对该货物的一切损失承担赔偿责任。

（2）船舶触礁。触礁是指船舶触碰礁石致损或驶上海岸、礁石及其他坚硬物件并搁置在上面，失去进退自由，在短时间内难以脱离的情况。触礁和搁浅有时难以区分，因为船舶触礁之后，如果还能继续航行，此时称为触礁。但如果不能往前移动，则称为搁浅。

（3）船舶沉没。船舶沉没是指船体的全部或者大部分已经浸入水中，失去继续前行的能力。如果虽然船体有一部分已经浸入水中，但仍然能够继续航行，则不能视为沉没。

（4）船舶碰撞。船舶碰撞，简称"碰撞"，是指船舶在法定水域内发生接触造成损害的事故。船舶碰撞必须具备几个条件：一是要发生在船舶之间，船舶与非船舶间的接触不能称为船舶碰撞。二是船舶间必须发生实际接触，间接碰撞和浪损不属于船舶碰撞。三是必须造成实际的损害。四是船舶的碰撞必须发生在法定水域中。

（5）船舶触碰。有别于船舶碰撞，船舶触碰指的是船舶在水中与船舶以外的其他物体发生碰撞而造成损害的事故，例如和码头、桥墩、灯塔、航标、浮冰等固定或浮动的物体发生碰撞。

（6）船舶失踪。船舶失踪是指船舶在航海中遭遇自然灾害或其他人为原因而失去踪迹，经过一定期限仍没有音信的一种状态。对于船舶失踪的认定，各国的规定并不一致，但一般以6个月为标准。至于作为实际全损还是推定全损，各国法律并不统一。《英国1906年海上保险法》第58条规定，船舶航海失踪，经过合理时间没有音信，即视为实际全损。中国《海商法》第248条规定，船舶在合理的时间内未从被获知最后消息的地点抵达目的地，除合同另有约定外，满两个月仍没有获知其消息的，为船舶失踪，船舶失踪视为实际全损。而日本则把船舶失踪作为推定全损。

（7）倾覆。倾覆是指船舶在航行过程中因为自然灾害和意外事故导致船体失去平衡进而船身侧倾翻倒，处于非正常状态，如果不进行施救就可能沉没。

（8）火灾。火灾是指船舶或船舶承载的货物在航行或者运输过程中，因意外起火失去控制并造成一定程度损失的灾害事故。船舶或者货物被火烧毁、烧焦、烟熏、烧裂等的损失，都属于火灾的范围。

（9）爆炸。爆炸是一种极为迅速的物理或化学的能量释放过程。在此过程中，空间内的物质以极快的速度把其内部所含有的能量释放出来，转变成机械功、光和热等能量形态。一旦失控，发生爆炸事故，就会产生巨大的破坏作用。船舶在航行过程中发生爆炸的原因很多，例如船舶锅炉爆炸就属于典型的物理性爆炸。

3. 外来风险。外来风险是指由海上自然灾害和意外事故以外的其他外在原因造成的风险。外来风险并不是海上固有的风险，这一点是它与海难的根本区别。海上保险承保的外来风险必须是意外风险，类似货物的自然损耗和本质缺陷如船舶的正常磨损、锈蚀等属于必然发生的损失，不应包括在外来风险引起的损失范围。外来风险可分为一般外来风险和特殊外来风险。

（1）一般外来风险。一般外来风险是指海上货物运输过程中由于偷盗、淡水雨淋、短量、沾污、渗漏、破碎、受潮受热、钩损、锈损等原因导致的风险。

（2）特殊外来风险。特殊外来风险是指海上航行或货物运输过程中导致船舶或货物损失的一些特殊外来原因，主要有战争、罢工、暴力盗窃、海盗行为、船长或船员的过失或恶意行为、抛弃等。

知识拓展 6 - 1："泰坦尼克号"海难

第二节　海上货物运输保险

一、海上货物运输保险概述

海上货物运输保险是海上保险的重要险种之一，也是国际货物运输保险中产生最早的一种形式，指的是以运输货物为保险标的，承保货物在运输途中因海上自然灾害、意外事故或外来原因而导致损失的保险。

（一）海上货物运输保险的险种

海上货物运输保险根据所承保货物的不同特性，可以分为一般的海上货物运输保险和专门的海上货物运输保险两类。

1. 一般的海上货物运输保险。一般的海上货物运输保险，是海上货物运输保险中最基本也是最主要的险种。它承保货物在海上运输过程中，因遭遇保险单上列明的自然灾害、意外事故以及外来风险带来的损失。一般的海上货物运输保险，主要采用我国的《海洋运输货物保险条款》承保。

2. 专门的海上货物运输保险。专门的海上货物运输保险，指的是以某些特殊货物为保险标的的海上货物运输保险，属于专门险种。我国目前经营的专门的海上货物运输保险，主要包括海上运输冷藏货物保险和海上运输散装桐油保险两种。

（二）海上货物运输保险的险别

我国《海洋运输货物保险条款》承保的险种有基本险和附加险两种。

1. 基本险。基本险包含平安险、水渍险和一切险三种。

2. 附加险。附加险别在一般、特别和特殊三种的分类上再细分多个。（1）一般附加险。一般附加险包含偷盗和提货不着险、淡水雨淋险、短量险、混杂沾污险、渗漏险、破损破碎险、串味险、受潮受热险、钩损险、包装破裂险和锈损险等11个。（2）特别附加险。特别附加险包含进口关税险、舱面货物险、拒收险、黄曲霉素险、交货不到险和出口货物到香港（包括九龙在内）或澳门存仓火险扩展条款等6个。（3）特殊附加险。特殊附加险包含战争险、战争险的附加费用和罢工险等3个。

我国《海上运输冷藏货物保险条款》承保的险种有冷藏险和冷藏一切险两种。

（三）适用于海运的三种常用术语

1. 船上交货（FOB）术语。FOB即船上交货，是装运港船上交货或船上交货的简称，亦称离岸价格，指的是卖方在指定的装运港将货物装上买方指定的船，并负责自货物越过船舷时起的一切费用和货物灭失或损坏的风险。买方承担货物自装运港装上船后的一切风险，买卖双方都不承担订立保险合同的义务。

2. 成本加运费（CFR）术语。CFR 即成本加运费，亦称离岸加运费价格，或称运费在内价格，是指卖方负责租船或订舱及支付抵达目的港的运费，在指定的装运港将货物装到船上，并负责自货物越过船舷时起的一切费用和货物灭失或损坏的风险。买卖双方都不承担订立保险合同的义务。

3. 成本、保险费加运费（CIF）术语。CIF 即成本加保险费、运费，亦称离岸加保险费、运费价格，或称保险费、运费在内价格，在我国亦称为到岸价格。CIF 是指卖方负责租船或订舱及支付抵达目的港的运费，在指定的装运港将货物装到船上，并负责自货物越过船舷时起的一切费用和货物灭失或损坏的风险，并负责办理运输保险，支付保险费。

二、海上货物运输保险条款

我国的海上货物运输保险条款除非特殊说明，一般是指我国的《海洋运输货物保险条款》。

（一）海上货物运输保险基本险的承保范围

在我国，海上货物运输保险基本险分为平安险、水渍险及一切险三种。被保险货物遭受损失时，按照保险单上载明承保险别的条款约定。

1. 平安险。平安险采用列明风险的方式对以下风险造成的货物损失负赔偿责任。

（1）自然灾害。被保险货物在运输途中由于恶劣气候、雷电、海啸、地震、洪水等自然灾害造成整批货物的全部损失或推定全损。当被保险人要求赔付推定全损时，须将受损货物及其权利委付给保险人。被保险货物用驳船运往或运离海轮的，每一驳船所装的货物可视作一个整批。推定全损是指被保险货物的实际全损已经不可避免，或者恢复、修复受损货物以及运送货物到原定目的地的费用超过该目的地的货物价值。

（2）意外事故。由于运输工具遭受搁浅、触礁、沉没、互撞、与流冰或其他物体碰撞以及失火、爆炸意外事故造成货物的全部或部分损失，其中失火和爆炸事故不一定发生在运输工具上。

（3）自然灾害和意外事故的混合。在运输工具已经发生搁浅、触礁、沉没、焚毁等意外事故的情况下，货物在此前后又在海上遭受恶劣气候、雷电、海啸等自然灾害所造成的部分损失。

（4）装卸货物。在装卸或转运时由于一件或数件整件货物落海造成的全部或部分损失。

（5）施救费用。施救费用指的是被保险人对遭受承保责任内危险的货物采取抢救、防止或减少货损的措施而支付的合理费用，但以不超过该批被救货物的保险金额为限。

（6）避难港费用。运输工具遭遇海难后，在避难港由于卸货所引起的损失，和在中途港或避难港由于卸货、存仓和运送货物所产生的特别费用。

（7）共同海损。保险人承保共同海损的牺牲、分摊和救助费用。

（8）船舶互撞责任。运输契约订有"船舶互撞责任"条款，根据该条款规定应由货方偿还船方的损失。

以上是对平安险具体条款的概述，平安险对自然灾害造成的货物的全损负赔偿责任，但对自然灾害造成的货物的部分损失不负赔偿责任，对于意外事故造成的全损或部分损失均负赔偿责任。平安险的责任范围比水渍险和一切险小，保费也相对低，适合投保低市值、散装的大宗货物。

2. 水渍险。水渍险也是采用列明风险的形式对列明风险的损失负赔偿责任，水渍险的承保范围大于平安险的承保范围，除包括上列平安险的各项责任外，还负责被保险货物由于恶劣气候、雷电、海啸、地震、洪水等自然灾害所造成的部分损失。

3. 一切险。一切险的承保范围最广。除包括上列平安险和水渍险的各项责任外，一切险还负责被保险货物在运输途中由于外来原因所致的全部或部分损失。

（二）海上货物运输保险的除外责任

海上货物运输保险的除外责任是指保险人按照海上货物运输保险合同的约定，对货物损失不负赔偿责任的范围。我国海上货物运输保险条款中的除外责任包括：（1）被保险人的故意行为或过失所造成的损失。（2）属于发货人责任所引起的损失。（3）在保险责任开始前，被保险货物已存在的品质不良或数量短差所造成的损失。（4）被保险货物的自然损耗、本质缺陷、特性以及市价跌落、运输延迟所引起的损失或费用。（5）战争险条款和罢工险条款规定的责任范围和除外责任。

（三）海上货物运输保险的保险期限

海上货物运输保险的保险期限是指保险人对海上货物损失进行赔偿的有效期间，保险人只对保险期限内的货物损失承担赔付责任。

1. 正常情况的责任起讫。海上货物运输保险负"仓至仓"责任，自被保险货物运离保险单所载明的起运地仓库或储存处所开始运输时生效，包括正常运输过程中的海上、陆上、内河和驳船运输在内，直至该项货物到达保险单所载明目的地收货人的最后仓库或储存处所或被保险人用作分配、分派或非正常运输的其他储存处所为止。如未抵达上述仓库或储存处所，则以被保险货物在最后卸载港全部卸离海轮后满 60 天为止。如在上述 60 天内被保险货物需转运到非保险单所载明的目的地时，则以该项货物开始转运时终止。

2. 非正常情况的责任起讫。由于被保险人无法控制的运输延迟、绕道、被迫卸货、重新装载、转载或承运人运用运输契约赋予的权限所作的任何航海上的变更或终止运输契约，致使被保险货物运到非保险单所载明目的地时，在被保险人及时将获知的情况通知保险人，并在必要时加交保险费的情况下，本保险仍继续有效，保险责任按下列规定终止：（1）被保险货物如在非保险单所载明的目的地出售，保险责任至交货时为止，但不论任何情况，均以被保险货物在卸载港全部卸离海轮后满 60 天为止。（2）被保险货物如在上述 60 天期限内继续运往保险单所载原目的地或其他目的地时，保险责任仍按"仓至仓"条款的规定终止。

（四）被保险人义务

我国海上货物运输保险条款中规定，被保险人负有以下义务：

1. 及时提货的义务。当被保险货物运抵保险单所载明的目的港（地）以后，被保险人应及时提货，当发现被保险货物遭受任何损失，应立即向保险单上所载明的检验、理赔代理人申请检验，如发现被保险货物整件短少或有明显残损痕迹，应立即向承运人、受托人或有关当局（海关、港务当局等）索取货损货差证明。如果货损货差是由于承运人、受托人或其他有关方面的责任所造成，并应以书面方式向他们提出索赔，必要时还须取得延长时效的认证。如未履行上述规定义务，保险人对有关损失不负赔偿责任。

2. 合理施救的义务。对遭受承保责任内危险的货物，被保险人和保险人都可迅速采取合理的抢救措施，防止或减少货物的损失，被保险人采取此项措施，不应视为放弃委付，保险人采取此项措施，也不得视为接受委付。对由于被保险人未履行上述义务造成的扩大的损失，保险人不负赔偿责任。

3. 通知义务。如遇航程变更或发现保险单所载明的货物、船名或航程有遗漏或错误时，被保险人应在获悉后立即通知保险人并在必要时加交保险费，本保险才继续有效。

4. 提供必要单证的义务。在向保险人索赔时，必须提供下列单证：保险单正本、提单、发票、装箱单、磅码单、货损货差证明、检验报告及索赔清单。如涉及第三者责任，还须提供向责任方追偿的有关函电及其他必要单证或文件。被保险人未履行前款约定的单证提供义务，导致保险人无法核实损失情况的，保险人对无法核实的部分不承担赔偿责任。

5. 在获悉有关运输契约中"船舶互撞责任"条款的实际责任后，应及时通知保险人。否则，保险人对有关损失不负赔偿责任。

（五）赔偿处理

保险人收到被保险人的赔偿请求后，应当及时就是否属于保险责任作出核定，并将核定结果通知被保险人。情形复杂的，保险人在收到被保险人的赔偿请求并提供理赔所需资料后30日内未能核定保险责任的，保险人与被保险人根据实际情形商议合理期间，保险人在商定的日期内作出核定结果并通知被保险人。对属于保险责任的，在与被保险人达成有关赔偿金额的协议后10日内，履行赔偿义务。

（六）索赔期限

索赔期限是指保险标的发生损失后，被保险人向保险公司提出索赔的有效期限。我国海上货物运输保险条款的最后一条是关于索赔期限的规定，即"本保险索赔时效，从保险事故发生之日起始算，最多不超过2年"。

三、海上货物运输保险的附加险条款

海上货物运输保险的附加险分为一般附加险、特别附加险和特殊附加险三种类型，附加险在我国是不能单独投保的，必须在投保基本险以后才能投保。

（一）一般附加险条款

由于一般附加险已包括在一切险的承保范围内，故在投保一切险后，不存在再加保一般附加险的问题。而在投保平安险或水渍险后，根据该保险货物的情况和需要，还可以加保下列 11 种一般附加险：

1. 偷窃、提货不着险（theft, pilferage and non-delivery, T. P. N. D.）。负责保险标的物遭受偷窃或在目的地整件货物短提的损失。

2. 淡水雨淋险（rain and freshwater damage）。负责遭雨淋或其他原因的淡水入侵所造成的损失。

3. 短量险（risk of shortage）。一般负责袋装或散装货的重量短少的损失。保险人对这种损失习惯上要扣除正常损耗或自然损耗后赔付，扣除的幅度称为负赔率，通常在保险单上订明。在增减保险费率后可免扣或多扣负赔率。

4. 混杂、沾污险（risk of intermixture and contamination）。负责保险标的物在运输途中混杂其他物质或污物所致的损失。

5. 渗漏险（risk of leakage）。负责液体货物或有液体浸渍的货物（如湿肠衣）由于容器发生渗漏所致的损失。

6. 碰损破碎险（risk of clashing and breakage）。负责机械设备及器具等由于外来因素造成凹瘪、碰损所致的损失。凡易碎品如玻璃器皿或盛放物品的陶瓷容器破碎所造成的损失，属破碎险范围。

7. 串味险（risk of odor）。负责保险标的物由于受同舱装载的其他货物串味，如茶叶受到樟脑串味，而丧失商品使用价值的损失。

8. 受潮、受热险（damage caused by sweating and heating）。负责由于船舶在航运途中因气温突然变化或关闭通风设备或通风设备失灵致使舱内受潮发热，导致货物变质、霉烂的损失。

9. 钩损险（hook damage）。负责保险标的物在装卸过程中使用钩子钩损货物或钩破包装，致使货物受到的损失。

10. 包装破裂险（loss and/or damage caused by breakage of packing）。负责保险标的物在装卸过程中，包装被破坏致使货物受到的损失。

11. 锈损险（risk of rusting）。负责金属物品由于受到淡水雨淋或海水侵蚀而生锈所致的损失。

（二）特别附加险条款

特别附加险是承保由于特殊外来风险所造成的全部或部分损失。

1. 交货不到险（failure to delivery）。本保险从保险货物装上船开始，在 6 个月内不能运到原定目的地交货，保险公司就按全部损失赔付。不过保险公司在赔付后要取得代位权。另外，保险公司在承保时一定要被保险人提供进口所需的一切证件，否则保险无效。

2. 进口关税险（import duty）。有些国家规定，进口货物不论有无短少、残损、变质均按商品的完好价值缴纳进口关税。如果投保了这种险，保险公司对仍需按完好价值缴纳进口关税的这种损失负责赔偿。不过投保这种险时，其保额应在保险单上另行载明。将来万一发生这种损失时，保险公司只在该保额限度内赔偿，而不能和基本险的保额混为一谈。

3. 舱面险（on deck）。有些货物由于体积大、有毒或有污染性必须装载在舱面。但装载在舱面的货物容易受损。为了使这类货物在受损后能得到补偿，便应投保舱面险。如保险公司承保此险，则对货物被抛弃或被风浪冲击落水负赔偿责任。

4. 拒收险（rejection）。保险公司承担货物在进口时，由于各种原因被拒绝进口或遭受没收所造成的损失。不过在投保时被保险人应持有进口所需的一切证件。

5. 黄曲霉素险（aflatoxin）。发霉的花生、油籽、大米等可能含有黄曲霉素，如果这些货物中所含的这一菌素超过进口国家所规定的标准，就会被拒绝进口，或遭没收，或被强制改变用途。如果投保了这种险，因上述原因而造成的损失则由保险公司负责赔偿。

6. 出口货物到香港、九龙或澳门存仓火险责任扩展条款（fire risk extension clause——for shortage of cargo at destination Hong Kong, including Kou loon, or Macao, FREC）。本条款是指我国大陆地区到我国港澳地区的货物，如需直接卸到保单上所载明的过户银行的仓库时，在存仓期间的火险责任可延长 30 天，保险公司不另收保险费。30 天后，如仍需延长存仓时间，则每月按 0.05% 的费率计收，不满两月按一月收。上述特别附加险，可根据不同需要而加保，即使已投保一切险者，也不例外。因为一切险的责任范围，并不包括上述各种特别附加险。如投保人已加保了战争险，另需加保罢工险者，可不另行收取费用。

（三）特殊附加险

1. 海上货物运输战争险（war risk）。海上货物运输战争险是海上货物运输保险中的一种特殊附加险，承保的风险损失包括由于战争、类似战争行为和敌对行为、武装冲突或海盗行为，以及由此而引起的捕获、拘留、禁止、扣押所造成的损失，或者由于各种常规武器（包括水雷、鱼雷、炸弹）所造成的损失，由于上述原因所引起的共同海损的牺牲、分摊和救助费用。包含两个除外责任，一是由于敌对行为使用原子武器或热核制造的武器造成的损失和费用；二是根据执政者、当权者或其他武装集团的扣押、拘留引起的承保航程的丧失和挫折而提出的任何索赔。海运战争险的保险责任起讫只限于水面危险，即自货物装上海轮或驳船时开始到卸离海轮或驳船时终止。

2. 海上货物运输罢工险（strikes）。海上货物运输罢工险亦称"货物运输罢工险条款"，其责任范围包括由于罢工者、被迫停工的工人或参加工潮、暴动和民变的人员采取行动所造成的被保险货物的直接损失，也包括任何人的恶意行为所致的损失，但不包括罢工等行为的间接损失。

四、特种货物海运保险条款

特种货物海运保险一般包括海上运输冷藏货物保险和海上运输散装桐油保险两种。

（一）海上运输冷藏货物保险

海上运输冷藏货物保险条款是根据冷藏货物的特性专门设立的，分为冷藏险和冷藏一切险。

1. 冷藏险（risks for frozen products）。冷藏险的责任范围除负责由于冷藏机器停止工作连续达 24 小时以上所造成的货物腐烂的损失外，其他赔偿责任与水渍险相同。此处的冷藏机器包括载运货物的冷藏车、冷藏集装箱及冷藏船上的制冷设备。冷藏险可单独投保。

2. 冷藏一切险（all risks for frozen products）。冷藏一切险的责任范围更广，除包括冷藏险的各项责任以外，还负责赔偿被保险货物在运输中由于外来原因所造成的鲜货腐烂或损失。这与海上运输货物保险条款中一切险的责任范围区别不大。冷藏一切险也可以单独投保。

3. 海上运输冷藏货物保险的除外责任。海上运输冷藏货物保险的除外责任，除上述海上运输基本险的除外责任外，对以下两项所造成的损失也不负赔偿责任：（1）被保险货物在运输过程中的任何阶段，因未存放在有冷藏设备的仓库或运输工具中，或辅助运输工具没有隔温设备所造成的损失。（2）被保险货物在保险责任开始时，因未保持良好状态，包括整理加工和包装不妥、冷冻不合规及肉食骨头变质所引起的鲜货腐烂和损失。

4. 海上运输冷藏货物保险的责任期限。海上运输冷藏货物保险的责任期限与海上运输货物保险的责任期限基本相同，但也根据冷藏货物的特点作了一定变化，具体表现在：

（1）货物到达保险单载明的最后目的港后，须在 30 天内卸离海轮，否则保险责任终止。（2）货物全部卸离海轮并存入冷藏仓库，保险人负责货物卸离海轮后 10 天的风险。但在上述期限内，货物一经移出冷藏仓库，保险责任即告终止。（3）货物全部卸离海轮后不存入冷藏仓库，保险责任至卸离海轮即告终止。

关于被保险人的义务和索赔时效与海上运输货物保险条款的规定相同。

（二）海上运输散装桐油保险

海上运输散装桐油保险是海运保险中的一种专门保险条款，可以单独投保，是指保险公司承担散装桐油不论因何种原因造成的短少、渗漏、沾污和变质的赔偿责任。

1. 海上运输散装桐油保险责任。海上运输散装桐油保险在以下几种情况下负责赔偿：（1）不论任何原因所致被保险桐油短少、渗漏损失而超过本保险单规定的免赔率时（以每个油仓作为计算单位）。（2）不论任何原因所致被保险桐油的沾污或变质损坏。（3）被保险人对遭受承保责任内危险的桐油采取抢救、防止或减少货损的措施而支付的合理费用，但以不超过该批被救桐油的保险额为限。（4）共同海损的牺牲、分摊和救助费用。（5）运输契约订有"船舶互撞责任"条款，根据该条款规定应由货方偿还船方的损失。

2. 海上运输散装桐油保险的除外责任。海上运输散装桐油保险的除外责任与海上冷藏货物保险的除外责任基本相同。

3. 海上运输散装桐油保险的责任期限。海上运输散装桐油保险的责任起讫是按照"仓至仓"条款负责。自被保险桐油运离保险单所载明的起运港的岸上油库或盛装容器开始运输时生效，直至安全交至保险单所载明的目的地的岸上油库时为止。但如不及时卸离海轮或未交至岸上油库，则最长保险期限以海轮到达目的港后 15 天为限。

五、海上货物运输保险的投保与承保

（一）海上货物运输保险投保

海上货物运输保险的投保指的是投保人与保险人（通常是保险公司）订立保险合同，并按照保险合同支付保险费的过程。投保人是与保险人订立保险合同并按照保险合同负有支付保险费义务的人。自然人与法人皆可成为投保人。成为投保人的条件为：具有相应的民事权利能力和行为能力；对保险标的具有保险利益。海上货物运输保险的投保一般是以书面的形式进行。海上货物运输保险的投保主要内容包括险种的选择、保险金额的确定、保险费的计算、投保的具体手续等。

1. 投保人对保险产品的选择。海上货物运输保险有多种保险条款，每个条款有多个险别，不同的险别所承保的责任范围不同，费率也有高有低。这时就遇到一个矛盾，如果按承保范围最大的险别投保，那就必须承保相对高的保险费；如果想要节约保费支出，又面临无法得到充分保障的风险。这时就需要根据以下实际情况综合考虑。[①]

（1）货物的种类、价值与性质。货物的种类、价值和性质是考虑投保险别的首要因素。货物价值低又不易损毁，或者货物价值虽高又不易损毁的，就可以不投保一切险。有的货物如粮油食品类，一般会有水分，投保时可以在水渍险基础上加投短量险或受潮受热险，也可以投一切险。

（2）包装情况。包装材料和包装方式会影响到货物的损毁，货物的包装情况是投保人选择保险条件时应重点考虑的因素。

（3）运输距离和路线。运输路程越长，运输的风险就越大。不同的运输路线，货物可能遭受的风险也不同。投保人应该根据货物的运输距离和路线来考虑承保的险种。

（4）港口情况。港口情况也是投保人要考虑的因素之一。有些港口因为天气原因经常下雨，一般可以加投淡水雨淋险；有些港口当地治安不好，经常出现偷盗行为，就可以加保"偷窃提货不着险"；有些港口装卸操作野蛮，货物装卸经常有损毁，就需要投保一切险。[②]

2. 保险金额的确定。海上货物运输保险的保险金额是保险人对被保险人承担货物赔偿责任的最高限额。国际贸易中货物运输保险的保险金额，一般以发票价值为基础确定，通常是以货物的价值、运费、保险费即成本加保险费加运费（CIF）价格作为保险金额。然而如果货物不发生损失，被保险人会有一个利润，这部分却得不到补偿。所以在确定保险金额时，可约定在 CIF 基础上的一个加成，一般是 10%。保险人和被保险人也可以根据不同货物、不同地区进口价格与当地市价之间的不同差价等因素约定不同的加成率。

$$保险金额 = CIF + (CIF \times 10\%) = CIF \times 110\%$$

例如，如果出口货物的 CIF 价格为 10 000 美元，加成 10% 投保，其保险金额为：
保险金额 = 10 000 × 110% = 11 000（美元）

3. 保险费的计算。货物保险费是以保险金额为基准，再乘以保险费率计算的。

$$保险费 I = CIF \times 110\% \times 保险费率 = 保险金额 \times 保险费率$$

例如，如果出口货物的 CIF 价格为 10 000 美元，投保一切险，费率为 0.5%，其保险费为：
保险费 I = 10 000 × 110% × 0.5% = 55（美元）

（1）CIF 价的计算。
①不加成投保的 CIF 价的计算
因为 CFR = CIF − I = CIF − CIF × R = CIF × (1 − R)
所以 CIF = CFR/(1 − R)

① 上海海洋大学航运金融课题组. 航运金融［M］. 北京：中国金融出版社，2012.
② 苏同江，王春玲. 海上保险实务与法律［M］. 大连：大连海事大学出版社，2012.

例如，出口货物，发票价格为 10 000 美元，运费 1 000 美元，投保一切险，费率为 0.5%，则：

CIF = 11 000/（1 - 0.5%）= 11 000/99.5% = 11 055（美元）

②加成投保的 CIF 价的计算

$$CIF = CFR/（1 - R × 加成）$$

例如，出口货物，发票价格为 10 000 美元，运费 1 000 美元，投保一切险，费率为 0.5%，则：

CIF = 11 000/（1 - 0.5% × 110%）= 11 061（美元）

（2）CFR 价的计算。CFR 价下买方要求卖方代为保险，计算保险费 I：

如果出口货物 CFR 价为 11 000 美元，买方要求改在我国投保一切险，加成 10%，保险费率为 0.5%。

$$I = CIF × 加成 × 保险费率 = ［CFR /（1 - R × 加成）］× 加成 × 保险费率$$

I = 11 061 × 110% × 0.5% = 61（美元）

（3）CIF 价的简算。保险公司制定了一份保险费率常用表格，只要按表 6 - 1 中的费率常数乘以 CFR 价格，就可以算出 CIF 的价格。

表 6 - 1　　　　　　　　　　　　　　　保险费率

费率	常数	费率	常数
0.4	1.004419	0.7	1.007760
0.5	1.005530	0.8	1.008878
0.6	1.006644	0.9	1.009999

如前所述，CFR 价格为 11 000 美元，保险费率为 0.5%，查表计算，11 000 乘以 1.005530 等于 11 061 美元。

4. 投保流程。

（1）投保人在备齐货物并确定出运日期后，在起运前向保险公司填制一式两份的海运出口货物投保单，并提供信用证或合同、发票等有效的单证申请投保[①]。

（2）保险公司根据有关规定，经审核后如果同意承保，则在"海运出口货物投保单"上签署"同意承保"字样，将其中一联退还给投保人，并收取保费，保险公司随后出具正式保险单（实务中有的保险公司会要求投保人预填制保险单，并将保险单送交保险公司确认签署），保险合同即告成立。

（3）在保险期限内如发生航程变更或保险单所载明的货物、船名或航程有遗漏或错误时，投保人应在获悉后立即通知保险公司，并在必要时加缴保险费，该保单才继续有效。

（二）海上货物运输保险承保

海上货物运输保险承保是指保险人收到投保人填写的货物运输保险投保单后，对投保单

---

① 佟黎明. 海上货运保险法律与实务 ［M］. 北京：人民交通出版社，2015.

进行审核的过程①。

1. 审核投保单。接到投保单后，保险人首先要审核投保单上各个项目是否填写清楚。随后，要重点审核投保对象和保险标的。首先要对保险标的的危险性质、管理情况进行调查。其次，要调查被保险人的信誉及其他事项，如经营情况、财务状况、以往赔付纪录等。最后，要对运输工具、行程及地区、保险条件、气候条件等重要条件进行综合考虑。

2. 保险费率审核。核保人员对上述因素考量之后，经办人要按照货物的种类、保险目的地、承包方式等有关内容来确定费率并计算应收保险费。

3. 缮制保险单和保险费收据。保险单经审核无误后，即凭以缮制保险单和保险费收据，保险单据的内容要与投保单上的内容一致。各种货物运输保险条款的排列顺序为：先主险，后为一般附加险、特别附加险，如有限制性的特别条款（如码头检验条款或海关条款等）和扩展责任，则依次列在后面。

4. 黏贴保险条款和特约条款。如果保险双方有一些特别约定，就要将该条款黏贴到保险单上，以使双方明了责任。黏贴的顺序是先贴主险，后为一般附加险、特殊附加险、特别附加险、特别条款，依次黏贴。如黏贴的条款中内容出现冲突，以后黏贴的条款为准。

5. 复核。复核的主要内容：保险单据上的项目是否完整；保险单据的内容是否与投保单相一致；承保险别是否符合投保要求以及信用证的要求，是否符合保险习惯；理赔检验代理人的名称、地址是否准确；保险费率和保险费的计算是否有误；该业务是否违反有关政策规定等。经以上复核无误后，由复核人员在保险单副本留底上签字。

6. 签章。复核完毕后，将保险单或凭证送负责人或指定签章人员加盖公司印章和负责人手章。至此，保险单据的缮制正式完成。

7. 单据分发。保险单正本和投保人需要的副本份数连同保险费收据送投保人。保险公司自留两份保险单据副本，一份同保险费收据按顺序理齐，订本归卷，供以后理赔时查阅；另一份留统计或办理分保用。

六、海上货物运输保险的索赔和理赔

（一）海上货物运输保险索赔

当被保险的货物发生了损失，被保险人向保险人提出索赔。主要步骤包括以下几点：

1. 损失通知。被保险人发现保险标的受损之后，应该及时以书面形式或其他形式通知保险人，并提出赔偿损失的要求。如果投保人、被保险人或者受益人故意或者因重大过失未及时通知，致使保险事故的性质、原因、损失程度等难以确定的，保险人对无法确定的部分，不承担赔偿或者给付保险金的责任，但保险人通过其他途径已经及时知道或者应当及时知道保险事故发生的除外。被保险人的告知义务对保险人而言至关重要，保险人可以采取及时必要的措施，以防止损失进一步扩大。损失一经通知，表示索赔行为已经开始，不再受保险索赔时效的限制。

2. 提出书面索赔。被保险人或其代理人发现货物损失时，应立即向承运人、受托人以

---

① 上海海洋大学航运金融课题组 . 航运金融 ［M］. 北京：中国金融出版社，2012.

及海关、商检局、理货公司等索取货损货差的证明，如果是承运人、受托人或其他方面责任的，应当以书面形式向其提出索赔，保留追偿的权利，必要时还要申请延长索赔。

3. 损失检验。一旦保险标的发生损失，需要及时进行检验。被保险人发现损失后应立即向保险人或保险人所在目的地的检验、理赔代理人申请检验，检验费用可由被保险人先行垫付，后续由保险人负责赔付。检验报告是对保险标的损失情况客观鉴定的证书，是被保险人向保险人索赔的重要单证。

4. 保险索赔单证。被保险人向保险人索赔时，一般提供以下单证：保险正本原件、保险协议、共保协议复印件；运输契约如提单正本原件、运单正本原件；商业发票；装箱单、磅码单；承运人出局的正式的货损证明正本、国际运输保险索赔清单正本、向承运人及相关责任方的索赔函及其答复、照片和检验报告；海事报告等。

（二）海上货物运输保险的理赔

海上货物运输保险的理赔是指保险人根据保险合同条款，对被保人提出的索赔请求进行赔偿的一种合同行为，是海洋货物运输保险的基本职能。

1. 理赔程序。海上货物运输保险的理赔程序一般包含立案、检验、审核、损失核算、赔偿支付。

（1）立案。保险人在接到被保险人的损失通知后，应立即查对被保险人的保险单和批单底单，建立保险理赔档案。赔案登记的内容一般包括赔案的编号、保险单号码、保险标的、保险金额、运输工具名称、损失情况、处理经过和结果等。

（2）检验。保险人接到被保险人损失通知后，应立即安排业务人员和专业检验人员到现场进行查勘检验，如果是出口货物，一般由保险人在目的地检验、理赔代理人就地进行检验；如果是案情严重或是损失巨大的赔案，保险人还要会同专家赴现场同代理人一起勘察货损。

（3）审核。审核是指保险人对被保险人提出的赔偿要求进行全面的审核，以确定保险人的责任和赔偿范围，主要包括单证审核、损失原因审核、被保险人资格审核、保险期限审核等。具体包括审核被保险人的索赔单证是否齐全；是否享有保险合同的利益；是否违反告知义务；损失发生的原因和性质；损失发生是否在保险期限内；施救措施和费用是否合理等。

（4）损失核算。损失核算也称定赔，即计算确定赔偿的金额。确定属于保险责任后，应尽快计算赔款，计算赔款方法根据案情的不同，一般可以分为全部损失、部分损失、费用损失和残值计算等。

（5）赔偿支付。赔偿支付指的是保险人向被保险人偿付赔偿金的行为。具体程序一般包括缮制赔款计算书、填写赔款收据、拟写赔付函件等。

2. 保险赔款的计算。保险赔款金额的计算，应该视全损、推定全损和部分损失的不同情况，采取不同的计算方法。

（1）对全损的赔偿。对于被保险货物的实际全损和推定全损，如果是定值保险，保险人根据保险单载明的保险金额全部予以赔偿，货物本身如果有残余价值应归保险人所有。如果是不定值保险，发生全损时，保险人按货物的实际价值作为赔偿的依据，仅赔偿货物的实际损失。

（2）对货物部分损失的赔偿。

①数量损失的计算。如果保险货物中部分货物损失或短少，按损失数量占保险货物总量的比例，按保险金额计算赔款。计算公式如下：

$$赔偿金额 = 保险金额 \times 遭受损失货物件数(数量)/承保货物总件数(重量)$$

②质量损失的计算。当保险货物遭受质量损失时，应先计算贬值率，乘以保险金额计算赔款。货物的完好价值和受损后价值一般以货物运抵目的地检验时的市场价格为准；如果未能运抵目的地，可按处理地市场价格为准。计算公式如下：

$$赔偿金额 = 保险金额 \times (货物完好价值 - 受损后的价值)/货物完好价值$$

在实际操作中，往往一时难以确定当地市价，经双方协商一致也可按货物的发票价值计算，计算公式为：

$$赔偿金额 = 保险金额 \times 按发票计算的损失额/发票金额$$

③有关费用损失。如果受损货物在处理时支付了合理的费用，可计入损失之内向保险人申请赔偿。计算公式为：

$$赔偿金额 = 保险金额 \times (货物损失的价值 + 处理费用)/货物完好价值$$

这里需要指出，如果是被保险人为了防止损失发生或者减少损失程度而支付的合理的救助费用，可直接在赔偿之外另外支付。

知识拓展 6 - 2：海上保险的起源

第三节 船舶保险

一、船舶保险概述

船舶保险是海上保险中除了海上货物保险以外的另一个重要的险种，指的是以各种船舶及其附属设备为保险标的的保险。

（一）船舶保险的分类

船舶保险按保险期限划分，可分为定期保险和航程保险；按保险标的分类可分为船舶、费用、修船、停泊、建造险；按航行区域可分为国际航行船舶保险和国内沿海内河船舶保险；按保险险别可分为全损险、一切险和附加险①。

（二）船舶保险的主要特征

船舶保险作为海上保险的主要险种，其特征主要包含以下几个：
1. 承保整个过程的风险。船舶保险承保船舶整个过程的风险，从船舶建成下水开始，

---

① 苏同江，王春玲. 海上保险实务与法律［M］. 大连：大连海事大学出版社，2012.

到投入运营、停泊、修理和最后报废拆船为止整个过程的风险都在它的承保责任之内，这一点和海上货物运输保险不同，后者只承保货物在运输过程中的风险。

2. 承保风险相对集中。船舶保险所承担的风险相对集中，船舶保险承保的船舶吨位大，价值金额比较大，一旦发生海难事故，损失往往较大，是一种高风险业务。

3. 承保范围广泛。船舶保险不但承保有形标的如船壳、机器、设备、属具等，还承保与船舶有关的无形标的如利益、费用和责任等，承保范围比海上货物运输保险更为广泛。

4. 船舶保险的保险单不得随便转移。船舶保险的保险单不像货物运输保险单那样可以随便转移，船舶保险单的转让必须经过保险人的同意才能转让，否则是无效的。这是由于船东的经营管理水平会直接影响船舶发生事故的频率。

二、船舶保险的险种

（一）按承保船舶的不同用途或承保性质上的差异分类

按承保船舶的不同用途或承保性质的差异分类，船舶保险可分为一般的船舶保险和特殊的船舶保险[①]。（1）一般的船舶保险。一般的船舶保险承保的船舶是商船。（2）特殊的船舶保险。特殊的船舶保险主要指的是船舶建造保险、船舶修理保险、船舶修理费用保险、渔船保险等。

（二）按船舶航行的区域不同分类

按船舶航行的区域不同分类，船舶保险分为远洋船舶保险、国内船舶保险。（1）远洋船舶保险。远洋船舶保险是指以从事国际远洋运输的各种船舶作为保险标的的保险。（2）国内船舶保险。国内船舶保险是指以从事沿海、江河、湖泊运输的各种船舶作为保险标的的保险。

（三）按可保利益的不同分类

按可保利益的不同船舶保险可分为船舶一切险、船舶全损险。（1）船舶一切险。船舶一切险又称船舶综合险，是指保险船舶在发生保险事故造成损失后，不论发生全部损失，还是部分损失以及保险船舶碰撞、触碰他船、码头、栈桥等，造成直接损失，依法应由被保险人承担的赔偿责任，保险人均按照保险合同约定予以负责赔偿的一种船舶保险。（2）船舶全损险。船舶全损险是指保险船舶在发生保险事故造成损失后，保险人仅对船舶的全部损失负责赔偿的一种船舶保险。即对船舶的部分损失不予负责。

（四）按船舶保险的期限不同分类

按船舶保险的期限不同分类，船舶保险分为船舶定期保险、船舶航次保险。（1）船舶定期保险。船舶定期保险是指船舶保险的期限确定为一个固定时期，通常为一年，大多数船舶险为定期保险。（2）船舶航次保险。船舶航次保险是指船舶保险的期限以一个航次计算。

---

① 应世昌. 新编海上保险学［M］. 上海：同济大学出版社，2010.

有些不经常从事运输的船舶可投保航次保险。

三、我国远洋船舶保险条款

国内保险公司供在国际航线上营运的船舶投保的现行条款是中国人民财产保险公司的《船舶保险条款》（2009版），同时，还有适用于沿海内河船舶使用的《沿海内河船舶保险条款》和专供渔船使用的《渔船保险条款》。

（一）船舶保险全损险的责任范围

我国船舶全损险采用列明风险的形式，只负责赔偿列明承保风险造成的保险船舶的全部损失，包括实际全损和推定全损。主要承保由于下列原因所造成的保险船舶的全损：

1. 地震、火山爆发、闪电或其他自然灾害。
2. 搁浅、碰撞、触碰任何固定或浮动物体或其他物体或其他海上灾害。
3. 火灾或爆炸。
4. 来自船外的暴力盗窃或海盗行为。
5. 抛弃货物。
6. 核装置或核反应堆发生的故障或意外事故。
7. 本保险还承保由于下列原因所造成的保险船舶的全损（但此种损失原因应不是由于被保险人、船东或管理人未恪尽职责所致的）。（1）装卸或移动货物或燃料时发生的意外事故；（2）船舶机件或船壳的潜在缺陷；（3）船长、船员有意损害被保险人利益的行为；（4）船长、船员和引水员、修船人员及租船人的疏忽行为；（5）任何政府当局，为防止或减轻因承保风险造成保险船舶损坏引起的污染，所采取的行动。

（二）船舶保险一切险的责任范围

和全损险一样，船舶保险的一切险也是采用列明风险的形式。一切险的责任范围比全损险大，除了赔付被保险船舶因遭受保险风险而造成的全部损失以外，还负责赔偿这些风险给船舶造成的部分损失以及碰撞责任、共同海损分摊、救助和施救费用。

1. 碰撞责任。

（1）碰撞责任。碰撞责任负责因被保险船舶与其他船舶碰撞或触碰任何固定的、浮动的物体或其他物体而引起被保险人应负的法律赔偿责任。

（2）保险人的除外责任。在碰撞责任下，保险人并非所有责任都承担，对下列责任概不负责：①人身伤亡或疾病；②保险船舶所载的货物或财物或其所承诺的责任；③清除障碍物、残骸、货物或任何其他物品；④任何财产或物体的污染或沾污（包括预防措施或清除的费用），但与保险船舶发生碰撞的其他船或其所载财产的污染或沾污不在此限；⑤任何固定的、浮动的物体以及其他物体的延迟或丧失使用的间接费用。

（3）碰撞责任赔偿原则。该条款规定，当保险船舶与其他船舶碰撞双方均有过失时，除一方或双方船东责任受法律限制外，本条项下的赔偿应按交叉责任的原则计算。当保险船舶碰撞物体时，亦适用此原则。

（4）保险人赔偿限额。该条款规定，保险人的责任（包括法律费用）是本保险其他条款项下责任的增加部分，但对每次碰撞所负的责任不得超过船舶的保险金额。

2. 共同海损和救助。（1）本保险负责赔偿保险船舶的共同海损、救助、救助费用的分摊部分。保险船舶若发生共同海损牺牲，被保险人可获得对这种损失的全部赔偿，而无须先行使向其他各方索取分摊额的权利。（2）共同海损的理算应按有关合同规定或适用的法律或惯例理算，如运输合同无此规定，应按北京理算规则或其他类似规则规定办理。（3）当所有分摊方均为被保险人或当保险船舶空载航行并无其他分摊利益方时，共损理算应按北京理算规则（第5条除外）或明文同意的类似规则办理，如同各分摊方不属同一人一样。

3. 施救费用。因为当保险标的发生危险时，被保险人的施救行为往往能够避免损失扩大，所以保险人对由此发生的费用予以补偿。

（1）承保范围。由于承保风险造成船舶损失或船舶处于危险之中，被保险人为防止或减少根据本保险可以得到赔偿的损失而付出的合理费用，保险人应予以赔付。本条不适用于共同海损、救助或救助费用，也不适用于本保险中另有规定的开支。（2）赔偿限额。保险人的赔偿责任是在本保险其他条款规定的赔偿责任以外，但不得超过船舶的保险金额。

（三）船舶保险的除外责任

船舶保险人对于以下原因所致的损失或费用不负责任：（1）被保险船舶不适航，包括人员配备不当、装备或装载不妥，但以被保险人在船舶开航时，知道或应该知道此种不适航为限；（2）被保险人及其代表的疏忽或故意行为；（3）被保险人恪尽职责应予发现的正常磨损、锈蚀、腐烂保养不周，或材料缺陷包括不良状态部件的更换或修理；（4）战争、内战、革命、叛乱或由此引起的内乱或敌对行为；（5）捕获、扣押、扣留、羁押、没收或封锁；（6）各种战争武器，包括水雷、鱼雷、炸弹、原子弹、氢弹或核武器；（7）罢工、被迫停工或其他类似事件；（8）民变、暴动或其他类似事件；（9）任何人怀有政治动机的恶意行为；（10）保险船舶被征用或被征购。

（四）船舶保险的免赔额

为了消除小额损失索赔，节省理赔费用，降低保险费率，促使被保险人加强对保险船舶的管理，保险人对保险船舶在一个规定限度内的损失不负赔偿责任。该条款规定：（1）承保风险所致的部分损失赔偿，每次事故要扣除保险单规定的免赔额（不包括碰撞责任、救助、共损、施救的索赔）。（2）恶劣气候造成两个连续港口之间单独航程的损失索赔应视为一次意外事故。

本条款不适用于船舶的全损索赔以及船舶搁浅后专为检验船底引起的合理费用。

（五）船舶保险海运条款

为了避免加大保险人的风险责任，船舶保险海运条款对被保险船舶的航海经营活动范围作出一定的限制。本条款规定，除非事先征得保险人的同意并接受修改后的承保条件和所需加付的保费，否则，本保险对下列情况所造成的损失和责任均不负责：（1）被保险船舶从事拖带或救助服务；（2）被保险船舶与他船（非港口或沿海使用的小船）在海上直接装卸货物，包括驶近、靠拢和离开；（3）保险船舶为拆船或为拆船出售的目的的航行。

（六）船舶保险的保险期限

船舶保险的保险期限分为定期保险和航次保险。

1. 定期保险：期限最长一年。起止时间以保险单上注明的日期为准。保险到期时，如保险船舶尚在航行中或处于危险中或在避难港或中途港停靠，经被保险人事先通知保险人并按日比例加付保险费后，本保险继续负责到船舶抵达目的港为止。保险船舶在延长时间内发生全损，需加交 6 个月保险费。

2. 航次保险：按保单订明的航次为准，因被保险船舶是否载货，又分为两种期限。（1）不载货船舶：自起运港解缆或起锚时开始至目的港抛锚或系缆完毕时终止。（2）载货船舶：自起运港装货时开始至目的港卸货完毕时终止。但自船舶抵达目的港当日午夜 0 点起最多不得超过 30 天。

（七）保险合同的终止

对于保险合同的终止，船舶保险条款作出以下规定：

1. 一旦保险船舶按全损赔付后，本保险自动解除；

2. 当船舶的船级社变更，或船舶等级变动、注销或撤回，或船舶所有权或船旗改变，或转让给新的管理部门，或光船出租或被征购或被征用，除非事先书面征得保险人的同意，本保险自动解除。但船舶有货载或正在海上时，经要求，可延迟到船舶抵达下一个港口或最后卸货港或目的港；

3. 当货物、航程、航行区域、拖带、救助工作或开航日期方面有违背保险单特款规定时，被保险人在接到消息后，应立即通知保险人并同意接受修改后的承保条件及所需加付的保险费，本保险仍继续有效，否则，本保险自动终止。

（八）保费和退费

船舶保险条款对保费和退费作出以下规定：

1. 定期保险。

（1）交费。船舶保险条款规定，全部保费应在承保时付清。如保险人同意，保费也可分期交付，但保险船舶在承保期限内发生全损时，未交付的保费要立即付清。

（2）退费。本保险在下列情况下可以办理退费：①被保险船舶退保或保险终止时，保险费应自保险终止日起，按净保费的日比例计算退还给被保险人；②无论是否在船厂修理或装卸货物，在保险人同意的港口或区域内停泊超过 30 天时，停泊期间的保费按净保费的日比例 50% 计算，但本款不适用船舶发生全损。如果本款超过 30 天的停泊期分属两张同一保险人的连续保单，停泊退费应按两张保单所承保的天数分别计算。

2. 航次保险：自保险责任开始一律不办理退保和退费。

（九）被保险人义务

船舶保险条款规定被保险人的义务有以下几点：

1. 通知和施救的义务。（1）被保险人一经获悉保险船舶发生事故或遭受损失，应在 48

小时内通知保险人,如船在国外,还应立即通知距离最近的保险代理人。(2)应采取一切合理措施避免或减少本保险承保的损失。

2. 被保险人向保险人请求赔偿时,应及时提交保险单正本、港监签证、航海(行)日志、轮机日志、海事报告、船舶法定检验证书、船舶入籍证书、船舶营运证书、船员证书(副本)、运输合同载货记录、事故责任调解书、裁决书、损失清单以及其他被保险人所能提供的与确认保险事故的性质、原因、损失程度等有关的证明和资料。被保险人向保险人请求赔偿并提供理赔所需资料后,保险人在 60 天内进行核定。对属于保险责任的,保险人在与被保险人达成赔偿或给付保险金协议后 10 天内,履行赔偿义务。被保险人未履行前款约定的单证提供义务,导致保险人无法核实损失情况的,保险人对无法核实的部分不承担赔偿责任。

3. 被保险人或保险人为避免或减少本保险承保的损失而采取措施,不应视为对委付的放弃或接受,或对双方任何其他权利的损害。

4. 被保险人与有关方面确定保险船舶应负的责任和费用时,应事先征得保险人的同意。

5. 保险船舶发生保险责任范围内的损失应由第三者负责赔偿的,被保险人应向第三者索赔。如果第三者不予支付,被保险人应采取必要措施保护诉讼时效;保险人根据被保险人提出的书面赔偿请求,按照保险合同予以赔偿,同时被保险人必须依法将向第三者追偿的权利转让给保险人,并协助保险人向第三者追偿。未经保险人同意放弃向第三人要求赔偿的权利,或者由于被保险人的过失造成保险人代位求偿权益受到损害,保险人可相应扣减赔款。

(十)招标

船舶发生事故后要修理,需要对修船厂的选择进行招标,故船舶保险条款对招标事宜进行规定:1. 当保险船舶受损并要进行修理时,被保险人要像一个精打细算未投保的船东,对受损船的修理进行招标以接受最有利的报价;2. 保险人也可对船舶的修理进行招标或要求再次招标,此类投标经保险人同意而被接受时,保险人补偿被保险人按保险人要求而发出招标通知日起至接受投标时止所支付的燃料、物料及船长、船员的工资和给养,但此种赔偿不得超过船舶当年保险价值的 30%;3. 被保险人可以决定受损船舶的修理地点,如被保险人未像一个精打细算未投保的船东那样行事,保险人有权对被保险人决定的修理地点或修理厂商行使否决权或从赔款中扣除由此而增加的任何费用。

(十一)索赔和赔偿

1. 索赔。保险事故发生时,被保险人对保险标的不具有保险利益的,不得向保险人请求赔偿保险金。

2. 全损。

(1)保险船舶发生完全毁损或者严重损坏不能恢复原状,或者被保险人不可避免地丧失该船舶,作为实际全损,按保险金额赔偿。

(2)保险船舶在预计到达目的港日期,超过两个月尚未得到它的行踪消息视为实际全损,按保险金额赔偿。

(3)当保险船舶实际全损似已不能避免,或者恢复、修理、救助的费用或者这些费用的总和超过保险价值时,在向保险人发出委付通知后,可视为推定全损,不论保险人是否接受委付，按保险金额赔偿。如保险人接受了委付，本保险标的属保险人所有。

3. 部分损失。

（1）对本保险项下海损的索赔，以新换旧均不扣减。

（2）保险人对船底的除锈或喷漆的索赔不予负责，除非与海损修理直接有关。

（3）船东为使船舶适航做必要的修理或通常进入干船坞时，保险船舶也需就所承保的损坏进坞修理，进出船坞和船坞的使用时间费用应平均分摊。如船舶仅为本保险所承保的损坏必须进坞修理时，被保险人于船舶在坞期间进行检验或其他修理工作，只要被保险人的修理工作不曾延长保险船舶在坞时间或增加任何其他船坞的使用费用，保险人不得扣减其应支付的船坞使用费用。

（4）被保险人为获取和提供资料和文件所花费的时间和劳务，以及被保险人委派或以其名义行事的任何经理、代理人、管理或代理公司等的佣金或费用，本保险均不给予补偿，除非经保险人同意。

（5）凡保险金额低于约定价值或低于共同海损或救助费用的分摊金额时，保险人对本保险承保损失和费用的赔偿，按保险金额在约定价值或分摊金额所占的比例计算。

（6）保险船舶与同一船东所有，或由同一管理机构经营的船舶之间发生碰撞或接受救助，应视为第三方船舶一样，本保险予以负责。

（十二）争议的处理

因履行本保险合同发生的争议，由当事人协商解决。协商不成的，提交保险合同载明的仲裁机构仲裁；保险合同未载明仲裁机构且争议发生后未达成仲裁协议的，依法向有管辖权的法院起诉。

本保险合同适用中华人民共和国法律（不包括港澳台地区法律）。

（十三）船舶保险附加战争险和罢工险

在我国，船舶战争险和罢工险是船舶保险的一个特殊附加险，只有在投保了船舶全损险和一切险的基础上，才能向保险人申请投保。

1. 责任范围。本保险承保由于下述原因造成保险船舶的损失、碰撞责任、共同海损和救助或施救费用：（1）战争、内战、革命、叛乱或由此引起的内乱或敌对行为；（2）捕获、扣押、扣留、羁押、没收或封锁，从发生日起满六个月才能受理；（3）各种战争武器，包括水雷、鱼雷、炸弹；（4）罢工、被迫停工或其他类似事件；（5）民变、暴动或其他类似事件；（6）任何人怀有政治动机的恶意行为。

2. 除外责任。由于下列原因引起保险船舶的损失、责任或费用，本保险不负担赔偿责任：（1）原子弹、氢弹或核武器的爆炸；（2）由保险船舶的船籍国或登记国的政府或地方当局所采取的或命令的捕获、扣押、扣留、羁押或没收；（3）被征用、征购或被出售；（4）联合国安理会常任理事国之间爆发的战争（不论宣战与否）。

3. 保险终止。

（1）注销终止。保险人有权在任何时候向被保险人发出注销本保险的通知，在发出通知后7天期满时生效。

（2）自动终止。无论是否已发注销通知，本保险在下列情况下应自动终止：①任何原子、氢弹或核武器的敌对性爆炸发生；②联合国安理会常任理事国之间爆发的战争（无论宣战与否）；③船舶被征用或出售。

4. 承保原则。（1）本保险系《船舶保险条款》的附加险，主险的条款也适用于本附加险，但二者不一致时，以本附加险条款为准。（2）保险船舶如同时有其他保险，任何索赔应由其他保险公司负责时，本保险不负赔偿责任。（3）如本保险由于船舶被征用或出售的原因终止时，净保费可按日比例退还给被保险人。本保险不办理停泊退费。

四、船舶保险的承保和理赔

（一）船舶保险的承保

被保险人在办理船舶保险时，应当仔细阅读船舶保险条款中规定的责任范围，索赔、赔偿手续，以及被保险人义务和保险人除外责任部分的内容。在和保险人商定好有关的保险条件后，填写投保单。船东需要向保险公司提供所投保船舶的相关证书供保险人参考。保险双方需要根据最大诚信原则，履行如实告知的义务，船东需要向保险公司如实告知船舶管理和经营情况、船舶是否出租抵押等信息。投保手续办理完毕后，保险公司出具保险单，被保险人缴纳保费，保险合同确立。①

（二）船舶保险的理赔

船舶保险所承保的船舶如果在责任期限内发生属于承保范围的损失，被保险人即可按照约定条款向保险人提出赔偿要求。保险人收到被保险人出险通知后，需要进行现场查勘、检验、索要相关单证、计算赔偿金额等程序，完成赔案。

1. 船舶保险的索赔。当船舶发生事故时，保险人应当及时通知保险人或其代理人并及时采取有效措施以防止损失的扩大，并配合保险人及其代理人做好现场查勘等一切工作。我国船舶保险条款规定，保险事故或损失发生后，被保险人在两年内未向保险人提供有关索赔单证时，本保险不予赔偿。

被保险人在索赔时效内向保险人提出损失赔偿时，应当提供索赔单证，一般包括船舶保险单正本、委托通知书、船舶出售凭证、理算书、海事声明、航海日志和机舱日志、检验报告、修理投标书、修理费用账单、拖带费用账单和引航费用账单、港口使用费账单、燃料和机舱物料账单、船员服务费账单、向第三者责任方索赔的往来函电及其他单证、与仲裁和法院诉讼有关的文件等。

2. 船舶保险的检验。保险人收到被保险人出险通知后，为了确定事故损失是否在保险责任范围内，需要进行现场查勘和检验，查明船舶损失的原因、性质、范围和程度，作为理赔的重要依据。被保险船舶发生海险后，船长应当及时做好事故报告和海事声明。船舶抵达港口后，被保险人应当通知保险人进行检验。海损检验的项目一般包括单独海损项目、共同海损项目和船舶碰撞损失项目等。验船师在完成对船舶的检验后，确定损失的范围和程度，出具书面的检验报告，该检验报告是重要的索赔、理赔以及仲裁和诉讼的文件。

① 参见佟黎明. 海上货运保险法律与实务［M］. 北京：人民交通出版社，2015.

3. 船舶保险的核赔。保险人在对现场进行查勘和检验以后，进入核赔阶段。核查的要点主要包括船舶保险单的有效性、事故损失是否属于保险范围、船舶修理项目和费用、施救和救助费用、其他费用、碰撞损失和碰撞责任、共同海损、修理招标期间的补偿金额等。

4. 船舶保险的赔偿。船舶保险的赔偿视船舶损失的不同程度和责任范围，区分船舶全损、部分损失、碰撞责任、共同海损分摊等不同情况计算赔款。

（1）全损赔偿。被保险船舶如为全损，保险人按保险金额赔偿。全损分为实际全损和推定全损。保险人按照保险金额全额赔付之后，船舶所有权归保险人所有。

（2）部分损失赔偿。被保险船舶发生部分损失后，保险人赔付在承保范围内造成的损失进行修理所支付的费用，但是在赔款中应扣除保险单所规定的免赔额。

（3）船舶损失费用。船舶损失费用是指共同海损、救助费用和施救费用。保险人赔付被保险船舶的共同海损、救助费用的分摊部分，若保险金额低于约定价值或低于共同海损或救助费用的分摊金额时，保险人按保险金额在约定价值或分摊金额所占的比例计算。对于施救费用的赔偿，也视保险金额和保险价值的对比而定。

（4）船舶碰撞责任赔偿。船舶碰撞责任的赔偿有单一责任原则和交叉责任原则两种。前者的原则是碰撞双方按照各自的过失比例计算出应向对方支付的赔款后进行冲抵，应当多付的一方向对方支付余额，保险人仅承担被保险人向对方支付的实际金额；后者的原则是双方按照各自的过失比例计算出应向对方支付的损失赔偿金后相互把赔款支付给对方。

本章重要概念

风险 海上风险 海上货物运输保险 船舶保险 共同海损

本章习题

1. 简述海上风险的概念和基本分类。
2. 简述海上货物运输保险平安险的承保范围。
3. 简述海上货物运输保险中被保险人的义务。
4. 简述海上货物运输保险的除外责任。
5. 简述船舶保险的概念和主要特征。
6. 简述船舶保险全损险的责任范围。
7. 简述船舶保险的除外责任。

第七章

航运价格及其衍生品

■ 本章导读

我国是名副其实的航运大国：年造船产能达 6 000 万载重吨，全球第一；海运量世界占比达 26%，全球第一；注册运力 1.8 亿载重吨，全球第二；全球前二十大货物吞吐量的港口，中国占 15 个；全球前十大集装箱港口，中国占 7 个[①]。然而，我国航运金融衍生品的发展尚未成熟，2022 年 5 月 26 日，国务院办公厅发布《关于推动外贸保稳提质的意见》，在增强海运物流服务稳外贸功能部分明确提出，加紧研究推进在上海期货交易所、大连商品交易所上市海运运价、运力期货。

本章通过资本成本、运营成本、船运成本等 4 类成本介绍航运成本，并对运输价格和航运价格的分类、定价方法、影响因素进行整体介绍；继而延伸至航运价格指数及航运运价衍生品的内容讲解。

■ 课程思政

航运业的历史性转变充满了不确定性，低运价成为新常态，航运企业的风险管理尤其重要。航运金融衍生品有助于航运企业进行风险管理，打破风险在产业链内部转移的传统模式，为航运上中下游企业提供运价的风险管理工具，例如下游企业可以作为运力的买方通过期货保值，企业运用期货

资料来源：求是网，http：//www.qstheory.cn/dukan/hqwg/2023 - 02/14/c _1129363401.htm？spm = zm5062 - 001.0.0.1.tdEcYU.

期权期现结合两条腿走路，丰富商业模式。传统航运中心就是码头货物的装卸、中转、堆存、仓储、物流，只有跟金融中心很好衔接，才能使自身功能不受局限，才能建设世界一流港口。理解航运金融衍生品对提高中国港口世界影响力的意义，能够激发学习的动力。

第一节 航运成本

拥有和经营船舶包含不同的成本，大致可以分为 4 类：资本成本、运营成本、航运成本以及货物装卸成本。这些成本由多种诸如船舶大小、年龄、航速、类型以及购买船舶时的融资结构等因素决定。如与小型船舶相比，大型船舶的燃料消耗更多，因而具有更高的航运成本。同样地，船龄较大的船舶燃料消耗量比新船舶高出很多。

一、资本成本

资本成本包括利率和资本偿还成本，这些成本大小依赖于购买船舶时的融资结构及利率水平。船主可以使用不同方式购买船舶融资，如银行贷款（资产抵押贷款）、发行债券、发行股票和私募等方式。船主及航运公司融资的可得性依赖于其运营能力、融资能力、声誉以及船舶数量的大小等因素。如声誉较好并且船舶数量较大的船主抵押融资能力高于信誉较差的船主。

船舶资本成本依赖于购买船舶的市场行情及融资条款。如与市场状况不好而且船主尚未签订租船合同相比，运价较高（市场条件较好）时且船主签订了长期定期租船合同，资金供给者会适当放松融资条款。此外，船主通过股权融资购买船舶时，股权数量与资本成本呈负相关，即负债占所有者权益比重越低，资本成本越低。因此，船主和投资者之间的关系以及船主的信誉程度都是决定贷款和资本成本的主要因素。当利率发生变化时，融资买入船舶的资本成本也相应发生变化。

二、运营成本

无论船舶是闲置还是运营，船主都有责任承担航运企业的运营成本或者说每天正常运作产生的固定成本。然而光船租船合同是一个例外，在该合约下承租人可以在运营过程中自由调度和安排船舶，因而承租人有责任承担船舶运营成本。这些运营成本包括船员工资、船员伙食的供应和储存以及依赖于船龄、规模、类型的船舶维修费用和保险费，还包括管理费用和与公司船舶配备人员以及维修战略相关的一些成本。其中船龄是一个重要因素，因为船龄较大的船舶需要更多的维修保养费用和配备更多的船员。船员配备成本依赖于公司政策、认证机构以及监管航运公司船舶适航状况和认证情况的验船协会，尽管不同的认证机构和验船协会在维持和提升船员配备水平等方面作出了很多努力，但是不同船舶的人员配备规模、船员资格、公司水平以及粮食供给仍存在差异。如在特定认证下船舶的人员配备水平可能没有在更严格认证下的程度高。因此，在不同认证水平下相同船舶的运营成本可能不同。最后，维护费用主要依赖于船主的战略，一些船主偏向于充分维护船舶，因而船舶的维护费用较高，而另一些船主则相反，他们更偏好于低维护低支出。与航运成本相比，运营成本不会随时间变化而发生剧烈变化，但是会以一个固定的速率上升，通常和通货膨胀水平保持一致。

三、航行成本

航行成本产生于船舶用于特定航行时，主要包括燃料成本、港口费、领航费以及运河费，这些成本依赖于船舶承接的特定航程、船舶类型及大小等因素。如与短期航程和旧船相比，长期航程燃料费更高。港口费用和运河费用决定于船舶的大小和类型，如苏伊士运河和巴拿马运河的通航费用分别由苏伊士和巴拿马船舶的净吨位决定。

四、货物装卸成本

货物装卸成本包括装卸、过驳和卸载费用，这些费用与船舶的种类、规模以及船龄相关，并且除了合约中规定的特别条款之外，船次租船合同和包运租船合同的这部分费用由船主支付。表 7 – 1 为不同类型合约下船主的成本分配。

表 7 – 1 　　　　　　　　　　　　不同类型合约下船主的成本分配

合约类型	成本
船次租船合同	资本成本、运营和定期维护成本、航行成本、货物装卸成本
包运租船合同	资本成本、运营和定期维护成本、航行成本、货物装卸成本
定期租船合同	资本成本、运营和定期维护成本
光船租船合同	资本成本

第二节　航运价格

国际航运价格作为一种重要的运输成本，不仅关系到航运市场的健康发展，它也是进出口货物价格的重要组成部分。近年来影响国际航运价格的因素在不断增多，价格波动的幅度在不断加大。本节就运输价格、航运价格和运费期货进行分析[①]。

一、运输价格

运输价格是运输劳务的价格，它是商品销售价格的重要组成部分。运输价格取决于多种因素，其中不同类型的运输市场模式对其形成产生极其重要的影响。

（一）运输价格含义

运输价格是指运输企业对特定货物或旅客所提供的运输服务的价格。它是运输产品价值

---

① 李永生，黄君麟. 运输经济学 [M]. 北京：机械工业出版社，2004：105.

的货币表现。运输产品是具体条件规定的货物与旅客的位移，这个具体条件是运输产品在一定时间内被运送的服务对象的数量和空间位移的距离。同其他产品一样，运输产品的价值也是由生产过程中消耗的生产资料价值、生产者为自己劳动所创造的价值、生产者为社会劳动所创造的价值所组成的。

运输价格能有效调节运输方式的运输需求。它是基于总体运输能力基本不变的情况下，运输价格的变动会导致运输需求的改变。但货物运输需求在性质上属于"派生需求"，运输总需求的大小，一般取决于社会经济活动的总水平。货物运输价格是商品销售价格中的组成部分，它的高低变动也会影响其他物质生产部门的收入水平，对其运输价格需求产生一定的影响，有时对某一运输需求的调节相当明显。

（二）运输价格特征

1. 运输价格是一种劳务价格。运输企业为社会提供的效用不是实物形态的产品，而是通过运输工具实现货物或旅客在空间位置的移动。在运输生产过程中，运输企业向货物或旅客提供了运输劳务，运输价格就是运输劳务的价格。

2. 货物运输价格是商品销售价格的组成部分。货物运价是商品销售价格的组成部分。在外贸进出口货物中，班轮货物的运价占商品价格的比率为 1.1% ~ 28.4%，大宗而价廉货物的比率可达到 30% ~ 50%①。由此可见，货物运价的高低，会直接影响商品的销售价乃至实际成交与否。

3. 运输价格具有按不同运输距离或不同航线而不同的特点。货物或旅客按不同运输距离规定不同的价格，称之为"距离运价"或"里程运价"。这种按运输距离制定的价格，货运表示为吨公里（或吨海里）运价，客运则表示为人公里运价。距离运价是我国沿海、内河、铁路、公路运输中普遍采用的一种运价形式。

4. 运输价格具有比较复杂的比价关系。因货物或旅客运输，有时可采用不同运输方式或运输工具加以实现，最终达到的运输效果也各不相同。具体表现为所运货物的种类、旅客舱位等级、运载数量大小、距离、方向、时间、速度等都会有所差别。而这些差别均会影响到运输成本和供求关系，在价格上必然会有相应的反映。例如，A、B 两地之间的旅客运输，可供选择的运输方式为铁路和海运，而铁路硬席卧铺的舒适程度与海运三等舱位相仿，但由于运输速度前者快于后者，因此，在一般情况下铁路票价会高于海运。若相反，会造成铁路运输紧张而海运只能退出该航线运输。目前我国沿海众多客运航线被迫停运就是一个例证。

（三）运输价格影响因素

运输成本、运输供求关系、运输市场结构模式，国家有关经济政策以及各种运输方式之间的竞争都影响到了运输成本与价格的变化，但运输成本却是决定运输价格的基础。

1. 运输成本。运输成本是指运输企业在进行运输生产过程中发生的各种耗费的总和。在正常的情况下，运输企业为能抵偿运输成本和扩大再生产，要求运输价格不低于运输成本。因此，运输成本便成为运输价格的重要因素和最低界限，即运输价格的下限。

---

① 王义源. 远洋运输业务［M］. 北京：人民交通出版社，2005.

2. 运输供求关系。运输市场价格调节运输供给和需求，并且运输供给和需求变化调节市场价格。考察运输供求对运输价格的影响，主要是指后者。运输供给和需求对运输市场价格的调节，通常是由于供求数量不同程度地增多或减少引起的。

3. 运输市场结构模式。根据市场的竞争程度，运输市场结构可分为四种类型，即完全竞争运输市场、完全垄断运输市场、垄断竞争运输市场和寡头垄断运输市场。不同类型的市场有不同的运行机制和特点，对运输价格的形成会产生重大影响。

(1) 完全竞争运输市场是指运输企业和货主对运输市场价格均不能产生任何影响的市场。在此种市场上，运输企业和货主都只能是运输价格的接受者，故运输价格完全由供求关系决定。在现实中，基本具备该市场条件的则为海运中的不定期船市场、公路货运市场。

(2) 完全垄断运输市场，又称为"独占运输市场"，指某一运输市场完全被一个或少数几个运输企业所垄断和控制。在这种市场上，垄断企业有完全自由的定价权，他们可以通过垄断价格，获得高额利润。如我国铁路运输市场具有这一特性，因由国家独立经营，对铁路运输货物实行指令性价格，故我国铁路运输货物实行的所谓"垄断价格"，其出发点却不是获得高额利润，而主要是从运输成本、运输供求关系、国家经济政策等因素定价。故同一般定义上的以获取最大利润为目的的"垄断价格"有很大区别。

(3) 垄断竞争运输市场，指既有独占倾向又有竞争成分的市场。我国沿海、内河运输市场基本上属于这一类型。这种市场的主要特点是：同类运输产品在市场上有较多的生产者，市场竞争激烈；新加入运输市场比较容易，不同运输企业生产的运输产品在质量上（如快速性、货物完好程度）有较大差异，而某些运输企业由于存在优势而产生了一定的垄断性。在这种情况下，运输企业已不是一个消极的运输价格的接受者，而是具有一定程度决策权的决策者。

(4) 寡头垄断运输市场是指某种运输产品的绝大部分由少数几家运输企业垄断。在这种市场中，运输价格主要不是由市场供求关系决定，而是由几家大企业通过协议或某种默契规定的。海运中的班轮运输市场是较为典型的寡头垄断市场。首先，班轮运输是在特定航线上，有一定停靠港口，定期开航的船舶运输。故一般经营班轮运输的船公司数量较少，但规模较大，进入或退出班轮运输市场均不是轻而易举的事；其次，在某一航线上同时有几家班轮公司经营，就会产生激烈的竞争，其结果往往两败俱伤。随之国际船东垄断组织——班轮公会便应运而生。班轮公会的重要任务之一，就是通过共同制定所控制的航线的运价来避免无休止的激烈竞争。班轮公会就成了该市场的"寡头"。

4. 国家经济政策。国家对运输业实行的税收政策、信贷政策、投资政策等均会直接或间接地影响运输价格水平。长期以来，国家为扶持运输业，在以上诸方面均实行了优惠政策。

5. 各运输方式之间的竞争。影响运输价格水平的竞争因素有运输速度、货物完好程度以及是否能实现"门到门"的运输等。以速度为例，相同起讫地的货物运输可采用两种不同运输方式进行，此时运输速度较慢的那一种运输方式只能实行较低的运价。这是因为，就货主而言，它增加了流动资金占用和因货物逾期、丧失市场机会而造成的市场销售损失。与运输速度较快的那一种运输方式相比，其理论降价幅度为流动资金占用差和货物逾期、丧失市场机会而造成的市场销售损失之和。

（四）运输价格定价方法

1. 平均成本。平均成本（AC）是指平均生产一单位产品所需的成本，它又分为平均固定成本（AFC）和平均可变成本（AVC）。平均固定成本是总固定成本除以产量。由于固定成本不随产量变动而变动，所以平均固定成本在一定时期内必然随产量的增加而逐渐下降。平均可变成本是总可变成本与产量的比值。由于可变成本随产量的变动而变动，所以平均可变成本也会随产量的变动而变动，一般呈现出先下降后上升的趋势。

运输成本是运输企业在进行运输生产过程中发生的各种耗费的总和。根据财务制度规定，运输成本由营运成本、管理费用、财务费用所组成。（1）营运成本指与营运生产直接相关的各项支出，包括实际消耗的燃料、物料、润料、用具等；固定资产折旧费、修理费、租赁费等。（2）管理费用指运输企业行政管理部门管理和组织营运生产活动的各项费用，包括公司经费、劳动保险费、城镇土地使用税、技术转让费、技术开发费等。（3）财务费用指运输企业为筹集资金而发生的各项费用，包括企业在营运期间发生的利息支出、汇兑净损失、金融机构手续费以及筹资过程中发生的其他财务费用等。

成本形态很多，在制定运输价格时，应当用社会平均成本作为定价的依据。因为社会平均成本是最能够反映运输产品价值量的指标。

2. 平均成本定价。按平均成本定价，只能补偿运输企业在营运生产过程中的各种消耗。运输产品与其他工农业产品一样，其价值也是由物化劳动、活劳动及剩余劳动构成。因此，运输价格还包括运输企业盈利，即利润和税金。

运价的制定必须以价值为基础。运价由两部分构成：一是已消耗的生产资料的价值，又叫转移价值；二是生产者在运输生产过程中新创造的价值，又叫作劳动新创造的价值。活劳动创造的价值又分为劳动者为自己劳动所创造的价值和为社会劳动所创造的价值。因此，运输价值由三个部分组成：（1）已损耗的运输工具、技术设备、燃料等生产资料的价值，即转移价值；（2）劳动者为自己劳动所创造的价值；（3）劳动者为社会劳动所创造的价值。

与运输价值的三个部分相对应，即三部分价值的货币表现形式——运价也分为三个部分：（1）物资消耗支出——转移价值的货币表现（C）；（2）报酬——工资，为自己劳动所创造价值的货币表现（V）；（3）盈利——为社会劳动所创造价值的货币表现（M）。

由此可知，制定运输价格的基本方法可以表述为式（7-1）：

$$运输价格 = 物化劳动转移价值 + 活劳动转移价值 + 剩余劳动$$
$$运输价格 = C + V + M \tag{7-1}$$

即：

$$运输价格 = 运输成本 + 利润 + 税金 \tag{7-2}$$

其中，式（7-2）中的利润、税金为：

$$利润 = 运价 \times 利润率 \tag{7-3}$$
$$平均成本运价 = 吨公里运输成本/(1-税率-利润率) \tag{7-4}$$

二、航运价格^①

（一）国际航运运价

货运运价是承运单位货物的运输价格，又称为运费率。国际航运运价是指国际航线上的货物运价。

（二）国际航运价格分类

根据国际航运市场惯例，国际航运运价条款可分为：一般运价条款，它适用于各种运价形式；不定期船运价条款；班轮运价和集装箱运价。

1. 一般运价条款。该条款规定费率标准、运费支付时间、运费计收办法，并划分承、托运双方的经济责任和费用。在一般运价条款中，按装载的程度可分为全额运费和亏舱运费。全额运费是指按合同规定的数量收取的运费。一般托运人向承运人租船订舱，在运输合同中载明承运货物的数量，按这一数量收取运费叫全额运费。亏舱运费是托运人未能按约定数量交付货物而造成亏舱时，必须支付的亏舱费用。

在一般运价条款中，按负担货物装卸费用的条件，又可分为五种运输条款，不同条款在运价上有一定的差异。第一种为班轮条款，表明船东负担货物在港口发生的船内装卸费；第二种为 F. I. 条款，船东只负担货物卸货费；第三种为 F. O. 条款，船东只负担货物装货费；第四种为 FIO 条款，装卸港船内货物的装卸费均由货主自理，船东不负担；第五种为 FIOST 条款，船东不负担装卸费、堆货费及平舱费。

按照支付运费的时间来划分，运费可分为预付运费和到付运费。预付运费是指在提单签发前或者在货物装载完毕后支付运费。一般在运输合同中具体规定了预付运费的时间。由于在国际贸易中，提单可以转让，收货人有可能变更；或由于采用 CIF 或 CFR 运价条款，在签发提单前由卖方在装货港支付运费可使交易双方尽早结汇，因而产生了预付运费。到付运费是货物运抵目的港交付货物前付清运费。在这种情况下，承运人要承担一定的风险。尽管提单中一般订有承运人有权要求全额运费的规定，但如果货物灭失，再想追收运费，实际上是很困难的。承运人为防止因收不到运费而蒙受损失，除了可以将应收的到付运费作为可保利益向保险公司投保外，通常还可以在提单条款或合同条款中附加类似"收货人拒付运费或其他费用时，应由托运人支付"或"托运人应向承运人提交一份保证收货人不支付运费时，由托运人支付的保证书"的条款。另外，在提单条款和合同条款中还有关于留置权的规定，按照这一规定，在收货人付清到付运费之前，承运人可以拒绝交付货物，经法院批准可以将货物拍卖，以拍卖收入抵偿应收的运费。

2. 不定期船运价条款。（1）按航次租船方式计算运费称为航次租船运价，又称为程租船运价。在承租船运输中，承运货物是大宗货物，一般都按重量吨计算运费（木板例外，它按板尺计费），即以货运单价乘以货运吨数计算运费。在运送铁屑、圆木、成材等货物时，经常采用包舱运输的形式，此时按照船舶的全部或一部分舱位收取包租运费，亦称整笔

---

① 国际航运管理人员培训教材编写委员会. 国际航运管理基础知识［M］. 北京：人民交通出版社，2001.

运费。（2）定期租船的运费是以船舶载重吨和租赁期限进行计算，又称期租船租金。期租船通常是当航运市场预计船舶供给可能出现紧张状态时，采取的一种事先租船的形式。所以，期租船带有一定的投机性和风险性，因为航运市场船舶供给状况和行情受多种因素影响，而且，对未来变化的预测有很大的不确定性，未来行情的变化也不易掌握。期租船按租期长短分为短期租船和长期租船，凡租期不超过一年的为短期；超过一年的为长期。按长期合同所确定的运价，称为长期合同运价。

3. 班轮运价。根据运价的制定者不同，班轮运价可分为：（1）班轮公会运价。它由班轮公会制定、调整或修改，各班轮公司无权单独进行变动。此种运价水平较高，是一种垄断性质的运价。（2）班轮公司运价。它由班轮公司自行制定并进行调整或修改，货方可以提出意见，但解释权和决定权归船公司。（3）双边运价。它由船、货双方共同商议制定、共同遵守，其调整或修改也由双方协商。（4）货方运价。它由货方制定，船方接受，其调整或修改货方有较大的权力，但需与船方协商。一般来说，能制定运价的货方，都是掌握相当大数量货源的货主，能长期向船方供货。

根据运价形式，班轮运价可分为：（1）单项费率运价。它是按照货物类别和航线制定一个基本运价，只根据货类和航线即可直接从运价表中查出货物的运价来计费。（2）等级运价。它是将货物分为若干等级，然后按航线制定一个基本运价。归属某一等级的货物，均按该等级的运价计收运费。运费计收先查货物分级表找出货物所属的等级，再从航线运价表中查出该等级的运价，最后进行具体计算。（3）航线运价。它是按照航线、货物等级制定运价。在远洋运输中，由于航线距离足够长，递远递减的规律对运输成本的影响很小或不起作用，只有航线上的港口费用、装卸效率等因素，及各类挂靠港条件对运输成本起重要作用。因此，按远洋航线和货类等级制定运价，只要起运港和目的港属于航线上规定的基本港口，不论距离远近，均按"航线费率表"上各该货类等级规定的运价计算运费。这种运价是按照各航线上挂靠港的平均运距规定的平均运价。

4. 集装箱运价。集装箱运输本是班轮运输的一种重要形式，其运价也应该属于班轮运价，但由于集装箱运输的特殊性，特别是随着"门到门"运输的发展，集装箱运输的范围延伸了。因此，集装箱运价不仅包括海上运输费用，还包括内陆运输和港口作业有关费用和装箱、拆箱等有关的各项费用。

集装箱运费的结构和分担较为复杂，在不同的交接方式下，收取的运费也不同。集装箱运输的全程运输费用，不仅存在各部分运费的计收，而且还有整箱货托运与拼箱货托运的区别。集装箱运输的各项费用，各船公司有规定的计收办法，有按费用结构逐项计收的，也有将某些项目合并计收的，如将码头搬运费包括在海运运费中，甚至实行总包干运费率，将各项附加费也合并计入运费中。

（三）航运价格构成与影响因素

1. 航运成本。在完成航运生产过程中，所发生的生产耗费总和叫作航运成本。航运成本是影响国际航运运价的主要因素。航运业主要成本构成中包括船舶投资，燃、油料消耗，船员工资，港口费用，保赔费及管理费等。航运成本在不同的经营范围内有不同的内涵，航运成本包括：

（1）船舶资本成本。这是船舶最基本的成本，即船舶购置资金（也叫资金成本），它包括贷款、利息、税金和折旧。从短期看，可以视为固定成本。船舶资本成本可以通过"租赁"或光船租船的手段转化为可变成本。为了进行航次估算，年度资本成本可以看作是等值"折旧"。

（2）经营成本。船舶经营成本是为保持船舶适航状态所需要的经常性维持费用。它包括船员工资、保险费、保赔费、船舶维修费、润料费、物料费、供应费、管理费等项目。①船员工资。船员的基本工资、各种补贴与津贴、奖金、社会福利费，差旅费、培训费等。②保险费。船舶（船体和主机）险、运费险、船员险等。③保赔协会会费。许多船舶都加入保赔协会，以便使船东免遭因罢工、检疫限制、故障等引起的损失，并防止常因疏忽而造成的索赔。这类索赔并不包括在保险单里。保赔协会是非营利性组织，所以该项目费用视索赔金额而定。④船舶维修费。船舶日常维护与修理所发生的经常性维修费用和船舶定期修理的费用。定期修理可分为大修、小修和航修。⑤润料费。船舶主机与辅机使用的润料的费用。⑥物料费。

（3）船舶耗用的各种材料、备品、备件、储备品费用。①供应费。船员的食品供应、船员的服装费等。②管理费。船公司设立的各种管理部门和代理机构，从事营运需要的调度业务、商务、财务、机务、安全监督、法律事务、物资供应、市场开发等管理工作所发生的一切费用之和。③其他营运费用。不属于上述项目的船舶日常营运费用。船舶日常营运成本可以直接归属特定的船舶。

（4）航次成本。航次成本是船舶为从事特定航次的运输所发生的费用。它包括燃料费、港口及运河费、货物装卸费和其他费用。①燃料费。船舶在航行、停泊、装卸作业时所耗用的各种燃料费之和。这是航次成本构成中的主要部分。②港口费用及运河费。船舶进出港口及通过运河所发生的费用。包括船舶吨税、停泊费、码头费、引水费、拖轮费、解缆费、检疫费、海关检验费、灯塔费、运河及海峡通过费等。③货物装卸费。装卸费是指与装卸货物有关的一切费用之和。它包括理货费、开关舱费、待时费、加班费、平舱费、绑扎费及货物装卸费。④其他航次费用。不属于上述项目的费用归并入其他航次费用。

运输耗费，无论对定期船（班轮）、不定期船，都是确定其运价的基本因素。只是在不同的租船方式中，按成本项目的分类，船东与租船人所分摊的费用项目不同。

国际航运中，班轮运输与不定期船的成本内涵稍有不同。班轮的变动成本仅由装卸费和其他航次费用组成，其余部分，全部定义为固定成本；而不定期船的变动成本是船舶航次成本的所有内容，而固定成本是指资本成本与经营成本之和。

（5）不同船舶营运方式，费用分摊情况如下：①光租船：船东负担船舶资本成本；租船人负担船舶经营成本和航次成本；②期租船和航次或租船：船东负担资本成本和经营成本，租船人仅负担航次成本；③航次租船、包运合同或长期运输合同：除了装卸费和其他航次费用按合同规定外，全部成本由船东负担；④班轮运输：全部成本（资本成本、经营成本、航次成本）均由船东负担。

2. 航运市场结构。航运市场结构也是影响运价的主要因素。市场竞争力量的不同将直接影响运价。不定期船即期市场是一个完全竞争的市场。如果运价水平过高，则供给会超过需求。因为较高的运价必然会导致海运供给增加，出现一些非即期市场的船舶转入即期市场，一批被闲置的船舶也将重新投入营运，新的供给者进入市场也很容易，只要筹措足够的资金购置到船舶，或者在期租市场上租赁到船舶，就可以投入营运。这样，在市场上将出现船多货少，运力过剩的局面，成为所谓货方市场。这时候，船公司之间竞争激烈，为了争到货载，只有降低运价，这就产生了使运价下降的压力。过多的供给迫使运价降低到供需均衡的水平，很快会在一个较低的价格上达到供求平衡的局面。同样，如果运价水平过低，市场上将会出现供不应求，货多船少而运力紧张的局面，成为所谓船方市场。这时候，货方之间竞争激烈，为了争取运力，宁愿出较高的运价，产生一种使运价上升的压力。随着运价的不断上升，即期市场供给量增加的余地逐渐缩小，运价上升幅度再大，也只能导致即期市场供给量的小幅度增加，过多的需求迫使运价逐渐上升到供需均衡的水平，在一个较高的运价水平上达到供求平衡的局面。当然，不定期船即期市场运价水平的确定，还将受到货物性质及特点、航线特点、港口条件以及连续航次可能揽到货物的情况等因素的影响。

期租船市场是不完全竞争的市场。因此，市场的运价水平并非由市场供需均衡而形成，而是受货主与船舶经营者对市场的影响与控制，船舶经营者之间的竞争也受到一定程度的抑制。所以，航运企业在确定运价时，除了考虑市场行情外，不得不考虑其他竞争对手（行业中企业的数目比较多，市场自由进出）对市场行情的了解程度及其可能采取的决策。另外，船东与货主以期租船合同或长期运输合同形式成交，其目的都是减少风险，合同越长，风险相对越小。因此，他们对风险的态度及其合同期的长短也会对非即期市场运价的确定产生影响。

不定期船即期市场与非即期市场运价是具有相互替代作用的两种市场，因此，非即期市场运价水平与即期市场运价水平是相互关联的。当即期市场运价开始上升时，货主担心将来运价会趋于继续上升，其租船行为往往愿意以期租或长期运输合同的形式成交，当他们对市场运价上扬趋势估计时间越长，试图成交的合同期也越长；另外，船公司（或船舶所有人）在这种情况下对即期市场更感兴趣。于是，非即期市场上就会出现供不应求的局面，最终导致运价上升。当即期市场运价开始下跌时，货主则会认为未来的市场状况对自己会越来越有利，因此，租船行为往往会改变，不再愿意以期租或长期运输合同的形式成交，而是企图等待更有利的机会出现。相反，船公司（或船舶所有人）这时往往愿意以期租或长期合同的形式成交，为避免运价继续下跌而在将来可能遭受的损失，期租船市场就出现供过于求的局面，最终导致运价下跌。

在期租船市场上，一般期租合同期都较长，这样有利于船舶经营者在较长的时间内，保证船舶处于营运状态。合同期较长，船舶经营的风险相对就会较小。因此，在运价（租金）上船舶经营者必须对承租人作出让步。所以一般情况下，期租船市场，合同期越长，运价（租金）越低。

班轮运输市场运价曾长期由班轮公司所垄断。各大船公司之间的相互依存性使市场内某一公司在作出变更运力或运价的决定时，必须认真考虑由此而产生的反应。所以，为避免各船公司之间的激烈竞争而引起的运价战，市场内的很多公司往往都组成各种不同形式的航运垄断组织，形成了集装箱运输市场的结构模式。然而，近年来，班轮运输市场发生了某些结构性的变化，独立经营的非公会班轮或者不加入班轮公会的集装箱运输的联营体不断增多，班轮公会内部控制力已较前削弱，航运公司联盟经营的形势逐渐形成。

3. 承运对象。货物种类、数量是决定船舶类型、船舶吨位的主要依据，也是影响运价水平的重要因素之一。

（1）不同货类具有不同的性质与特点，如包装、容重或"积载因数"，影响对船舶载重量和舱容的利用；一般性质的货物、重大件货物（包括超重、超长货物）、危险货物之间的区别。由于对运输有要求，对船舶运力与舱容的利用程度以及装卸、运输中的难度、危险性等有显著区别，定价标准不应相同，可能发生的额外费用必须反映到运价中。

（2）货物自身价值的高低是对运价承受力大小的标志，通常高价的贵重货物的运价高于低价的普通货物运价。

（3）货运量与货物批量的大小对派船吨位、运力组织十分重要，既不要因为船舶太大而造成运力的浪费，又不要因吨位太小而不能满足需求。较稳定的货流和批量能使定期船具有较高的舱位利用率和较好的经济效益。

另外，货物装卸的特殊要求，货物受损的难易程度等都应在定价时予以考虑。

4. 航线及港口条件。航线包括航行距离，航区的自然、气象、水文情况，是否需要通过运河以及航线上是否有加油港及其油价等。因为这些条件影响船舶的营运经济效益，是决定是否派船的主要根据之一。

在往返航程中，能否揽取回程货载，是影响班轮运价水平的重要因素。因为回程货载既有利于增加企业的收益，也有利于航运资源的合理运用。若能揽到回程货源，运价水平可以适当低一些，这样有利于提高企业的竞争力；相反，若无回程货载，运价水平必然偏高，否则，船舶空载航行的耗费无法得到补偿。

航线上的港口状况是构成航线的重要组成部分，港口状况包括港口的地理位置，限制水深和潮汐变化，港口的装卸费率及其与船、货有关的使用费，港口的装卸设备泊位条件以及装卸效率水平、港口的班制、管理水平和拥挤程度等，这些因素对运价的制定有重要参考价值。

（四）航运运价定价方法

1. 运价制定原理。国际航运运价的制定是一个相当复杂的问题，从影响运价的因素分析可见，既取决于航运企业内部条件，又取决于航运市场结构、特点及其他外部环境条件。因此，有多种原理可用于航运定价。

（1）成本定价原理。从经济学的价格理论出发，任何一个航运企业（公司）或行业组织所遵循的定价原理是一致的，即成本定价原理[①]。成本定价原理是以航运服务的必要劳动耗费所应得到的补偿加合理的利润后确定的运价。成本定价原理是符合价值规律的，也符合企业的目标，所以，成本定价原理被广泛应用于制定国际航运运价。

（2）从价原理。从价原理又称负担能力定价原理，是指以货物对运价水平的承受力大小来确定运价。从价原理的实质是在货物运输双方进行价格竞争的条件下，按需求弹性高低来确定货物运价的一种模式。一般情况下，商品本身值较高的贵重货物对运价水平有较大的承受能力，其航运需求弹性小于1，因此，运价可以定得高一些，这样对航运公司有利。如金银饰品、文物、电子产品等，这些商品的自身价值较高，对运价也有较大的负担能力，运价水平对它的市场价格影响不大。商品价值较低的货物对运价水平的承受能力较小，其航运需求弹性大于1，运价定得过高，对航运公司并不利。因此运价应该定得低一些。如煤

---

① 王彦. 国际航运经济与市场［M］. 大连：大连海事大学出版社，2002.

炭、矿石、石油、谷物等，这些货物本身的价值较低，对运价的负担能力也较小，运价水平对它的市场价格影响较大。因此，货物的运价应该根据货物对运价的不同负担能力来确定。通常，负担能力定价原理被运用于需求导向型定价方法。它与成本定价方法相比较，更重视货主对运输服务质量以及满足需求程度等方面的要求。

（3）供求关系定价原理。按平均成本定价原理所确定的运价是供给价格，理论上是运价的下限；而以负担能力定价原理所确定的运价是需求价格，理论上是运价的上限。如果运价低于理论上的运价下限，则航运企业难以生存和发展；如果运价高于理论上的运价上限，则货主将无力承担。因此，实际运价应根据市场的供求状态在上下限之间波动，这就是供求关系定价原理产生的基础，也是市场经济的主要特征。

供求关系定价原理是指运价取决于航运市场的供求关系，运价随着航运供给的增加而下降，随着航运供给的减少而提高，构成航运供给价格曲线；运价随着航运需求的增加而上升，随着航运需求的减少而下降，构成航运需求价格曲线。航运供给与航运需求这两种市场力量的强弱，将具体决定运价的高低。

（4）运输价值定价原理。运输价值定价原理是依据运输服务所创造的价值多少进行定价。它与负担能力定价原理相类似，是需求者根据运输服务为其创造的价值水平而愿意支付的价格，反映运输服务所创造的市场价值。运输价值反映了货主（托运人）对运价的承受能力，也反映了市场环境、运输对象、运量对运输价值高低的影响。因此，运输价值定价理论具有一定的科学性。

2. 运价定价方法。

（1）成本导向定价方法。成本导向定价方法是依据成本定价原理进行定价。其定价思路为式（7-5）：

$$运价 = 单位成本 + 加成额 \qquad (7-5)$$

单位成本是指每单位产品所费的成本，加成额主要是毛利。此法需先算出运输总成本及总运量，求出单位运输成本后，再加上一定比例的毛利，就得出单位运输价格，也就是运价。这种定价方法为多数国际航运企业所采用。此法定价能保证企业补偿全部的费用，并取得合理的利润。

在成本定价原理中又存在三种定价方法：

①平均成本定价。平均成本定价是以运输总成本平均分摊到所承运的货物上之后，考虑单位运量的必要利润水平而确定的运价。可用式（7-6）表示：

$$运价 = 平均固定成本 + 单位运量变动成本 + 单位运量利润$$
$$平均固定成本 = 固定成本/运量$$
$$P_f = \frac{S_{fc}}{Q_m} + C_{VC} + r \qquad (7-6)$$

其中，P_f 为运价（元/吨）；Q_m 为运量（吨）；S_{fc} 为固定成本；C_{VC} 为单位运量可变成本（元/吨）；r 为单位运量合理利润（元/吨）。

在航运产品成本构成中，单位产品的变动成本，通常不随运量变化；而平均固定成本随运量的增加呈现下降趋势。

平均成本定价，基本符合价值规律原则，它既考虑了运输生产过程中的物化劳动价值，又考虑了活劳动的价值，简单明了，直观易行，对船货双方都是公平合理的，所以很容易被接受并且在实践中应用。但是，平均成本定价仅仅以企业内部条件为依据的局限性，带来了一些不可克服的缺点：

a. 平均成本定价不能反映航运市场环境的供求关系与运价的相互影响。

b. 平均成本定价不能反映航运市场供给与需求的变化在时间上的差异。所以，平均成本定价并不能真实地反映实际成本。通常，运输需求的增长往往是不间断逐渐增长，而运输供给呈现跳跃式增长，造成需求与供给之间的时间差。国际航运市场中，航运供给与需求之间同样存在这种时间差，或超前或滞后。由于这一特点，按成本定价就不能反映运输生产的实际消耗。当运输供给超前时，平均成本高于实际成本；而当运输供给滞后时，平均成本又低于实际成本。

c. 成本定价原理的定价过程是在实际费用完全发生之后才能进行，所采集和运用的数据，只能是依赖过去或当前的统计数据。不可能完全反映未来状态，而且在分摊成本和决定利润率方面也缺少充分依据。

②边际成本定价。海运边际成本是在给定的时间内每增加单位产量而导致总成本的增量，它是船舶总成本对运输产量的导数。运输产量指船舶运输周转量。边际成本可表示为式（7-7）：

$$P_f = dTC/dQ \qquad (7-7)$$

其中，P_f为单位运价（元/吨海里）；dTC为海运总成本的增量（元）；dQ为海运总周转量的增量（吨海里）。

如果运输生产规模不变，即投入的运力不变（固定成本不变），在给定的时间内增加产量，边际成本实际上就是增加的可变成本，边际成本是对周转量的导数，即式（7-8）：

$$P_f = MC = dTVC/dQ \qquad (7-8)$$

其中，MC为海运边际成本；TVC为海运总变动成本。

边际成本定价原理很适于运输业的特点。对于货源充足、运力不足的航线，由于固定生产要素制约着生产规模，当运量超过最有效的定量水平时，边际成本就会迅速增加，并大大超过平均成本，这时按边际成本定价，就可以限制运量的增长，缓解运力紧张的状况，迫使货源向其他线路或运输方式转移，促使运输布局趋于合理，并促使各种运输方式形成合理的比价关系。因为当运量增长到超过现有的航运运输能力，必须通过追加投资增加单位运量总成本的增量定价，既考虑了实际成本，又考虑了长期供求状况。

平均成本或边际成本定价存在的共同缺陷是：a 只反映航运企业财务账户上的成本状况，而航道、船闸、航标、港口等航运配套设施、航运科技研究与试验费用则大部分并未在运价中反映出来；b 不能完全反映未来成本状况。

③完全成本定价。平均成本或边际成本定价存在的共同缺陷是：a 只反映航运企业财务账户上的成本状况，而航道、船闸、航标和港口等航运配套设施、航运科技研究与试验费用则大部分由国家财政负担，这部分支出是国民经济为保证航运服务而付出的代价，并未在运价中反映出来。b 两种成本均是历史成本，不能反映未来成本状况。因此，产生了完全成本定价的概念，按照完全成本制定运价时，既要考虑固定成本，又要考虑变动成本；既要考虑直接成本，又要考虑间接成本；既要考虑目前支付的成本，又要考虑将来可能支付的成本。

这样才能做到运价能够准确反映为完成一定量运输生产而付出的全部必要代价。如果所有航运企业都能按完全成本确定价格，那么，运输价格将准确反映经济学意义上的运输成本。完全成本定价目前仍处于理论研究阶段。

（2）需求导向定价方法。需求导向定价方法主要是从需求者对运输服务质量的要求出发，考虑货物对运价的承受能力后进行定价。其定价思路为公式（7-9）：

$$运价 = 货物价值 \times 承受能力系数 \tag{7-9}$$

货物价值是指投入运输的单位货物（通常以重量吨或以容积吨计算）的市场价格。承受能力系数通常根据市场调查或经验确定。

（3）竞争导向定价方法。竞争导向定价方法是为了确保市场占有率，或为了挤入市场而针对市场形势进行定价。这种定价方法不能只考虑企业利益，更重要的是根据市场供求关系和竞争对手的运价水平。它一般有三种情况：①与竞争对手运价水平相当；②高于竞争对手的运价水平；③低于竞争对手的运价水平。

第三节　航运价格指数

一、运价指数

（一）指数的概念与种类

指数产生于分析研究现象的动态变化，如物价的变动、产量的变动、劳动生产率的变动、工资的变动、成本的变动等。

1. 指数的概念。指数的概念有广义和狭义之分。

（1）广义相对数：两个有一定联系的变量值相对比得到的相对数叫指数。如计划完成相对数、动态相对数、比较相对数等都是广义的相对数。

（2）狭义相对数：反映复杂经济现象总体变动方向和程度的相对数。

（3）复杂总体：构成总体的各单位不能直接加总的总体叫复杂总体。

2. 指数的性质。指数的性质分为以下几种。

（1）综合性：总指数反映的是复杂现象总体的综合数量变动，是对总体各单位的具体变动抽象综合的结果，而不是某些具体单位的实际变动。

（2）平均性：总指数反映的是复杂总体内所有单位变动的平均水平或一般水平。（从方法论的角度看，总指数是许多大小不同的个体指数的平均数）

（3）相对性：相对性有两方面的含义，从形式上看，指数是一种相对数，反映的是相对于所对比水平的平均水平；从编制方法看，在观察某一因素的变动及其影响时，必须假定其他因素不变，也就是说，实际上，总指数反映现象的准确性，也是相对的。

（4）代表性：代表性也有两方面的含义，总指数所反映的数量变动是总体各单位数量变动的代表水平；另外，现实生活中编制总指数时，一般只能选择一部分有代表性的单位进行计算，而不可能把所有的单位都计算在内。

3. 指数的分类。对于指数，按不同的分组标志，可以进行不同的分类。常用的指数分类方法，有以下几种：

（1）按照指数所说明社会现象范围的不同，指数可以分为个体指数和总指数。个体指数是指反映某一种现象变动的相对数；总指数是综合反映多种或全部社会现象变动的相对数。总指数通常简称指数。总指数按其表现形式不同，又分为两种：综合指数和平均指数。

（2）按照指数所反映社会现象性质的不同，指数可分为数量指标指数和质量指标指数。①数量指标指数是反映社会现象总体规模、水平或总量变动的相对数。如反映多种产品产量变动的相对数；反映多种商品销售量变动的相对数。这些产量指数、销售量指数，都是数量指标指数，也称为物量指标指数。②质量指标指数是反映经济工作质量变动的相对数。如产品单位成本指数、价格指数、劳动生产率指数、工资水平指数等。这些指数都是根据质量指标计算的，反映了质量的好坏，所以，称为质量指标指数。

（3）按照指数所采用的基期不同，可以分为定基指数和环比指数。①定基指数是指采用固定基期计算的指数。它反映某种社会现象在一个较长时期内的变动程度。②环比指数是用报告期总体总量与前一期总体总量对比，所得的相对数。或者说，环比指数都是以前一期指标作为对比基期而计算的动态相对数。它反映某种社会现象逐期的变动程度。

（二）运价指数

1. 运价指数就是运价变动的相对数。国际航运市场广泛采用运价指数来反映运价水平和动态。航运（价格）指数是一个相对数，其含义是航运市场价格在一个时期的数值与另一个作为比较标准的时期内的数值比较，以此反映航运运价水平和动态。从本质上讲，运用指数原理编制运价指数，可以如实刻画和描述航运市场的波动轨迹，具有时效性、直观性、准确性和较好的预测功能。

世界上一些主要航运国家和研究机构定期发表包括各种运价指数的市场报告。如英国海运交易所每月发表不定期船运价指数；德国不来梅航运经济研究所、美国纽约航运研究院均定期发表运价指数报告。

2. 波罗的海交易所指数。由于波罗的海交易所能够根据航运市场的发展和变化，对运价指数的构成及时予以修订，而运价指数又是根据严格、明确的航运市场规则计算出来的，所以，它能够反映出全球干散货航运市场的运价水平，成为干散货航运市场发展和变化的"晴雨表"。此外，波罗的海运价指数还是运费期货交易的基础，因此它对干散货航运市场的分析和预测，对指导干散货船的租船业务，有着至关重要的作用。波罗的海运价指数分为波罗的海好望角型船运价指数（BCD）、波罗的海巴拿马型船运价指数（BPI）、波罗的海灵便型船运价指数（BHD）以及波罗的海干散货船期租费率指数（BDI）。

二、国内航运指数

目前，国内航运运价指数主要是上海航运交易所编制发布的中国出口集装箱运价指数。为了适应中国集装箱运输市场迅猛发展的需要，由交通运输部主持、上海航运交易所编制发布的中国出口集装箱运价指数（china containerized freight index，CCFI）于 1998 年 4 月 13 日首次发布。作为航运市场"晴雨表"的运价指数，在现代航运市场中应用非常广泛，同时，上海航运交易所还编制发布了新版上海出口集装箱运价指数（new shanghai containerized freight index，SCFI）和中国沿海（散货）综合运价指数。

（一）中国出口集装箱运价指数（CCFI）

1. 基期。中国出口集装箱运价指数以1998年1月1日为基期，基期指数为1000点。

2. 样本航线的选择。根据典型性、地区分布性、相关性三大基本原则，筛选出11条航线作为样本航线，分别为中国香港、韩国、日本、东南亚、澳新、地中海、欧洲、东西非、美西、美东、南非南美航线，境内出发港口包括大连、天津、青岛、上海、南京、宁波、厦门、福州、深圳、广州等十大港口。

3. 运价信息的采集。目前，有16家商誉卓著、航线市场份额大的中外船公司，按照自愿原则，组成运价指数编制委员会，提供运价信息包括法国达飞轮船（中国）有限公司、中远集装箱运输有限公司、中海集装箱运输有限公司、韩进海运（中国）有限公司、赫伯罗特船务（中国）有限公司、川崎汽船（中国）有限公司、马士基（中国）航运有限公司、大阪商船三井船舶（中国）有限公司、日本邮船（中国）有限公司、东方海外货柜航运（中国）有限公司、铁行渣华（中国）船务有限公司、太平船务（中国）有限公司、上海海华轮船有限公司、上海市锦江航运有限公司、中外运集装箱运输有限公司、新海丰船务有限公司。

4. 发布方式。上海航运交易所每周五编制、发布中国出口集装箱综合运价指数及11条分航线指数。

（二）新版上海出口集装箱运价指数（SCFI）

2009年10月17日，上海航运交易所正式发布新版上海出口集装箱运价指数（SCFI）。新版SCFI在指数构成、运价含义、样本结构、发布时效性、数据报送形式、编制规则6个方面进行了改革。例如原指数只有3条航线的运价，而新版指数包括1个综合运价指数和15条分航线市场运价指数。此外，运价指数的编制从只收集船运公司的价格增加到收集货代公司的报价，并且将燃油附加费、旺季附加费等因素也考虑进去。航运市场上的衍生品交易最常见的就是干散货的远期运价合约（FFA），指交易双方约定在未来某一时点，就事先约定的运费价格与波罗的海运费发布的指数价格的差额进行现金结算。此前，中远等航运巨头都参与了FFA的操作。

新版上海出口集装箱运价指数（SCFI）的编制，一是为了完善指数的表征功能，使之更能体现航运和贸易的景气程度；二是为了开发指数的投资功能，将其作为一种避险工具，为开发集装箱运价衍生交易产品作准备。发布新版SCFI，从指数到衍生品，主要是为了合约的设计。由于有15条航线的运价指数，理论上就可以推出15个衍生交易产品。另外根据合约的不同，每条航线又可以有不同的衍生品交易产品。

（三）中国沿海（散货）运价指数

2001年11月由原交通部主持、上海航交所编制发布中国沿海（散货）运价指数。中国沿海运价指数以2000年1月为基期，基期指数1000点。依据重要性原则，选择列入5

个货种作为沿海运价指数样本货种，即煤炭、原油、成品油、金属矿石和粮食。基于运量规模，兼顾区域覆盖性，综合考虑航线未来发展形势，选取 18 条样本航线。有 17 家港航单位为其提供运价信息。每周五，由上海航交所编制、发布综合运价指数及 18 条分航线指数。

（四）中国航运景气指数

与运价指数相关的具有前瞻性的指数是中国航运景气指数。中国航运景气指数（CSPI）于 2009 年 11 月 29 日由上海国际航运研究中心发布。CSPI 包括中国航运信心指数（CSFI）、中国航运景气预警指数（CSAI）及中国航运景气动向指数（CSCI）。该指数选择了具有代表性的航运企业作为样本，从微观层面反映中国航运业的发展状况，且 CSPI 与 CSFI 季度发布，CSCI 月度发布。其中景气指数的数值介于 0 ~ 200，100 为其临界值。当景气指数大于 100 时，表明航运业所处状况趋于上升或改善。航运景气指数按类型分为（船舶运输企业、港口企业、航运服务企业）景气指数和信心指数指标（船舶运输企业、港口企业、航运服务企业）。

船舶运输企业的观察指标是企业运力、舱位利用率、运费、运营成本、盈利情况、流动资金、企业融资、贷款负债、劳动力需求和船舶运力投资等；港口企业的观察指标为吞吐量、泊位利用率、收费价格、运营成本、盈利情况、流动资金、企业融资、贷款负债、劳动力需求和新增泊位和港口机械投资等；航运服务企业的观察指标是业务预定、业务量、业务收费价格、业务成本、盈利亏损变化、流动资金、企业融资、贷款拖欠、劳动力需求等。

因为航运在客观上存在着周期波动，中国航运景气指数体现的是景气监测预警功能。中国航运景气预警指数（CSAI）与中国航运景气动向指数（CSCI）能像"晴雨表"或"报警器"那样发挥监测和预警的作用，且中国航运业运行中的一些问题也可以通过一些指标率先暴露或反映出来。利用 CSAI 指数与 CSCI 指数进行分析，就是利用中国航运各变量之间的时差关系来指示景气动向。

知识拓展 7 -1：中国航运指数首次走出国门"海上丝路指数"亮相伦敦

第四节　航运运价衍生品

航运运价金融衍生品是指以航运运力、运价相关指数作为交易标的，以期货、期权、远期协议和掉期（互换）等作为交易合约模式的金融工具。全球航运运价金融衍生品至今共出现三种形式：运价指数期货、运价远期合约（FFA）和运价期权①。

---

① 航运运价现货市场和衍生品市场的发展现状——航运衍生品系列，https：//baijiahao. baidu. com/s？ id = 1639143677566656504.

一、国际航运运价的衍生品体系

对于航运相关企业而言，航运金融衍生品是运价风险管理工具，有助于企业科学安排生产经营和制定战略规划。同时，市场合理运用航运金融衍生品工具将更好地服务航运业发展。全球运价金融衍生品至今共出现三种形式：运价指数期货、运价远期合约和运价期权。

（一）运价指数期货

英国波罗的海交易所（Baltic Exchange）于1985年5月1日开始编制波罗的海运价指数（Baltic Freight Index，BFI），该指数根据当时的11条航线运价报价综合而得。同年，以此为交易标的的波罗的海运价指数期货在波罗的海国际运价期货交易所（Baltic International Freight Futures Exchange，BIFFEX）开展交易。BIFFEX期货也成为全球航运史上第一个金融衍生产品。从此，运价衍生品市场正式步入高速发展时期。

BIFFEX期货自诞生以来，其交易标的随着BIFFEX对运价指数的样本航线的调整而改变，同时航线里的船型也在不断变化。在诞生之初的5年时间里，样本航线只有即期的航线运价，1990年8月开始把期租航线加入到运价指数中。船型也从最初的灵便型、巴拿马型和好望角型三种向巴拿马型和好望角型（自1993年11月起）两种，再向只有巴拿马型（自1998年12月起）变化。随着船型的变化，波罗的海巴拿马型船运价指数（Baltic Panamax Index，BPI）替代了1999年10月底退出历史舞台的BFI，成为新的投资标的。具体变迁如图7-1所示。

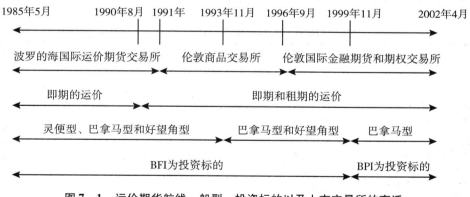

图7-1 运价期货航线、船型、投资标的以及上市交易所的变迁
（1985年8月上市到2002年4月下市）

资料来源：中信期货研究部根据公开资料整理，https://baijiahao.baidu.com/s? id=1639143677566656504.

波罗的海运价指数期货是历史上第一个推出"无形"服务的期货产品，曾得到市场的追捧，但是随着时间的推移，该期货的不足越来越明显，交易量不断萎缩。1999年11月后以BPI指数为标的结算之后，交易量进一步下降。1999年12月至2001年6月，日平均成交量为17手，平均合约价值为204 000美元，该指数期货继续交易的意义已越来越小，终于在2002年4月下市停止交易。

作为航运界第一个金融衍生品，该品种最终惨淡收场的原因有不少。第一，合约选择的标的物导致套期保值比率低；第二，流动性不足；第三，因缺乏充分的投教导致市场参与者不熟悉衍生品而不去使用；第四，市场上可替代产品的出现。标的为 BFI，BPI 的航线构成情况如表 7－2、表 7－3 所示。

表 7－2　　　　　　　　　　标的为 BFI 的航线构成情况（1998 年 5 月标准）

航线	商品	权重（%）
1 美湾—鹿特丹	谷物	10
1A 环大西洋（期租）	谷物、矿石、煤	10
2 美湾—日本南	谷物	10
2A 斯卡和帕赛罗到日本/中国台湾（期租）	谷物、矿石、煤	10
3 美国北太平洋—日本海	谷物	10
3A 环太平洋（期租）	谷物、矿石、煤	10
6 汉普顿港群—鹿特丹	煤	7.5
7 美国—日本（期租）	谷物、煤、石油焦	10
8 图巴朗—鹿特丹	铁矿石	7.5
9 图巴朗—北仑	铁矿石	7.5
10 理查德湾—鹿特丹	煤	7.5

资料来源：中信期货研究部根据公开资料整理，https：//baijiahao. baidu. com/s？id＝1639143677566656504.

表 7－3　　　　　　　　　　标的为 BPI 的航线构成情况（1999 年 11 月标准）

航线	商品	权重（%）
1 美湾—鹿特丹	谷物	10
1A 环大西洋（期租）	谷物、矿石、煤	20
2 美湾—日本南	谷物	12.5
2A 斯卡和帕赛罗到日本/中国台湾（期租）	谷物、矿石、煤	12.5
3 美国北太平洋—日本海	谷物	10
3A 环太平洋（期租）	谷物、矿石、煤	20
7 美国—日本（期租）	谷物、煤、石油焦	15

资料来源：中信期货研究部根据公开资料整理，https：//baijiahao. baidu. com/s？id＝1639143677566656504.

（二）运价远期合约

运价远期合约（Freight Forward Agreement，FFA）是交易双方约定在未来某一时点，就事先约定的运价与波罗的海交易所发布的指数价格（或者普氏邮轮运费指数）的差额进行现金结算。该合约中规定了特定的航线和数量等。

1. FFA 的发展历程。FFA 最早由美国领先的航运服务提供者—克拉克森（Clarksons）集团旗下的克拉克森证券在 1989 年推向市场。1992 年，由欧洲两家著名船运公司（Bocimar and Burwain）签订了全球第一个干散货的运价远期合约。1994 年，第一个邮轮运价远期合约以伦敦邮轮经纪协会提供的平均运费率的报价为标的，由吉尔公司（Cargill）和英国石油公司（BP）签订。2001 年 11 月，成立于奥斯陆的国际海运交易所（IMAREX）首次出现由挪威期货和期权结算所结算的运价远期合约。时隔 4 年的 2005 年 6 月，奥斯陆国际海运交易所再次联合挪威期货和期权结算所推出运价远期认购和认沽期权。2011 年，波交所启动 FFA 的中央电子交易系统 BALTEX，同年新加坡交易所（SGX）也推出类似的电子交易系统。

2. FFA 的产品类别。运价远期合约产品主要分为场内交易和场外交易。FFA 刚开始时是场外产品，主要是通过经纪人在买家和卖家之间相互协商。场外交易的合约文本主要是由运费远期合约经纪商协会（Forward Freight Agreement Brokers Association，FFABA）制定的，并以此为标准。产品类别包括所有的干货（湿货）的特定航线和其他样本航线构成的——篮子运费指数运价远期合约，包括场内交易的品种；天然气运输的运费远期合约；集装箱运输（container）的运费远期合约。直到 2001 年，运价远期在奥斯陆国际海运交易所（imarex）上市交易，并由挪威期货和期权结算所（NOS）提供结算服务之后，才有了成为标准化合约的运价期货合约的场内交易。上市产品除了场内撮合的交易合约，还有一些结算所提供结算的场外合约。

3. FFA 产品的优点。市场上可替代产品的出现是运价指数期货最终下市的重要因素之一，而这一可替代产品就是运价远期合约。运价远期合约之所以可以最终替代运价指数期货，是因为 FFA 类产品有很多优点。例如便于交易的企业进行风险管理和控制，获得稳定的现金流；交易合约可以延续到 3 年以后；在最后交割日前可以自由买卖，方便快捷；具有强大的价格发现功能，引导现货的运输市场；是一个完全的金融衍生产品，不涉及实际的运力和船的交割，并能对自身的实物资产进行控制；操作简单，交易省时便利；不必像即期船市场交易那样双方反复讨价还价，也不存在即期市场般的转租情况；流动性很好等。此外，场外交易的运费远期可以依据交易方的要求对合约进行量身定做，对于不同的船型、航线、交易的船吨位和结算日的选择等更加弹性方便。更重要的一点是，FFA 可以就波罗的海运价指数构成中一个特定航线的运价波动风险进行套期保值，因此相比运价期货，这种远期合约能更有效和更有针对性地对冲运费风险。

不同于运价指数期货，FFA 自推出以来一直交易至今，是目前全球成交最活跃、市场认可度最高的航运金融衍生品。2018 年 FFA 成交总量增加：其中，油轮市场的货运衍生成交量增长了 20%，达到 321 962 手；干散货市场的成交量增长 1.4%，达到 1 196 929 手，是自 2008 年以来最强劲的表现。①

4. FFA 多头和空头套期保值应用。

（1）FFA 的多头套期保值。有一家中国贸易公司，在 3 月签订了一项买卖合同，将在 7 月从巴西采购 20 万吨铁矿石运回国内，约定买方支付运费。目前干散货船的运价为 10 美元/吨，但是考虑到 BDI 指数的一路上扬趋势，到 7 月签订运输合同时，运价势必会上涨。

---

① 资料来源：中信期货研究部根据公开资料整理，https://baijiahao.baidu.com/s?id=1639143677566656504.

为了提前锁定运输成本，该公司决定进行 FFA 的套期保值。假定目前 7 月到期 FFA 的运价为 11 美元/吨，该公司买入 FFA 合约 100 张（每张合约等于 1000 吨海运干货）。到了 6 月，该贸易公司找到船家，双方签订了运输合同，运价定在 12 美元/吨，当时 FFA 市场上 7 月到期的合约价格也上涨到 13 美元/吨。这时该公司卖出 FFA 合约进行平仓。通过这一过程，多头方的盈亏情况如表 7-4 所示。

表 7-4 FFA 的多头套期保值分析

日期	现货市场	FFA 市场
3 月	运价为 10 美元/吨	买入七月到期的运价合约，约定运价为 11 美元/吨
6 月	运价上涨到 12 美元/吨	卖出七月到期的 FFA 合约，运价为 13 美元/吨
盈亏	$-(12-10) \times 10$ 万 $= -20$ 万美元	$(13-11) \times 10$ 万 $= 20$ 万美元

可以看出，通过套期保值，该贸易公司成功规避了价格上涨的不利因素。

（2）FFA 的空头套期保值。

一家船东拥有一条 Capesize 船，从 2006 年 12 月来看，这条船的期租合同将在三个月后即 2007 年 2 月底到期还船。船东想在 2007 年 2 月还船后将该船放到 Richardsbay-Rotterdam 航线（C4 航线）做一个航次。由于 2007 年 2 月市场的不确定性，他想锁定将来的运费为 18 美元/吨，以得到稳定的利润。这样他会进行如下操作：

2006 年 12 月，他以 18 美元/吨的价格卖出 C4 航线 2007 年 2 月的 FFA，合同数量是 150 000 吨。交割价格为 2007 年 2 月最后 7 个指数发布日的平均运价。

到 2007 年 2 月中旬，船东要为该船进行现货即期市场上的租船成交，如果此时现货市场跌到 16 美元/吨，船东在实际货运中也只能做到该运价，但同时 2 月中旬可看到月底 FFA C4 的期货价格为 16 美元/吨，因此船东以 16 美元/吨买入 C4 航线 2007 年 2 月的 FFA。如果 2 月中旬现货市场涨到 20 美元/吨，此时看到月底 FFA C4 的期货价格也为 20 美元/吨，因此船东以 20 美元/吨的价格买入 C4 航线 2 月 FFA。

经过这样的操作后，无论将来市场涨跌，船东得到的实际运费价格都为 18 美元/吨，具体计算如表 7-5 所示。

表 7-5 FFA 的空头套期保值分析

2006 年 12 月	卖出 C4 航线 2007 年 2 月的 FFA，价格为 18 美元/吨	
	市场下跌	市场上涨
2007 年 2 月中旬现货市场操作	现货市场上 16 美元/吨成交	现货市场上 20 美元/吨成交
2007 年 2 月中旬 FFA 市场操作	买入 C4 航线 2007 年 2 月的 FFA，价格为 16 美元/吨	买入 C4 航线 2007 年 2 月的 FFA，价格为 20 美元/吨
在 FFA 上的每吨收益	$18-16=2$（美元/吨）	$18-20=-2$（美元/吨）
实际运费价格	$16+2=18$（美元/吨）	$20-2=18$（美元/吨）

（三）运价期权

运价期权是亚式期权，即期权的执行价格是合约存续期间航线运价（运价指数）的平均价格，一般存续期的计算是指合约生效日至到期日之间。而远期生效的亚式选择权的执行价格是合约生效日后的某一时点开始至到期日的平均标的价格（或者到期前某一时段的平均价为执行价格）。确切地说，运价期权实质是远期生效亚式期权，采取这种形式的好处有：防止人为短期操纵而产生不合理的价格；如果运价指数能一定时期内平均稳定在某一价位上，那么参与者规避风险的损益可以不受运费指数的起伏而有异常的波动。

2004 年，海运价格大起大落的牛市不仅带动了 FFA 交易的火爆，还催生了更高级的运费期权产品的出现。2005 年 6 月 1 日，国际海运交易所联合挪威期货和期权结算所推出最有流动性的湿货运价远期 TD3 和 TC2 的认购和认沽的亚式期权。同时推出世界上第一个干散货运价远期 PM4TC 的期权合约，因为巴拿马型船运费价格经常会出现幅度 60% 的波动，所以新的运价期权合约针对巴拿马型货船。

2018 年，干散货期权成交量增长 44% 达到 268 976 手，达到 2016 年的水平。其中，巴拿马型船的成交量增长了 65%，达到 82 987 手，目前占所有行业的 31%；海岬型船的成交量增长了 37%，达到 182 575 手，占总量的 68%；超灵便型船股价在 2017 年水平上下跌了3.5%，占 2018 年总股本的最后 1%。2019 年 1 月 2 日干散货持仓量为 207 891 手，较 2018年 1 月 2 日增长 25%。干散股期权未平仓合约也在 2019 年 1 月 2 日开盘 185 724 手，较2018 年 1 月 2 日上涨 57%[①]。

二、中国发展航运运价衍生品的意义

航运业具有资本集中度高、运价波动剧烈、经营风险大等特点。除宏观层面受地缘政治、世界经济、自然条件等诸多因素影响外，日常运营中，还需面对市场变化、油价波动、港口拥堵、人员罢工、运输事故、极端气候、恐怖袭击等不确定因素带来的经营风险。这些不确定性集中体现在运输价格、船舶价格和运输成本的波动幅度上。

若没有航运金融衍生品市场，在航运市场景气期，中国航运企业尚且能在现货市场扩充运力提高市场份额来赚取更多利润；一旦市场反转，便会面临大面积亏损。2008 年，全球金融危机前后，因受制于国内没有建立起自己的运价衍生品市场，中国的一些大型国有企业不得不参与境外 FFA、燃油期权等衍生品交易，遭受了重大经济损失。这些企业的巨额亏损，有未遵守理论上实体企业只参与套期保值、进行违规投机的原因，也存在企业内控制度薄弱、对衍生品风险认识不足、不熟悉国际衍生品交易等原因。但归根到底是受制于人的无奈和尴尬。

中国航运企业遭遇的困境充分印证了在充满不确定性的高风险航运市场，只有现货市场一条腿走路，没有套期保值的衍生品市场作补充，是极不健全的市场，对航运企业的经营造成了极大的困扰。中国航运企业需要一个契合其业务特征、受中国政府监管的中国自己的航运金融衍生品市场，为其提供风险管理的工具，从而提高其稳定经营和参与国际竞争的能力。

---

① 资料来源：中信期货研究部根据公开资料整理，https：//baijiahao. baidu. com/s? id = 1639143677566656504.

与此同时，发展中国自主的航运金融衍生品市场对推进中国海运强国和上海国际航运和国际金融中心建设都具有非常重要的意义。一方面，中国作为贸易大国在国际贸易中起着举足轻重的作用，然而在全球前二十大班轮公司的运力中，中国班轮公司的运力占比不到9%，且大部分进出口企业体量小，在现货市场没有与境外航运企业议价的能力，导致中国大量贸易运输需求产生的运费收入拱手让给境外航运企业。运价由境外航运企业主导将严重影响中国贸易、航运、造船、航运服务等整条产业链，进而影响国家经济安全。为此，发展中国航运金融衍生品市场，争夺国际航运运价定价权和话语权对中国建设海运强国具有深远的战略意义。另一方面，上海建设国际航运中心已有若干年，从货物吞吐量和港口建设等硬件角度来看，取得了令人瞩目的成就。但是，在航运金融领域，尤其在航运价格的话语权和对运力资源的配置权上，中国航运企业在国际竞争中明显缺乏议价能力和风险控制能力，与纽约、伦敦等全球一线的国际航运和国际金融中心相比，上海的差距是显而易见的。因此，上海亟须充分利用现有政策和市场条件，加快发展航运衍生品，以适应资源配置型国际航运中心建设的需要，提升航运金融对航运业的服务水平，使航运金融成为中国航运实体经济转型发展、由大变强的重要推动力。

知识拓展 7－2：集装箱运价衍生品

本章重要概念

航运成本　航运价格　运价指数　运价期货合约　　运价远期合约　运价期权

本章习题

1. 简述航运成本涵盖哪些内容？
2. 简述运输市场结构的内容。
3. 举例说明航运运价衍生品有哪些？
4. 举例说明国内、国外航运指数有哪些？
5. 简述运输价格的影响因素。
6. 简述运输价格的定价方法。
7. 简述中国发展航运运价衍生品的意义。

第八章

航运信托与产业投资基金

■ 本章导读

　　航运信托和产业投资基金可以应用于不同的领域。航运信托一般应用于航运企业、船舶租赁公司等航运行业的投资，包括购置、销售船舶以及资金融通等方面；而产业投资基金则可以用于高新技术企业、战略产业、公共基础设施建设等领域的投资，支持相关产业发展。航运信托和产业投资基金虽然在投资领域中存在差异，但都是投资人获取高额回报的重要工具。需要根据项目的实际情况和自身的投资风险偏好来选择适合自己的投资方式。航运信托与产业投资基金都是投资领域中的代表性产品，其具备一定的差异性和适用范围。本章将重点介绍航运信托和产业投资基金的基本概念和特点，并探讨二者的区别和应用领域，让读者加深对于航运信托和产业投资基金的了解。

■ 课程思政

发展航运信托与产业投资基金的历史使命

　　1941 年，中国现代航运先驱董浩云先生在香港注册成立了面向全国的航业金融机构——中国航运信托股份有限公司。之所以有此设想，是董浩云先生有感于中国轮船航运业国营与民营的竞争激烈，而无法共同发展以逐步从外国手中收回航权。因此他希望国营和民营能够联合统筹发展，而这种统筹，需要得到金融业的支持和帮助。用董浩云先生自己的话来说，就是在"航业合作进程中，在需求金融力量，予以援助"。航运信托目前仅见于新加坡，我国海运信托基金尚处在探索阶段，航运产业投资基金也处于起步阶段。

　　通过让学生了解这种现状，了解和国际上航运金融发达国家的差距，拓宽学生国际视野，培养学生为我国航运金融发展而奋斗的社会责任感。通过对我国加速发展绿色航运基金的介绍，鼓励学生关注海运业的环境污染和碳减排问题，增强专业能力的同时，掌握全球海运业绿色、节能、低碳、可持续的发展趋势。通过我国股权投资基金市场发展历程，培养学生的爱国情怀，增强制度自信，帮助学生树立国家安全观和守住不发生系统性金融风险的底线意识。

第一节 航运信托

一、信托及航运信托基金的概念

信托是委托人基于对受托人的信任，将其财产权委托给受托人，由受托人按委托人的意愿以自己的名义，为受益人的利益或特定目的，进行管理和处分的行为。信托（Trust）是一种理财方式，是一种特殊的财产管理制度和法律行为，同时又是一种金融制度。信托与银行、保险、证券共同构成了现代金融体系。信托业务是一种以信用为基础的法律行为，一般涉及三方面当事人，即投入信用的委托人；受信于人的受托人；以及受益于人的受益人。

航运信托也称海运信托，海运信托基金是指由金融机构或船务公司作为发起人成立基金公司，基金管理公司通过发行基金单位集中投资者的资金，由基金托管人托管，由基金管理人管理运用资金专门从事船舶投融资业务，通过收购二手船舶，订造新船以期租或光租的形式出租给航运公司获取利润，与基金受益人共同承担风险、共享收益。

近些年来，航运信托基金作为金融领域新出现的一种投资方式，依靠政府航运政策和资本市场支持，灵活地将基金制度与信托制度结合起来并应用于航运领域。该融资渠道突破原有航运融资模式的局限以及传统航运基金在资金募集时所存在的"进""出"两个环节的障碍而越来越受到各方的认可，这种模式已经逐渐完善，在实际运用中取得令人满意的效果。这有利于开拓航运融资渠道，完成航运业与金融业的对接与融合，推进国家产业政策，维护国家海洋权益，对中国"一带一路"倡议、自贸区国家战略以及上海国际航运与金融中心建设具有重要的积极意义。

二、航运信托的运作方式

1. 航运公司对自身财产进行分割，对一部分财产进行重新组合成立一家管理企业——海运信托基金。

2. 海运信托基金在股票交易市场上市进行公开发售，招募公众资金注入。

3. 基金交由海运信托经理管理，通过收购航运企业船舶，再将船舶反租给航运企业进行经营活动。

4. 股票持有者从上述交易活动获得的收益中分得红利，海运信托经理根据每年的收益和基金价值获得报酬。

航运信托可以进入资本市场，航运产业基金信托受益权可以通过单位信托（unit trust）出售给投资者，使船东摆脱了通过自有资金或是依赖银行贷款买船的做法，拓宽了融资渠道和基金退出渠道。航运产业基金在资本市场募集基金，航运产业基金投资者主要是机构投资者和公众，公众化程度高，募集面广。

三、我国航运信托的发展状况

我国最早的航运信托创办人是董建华之父董浩云先生。1941 年，董浩云辗转至香港，正式注册成立"中国航运信托公司"。

2008 年 11 月，安信信托推出国内首款船舶航运业信托产品"远程 1 号——船舶抵押贷款集合资金信托计划"。信托资金以贷款的方式用于德勤集团有限公司从事船舶航运业务。作为全国首个核准发行的船舶航运业信托产品，该信托计划资金总规模 1.5 亿～1.7 亿元，按 2 年计算：认购金额在 50 万～99 万元的预期年收益率为 8.5%；认购金额在 100 万～499 万元的预期年收益率为 9%；认购 500 万元以上的预期年收益率为 9.5%。为保障信托资金的安全，受托人主要采取船舶抵押的方式来保障贷款安全。

我国发展航运信托的市场巨大，但由于税收政策、运作海运信托基金的专业人才缺乏，在现行《信托法》《投资基金法》之外，未制定专门的海运信托基金业务管理办法，也未形成完善的业务监管体系，更未明确投资资格审定、投资方向限制、投资比例确认等诸多实际问题。同时，风险规避机制，上市交易与流通问题，以及通过发行信托收益凭证方式在银行间市场实现上市与流通等问题均未得到解决，所以我国海运信托基金尚处在探索阶段。

知识扩展 8－1：航运金融成为中国民生信托创新突破口

四、航运信托的优势

相比于德国 KG 基金、挪威 KS 船舶基金（下一节会详细介绍）等传统航运基金，航运信托有以下几个优势：

1. 航运信托可以进入资本市场。信托受益权通过单位信托出售给投资者，很好地解决了资金来源的问题，彻底摆脱了船东通过自有资金或是依赖银行贷款买船的传统做法，拓宽了融资渠道和基金退出渠道。

2. 采用单位信托方式在资本市场募集船舶基金，比德国 KG 基金广泛采用的有限合伙形式募集面更广，公众化程度更高。船舶投资者将转为机构投资者和公众，借此可以使新加坡的船舶租赁业迅速发展并凭借锁定长期租金进行获利。而且，依靠资本市场监管法律和市场供求关系，信托基金的运营情况相对更透明，投资者权益更能得到保护。

3. 航运信托的税收优惠。新加坡的 MFI 对于经核准的船舶投资机构即船舶租赁公司、信托公司或基金公司（ASIV），仅给予最低程度的限制，并为这些机构提供非常详尽的融资方便和税收优惠。这意味着只要是经核准的 ASIV，它们的船舶运营租赁和融资租赁业务收入均能获得全额免税。

4. 新加坡的航运信托还能享受优于上市公司的制度优惠，银行对于航运信托没有贷款额度的限制，航运信托不是根据会计收益分配红利，而是依据运营现金流分派股息，无论是新加坡本土还是外国投资者，投资航运信托的所得税、印花税全免。

五、航运信托存在的风险

航运信托是投资于船舶的一种信托模式，目前在中国的信托市场中占有较大份额。虽然投资于航运信托有较高的收益潜力，但也伴随着一定的风险。以下是航运信托的风险分析。

（一）市场风险

航运业波动较大，市场价格以及货运量的变化对于船舶租赁市场和相应的航运信托也将产生影响。全球船舶租赁市场充斥着一些非正规渠道和黑市，不完全透明，价格可能会出现较大波动，给投资者带来风险。

（二）技术风险

由于船舶属于高技术含量的资产，因此维修成本较高。船舶老化时间较长，加上维修成本的昂贵，易出现承租方纠纷或取消合同，从而导致航运信托的收益下降。

（三）政策风险

航运业在全球范围内享有很高程度的支持和补贴，但船舶所在的国家政策稳定性直接影响了船舶租赁市场，如政策调整可能导致租赁市场变动从而影响航运信托的收益。

（四）信用风险

航运信托往往面对大型船舶承租方，这些承租方属于高风险企业，如因各种原因导致违约或破产，则投资者将承受显著的信用风险。

第二节　航运产业投资基金

一、航运产业投资基金的概念

产业投资基金是指一种对未上市企业进行股权投资和提供经营管理服务的利益共享、风险共担的集合投资制度，即通过向多数投资者发行基金份额设立基金公司，由基金公司自己任命基金管理人或另行委托基金管理人管理基金资产，委托基金托管人托管基金资产，从事创业投资、企业重组投资和基础设施投资等实业投资。

航运产业投资基金指将基金发行给投资者以获得融资，将募集的资金转移给专业的基金管理人进行经营，而设立的基金投资航运和船舶产业，将拥有的船舶进行出租，获得的租金分配给投资者，其本质是一种产业投资基金。船舶投资基金管理人需要专业的融资知识和能力，而船舶投资基金也需达到长期、稳定、间接的性质，同时可以帮助相关产业实现优化。基金因为拥有稳定、长期的资金而支持航运企业、船舶企业的发展。船舶产业投资基金本质是一种融资工具，也是一个金融资本平台，能够对社会资金资源进行合理配置，将社会资本、银行资本等集合起来，提高资金的利用率，弥补我国航运企业发展的资金缺口，通过对中小航运企业的支持带动整个行业的平衡发展，力图将我国打造成世界航运强国。

二、航运产业投资基金与其他投融资形式的区别

（一）航运产业投资基金与证券基金的区别

航运产业投资基金与证券基金在投资形式和周期方面存在显著差异。前者是一级市场的金融产品，是一种对非上市公司进行股权投资的基金模式，经营模式是投资和资本运营，具体运营对象是被投资企业产品、理念以及管理模式的改革，从而增加其市场价值，选择合适的退出机制和退出时间，出售股权取得投资回报，这一基金模式推动被投资企业的转型和升级。后者是一级半市场或二级市场，取得回报的方式是公开交易。二者在投资周期上也存在区别，前者周期长，退出的方式较多，风险大，顺利退出难度较大；后者相比前者流动性较差，但是对于相关企业扶持力度大。

（二）航运产业投资基金与信托投融资的区别

当前我国唯一可以参与产业投资的金融机构为信托投资，其主要是利用合理的投资计划来筹募资金。等同于基金管理人和基金二者之间的关系，信托投资机构和信托资金之间具有很强的信托关系。其与航运产业投资基金既相似又有区别，其区别主要表现在以下几点：第一，信托投资公司为金融机构，投资基金为金融行为，会受到金融监督，相比之下产业管理人却比较自由，不受金融监督；第二，信托筹资局限很多，例如，筹募所得资金不得高于200 份，异地募集的基金受到很大限制。

（三）航运产业投资基金与项目投资的区别

项目投资主要集中于固定项目，而航运产业投资基金却会在适当的时间内撤离对特定项目的投资。航运产业投资基金具有以下特点：第一，一旦被投资企业发展成熟，为谋取利益就会进行股权转让、上市等行为；第二，经常进行组合投资，但组合的方式并不是一成不变的。总的来说，针对某个特别项目，基金会给予较长时间的投资，但随着外部市场的不断变化，基金会在时机恰当的时候抽回相应的投资，将资金投放在新一轮投资中。因此若没有遇到特殊状况，航运产业投资基金都会在恰当时机退出投资，然而项目投资却始终凭借特定项目来赢取利益。

三、航运产业投资基金的组织形式

航运产业投资基金是指用于航运产业中各种活动的投资资金。在投资航运产业时，一般采用多种组织形式来筹集资金，以满足不同投资的需求。以下是航运产业投资基金的几种组织形式。

（一）船舶融资租赁

船舶融资租赁是指由出租人向承租人提供资金，用于购买船舶等海洋运输工具，同时承

租人在一定时间内向出租人支付租金的一种融资方式。这是航运产业投资基金的一种组织形式，由一家或多家银行和航运企业共同出资组成租赁公司。租赁公司将自有资金和以融资租赁形式吸引的外部资金用于购买船舶，然后以租金的形式向租户出租。租赁公司通常通过银行融资、发行股票等方式筹集资金。

（二）船舶贷款

船舶贷款是指银行或其他金融机构为航运企业提供的用于购买船舶等海洋运输工具的贷款。航运企业通过自有资金和银行或其他金融机构提供的贷款购买船舶。在贷款期限内，航运企业需要向银行或其他金融机构支付利息和本金。船舶贷款通常需要提供抵押物作为担保。

（三）股权投资基金

股权投资基金是由多个出资方共同出资建立，以投资某一个或几个具有发展潜力的企业为目的的基金。在航运产业中，股权投资基金可以用于投资航运企业或相关产业企业。基金管理人可以通过控制股权或参与经营管理来获取投资回报。股权投资基金通常通过股权、债权、收购等方式获利。

（四）债权投资基金

债权投资基金是一种以债权投资为主的资金，投资于具有固定收益的金融工具，如债券、资产支持证券等。在航运产业中，债权投资基金可以通过向航运企业、船舶租赁企业等提供借款的方式来获取投资回报。通常，债权投资基金的投资期限较长，且风险低于股权投资基金。

综上所述，船舶融资租赁、船舶贷款、股权投资基金和债权投资基金是航运产业投资基金的四种常见组织形式。根据不同的项目特点和经营需求，选择合适的组织形式以获得满意的投资回报。同时，基金出资人还需要严格审查投资项目的财务状况、收益情况、市场前景等因素，进行全面评估，以降低投资风险，提高投资效益。

四、航运产业投资基金的设立方式

航运产业投资基金是指由政府、金融机构和企业等共同出资设立的旨在支持航运产业发展的专项基金，主要用于投资航运企业、建设航运配套设施等方面。其设立方式主要包括以下几种：

（一）政府引导型

政府引导型航运产业基金是指政府借助政策、补贴等方式，引导社会资金集聚到航运产业中来。在这种设计方式下，政府通常会制定一系列利好政策，如税收优惠、利率补贴、土地优惠等，以吸引更多的民间资本投入航运产业。此外，政府还会拨出一部分专项资金作为基金的启动资金，引导更多的社会资金进入航运产业。

（二）合资型

合资型航运产业基金是指由政府与企业等合作设立的基金。政府代表国家资本，企业则代表优秀的航运企业或其他配套企业。在这种设计方式下，政府和企业各自出资，共同设立基金，共享基金的收益，并投资于航运企业或航运配套设施的建设，这有助于提高航运产业投资的效率与安全性。

（三）专业型

专业型航运产业基金是指由专业的航运产业基金公司设立，并汇集各方资金进行投资的基金。这类基金通常由专业的资产管理公司设立，具有资金规模大、基金管理水平高、资金使用安全等优点。此外，这类基金通常会联合多家金融机构共同投资，从而有效降低了单个机构所面临的风险。

（四）联合投资型

联合投资型航运产业基金是指由多家机构联合出资，并汇集各方资金进行投资的基金。这种基金既有政府出资的公共资金，也有社会资本、金融机构等多方出资，可充分发挥各机构的资源优势，在资金规模、基金管理、风险防范等方面取得最佳效益。

总之，不同的航运产业基金设计方式都有其独特的优点和适用范围，其目的都是充分利用社会资本，促进航运产业的发展，同时也需要考虑风险管理和监管等问题，维护基金的安全性和可持续性。在实际运作过程中，应选择最适合自己产业特点的设计方式，制定出合理的基金策略和运作规则，加强信用评估，采用多种有效的风险控制手段，确保基金的安全运行。

五、航运产业投资基金运作的国际模式

航运金融的运作模式主要包括船舶融资、船运保险、资金结算和航运价格衍生产品四大类型的运作模式。船舶融资是航运企业发展的前提，是航运事业发展的基础，也是一切以航运为载体经济发展的基石。因此，船舶融资方式的选择是至关重要的，影响到航运企业的运转和航运金融市场的发展。自 KG 基金发行以来，已取得了良好的业绩。该基金由海运信托经理来管理，并收取一定的佣金。德国 KG 基金就是国际上较为成功的一种运作模式。

航运金融的运作模式，也就是航运金融运作的典型形式，是指航运企业、港口、造船厂、银、保险公司、证券公司、商品及衍生业务的经销商、金融租赁公司等机构从事融资、保险、资金结算、航运价格衍生产品等在特定环境下有机协作所采取的发展运营方式，而特定环境包括航运企业管理制度、经营机制、内部组织形式、经营方式、管理方式以及区域硬件基础设施和相关政策措施等的外部环境。其中航运船舶融资（航运企业购建船只过程中发生的资金融通行为）方式虽然只是航运金融运作模式的一个分支，但却是其最重要、最基础的内容。

我国船舶租赁可吸收和参考其他国家已经较为成熟的船舶租赁融资模式，其中以新加坡海事信托基金、德国 KG 模式和伊斯兰基金为代表，在实践运用方面已有一定的积累。

（一）德国 KG System 模式

德国 KG 为简称，全称为德语 Kommandit gesell – schaft，实质上是有限合伙企业的组织

形式，其中不仅有有限合伙人，还包含一个普通合伙人。这种形式的基金覆盖了众多行业投资项目，涉及行业众多，媒体、房地产、人寿保险等都是 KG 基金运作的对象，而这些业务中，运用最为广泛的是船舶业，占 KG 基金市场总额的1/3。在市场运作已走过将近 20 年的时间，KG 船舶基金承受住考验并取得一定成绩，目前全球船舶的 1/5 都是通过这种方式进行融资的，市场投资也显示了 KG 基金绝对的优势地位，投资总额已越过 4000 亿欧元大关呈继续上行的趋势；KG 基金盈利能力也是行业前列，基本保持在 8%～9%，收益率甚至超过了同一时期的德国债券市场。这一优势在几次经济危机中得到展现，德国 1987 年股市大跌以及三年后爆发的海湾战争摧毁了德国经济，而 2001 年美国"9·11"事件诱发了全球经济一系列波动，使得德国 DAX 指数等多项指数大幅度降低。然而不论是哪一时期，德国 KG 基金均没有受到很大的影响，以 5%～6% 的增长率证明了其强大的盈利水平，因此其颇受投资者的重视和喜爱。

因为特殊的组织形式，KG 基金在法律结构上也存在自身的特点。作为发起人，普通合伙人首先会将自己一部分资金进行投资并取得基金份额，吸引有限合伙人加入，成立了有限合伙企业，在基金得到运作后利用杠杆取得银行资本，资金达到一定规模后购买一定数量的船舶并向外租赁。获得利润后将从银行贷款的资金归还后，剩下的利润依照各投资者投资比例划分进行利益分配。购买船舶的资金专门设置基金，其中，银行贷款所占比重为 50%～65%，而私人投资者投资金额所占比重为 35%～50%，银行贷款担保形式是船舶头等抵押的方式。这一基金不仅用于购买船舶，也是受益使用人进行租赁的媒介，通过租赁和投资，可达到较高的投资回报，一般维持在 20%～30%。KG 基金还有一个独特的地方在于其本质是单船基金即每一只基金对应一艘船，投资对象也基本上是单项资产和项目。投资形式决定了利益分配机制以及经营管理模式，有限合伙人不参与基金的管理和经营，只通过投资取得预期回报，具有专业管理经验、经营能力的船东则因为管理运营获得更多经营利润。权利划分中，无限股东权利较大，责任重大；有限合伙人不具有经营管理公司的权利，清偿责任也以其股金认定为基准，项目损益共享依照股份中占有的份额。总而言之，独特的组织形式使得利益双方需求得到保障。

从 KG 基金收税方面看，取消纳税人双重税制，减少了纳税负担，即只需缴纳增值税和交易税，经营所得税不需要缴纳。有限合伙人也就是私人投资者实行一次性报税，税额与分红直接相关。而 KG 基金发行产生的金额作为资产附加不进行一次性计提，可折旧处理，在基金项目结束后，资产残值可出售纳税的同时，KG 基金也享有优惠政策，其中吨位税政策需满足以下条件：基金或企业管理部门在德国境内；志愿采用吨位税，申请后无法撤销等。

（二）新加坡海事信托基金模式

海事信托获益形式是现金流收益，主要运营方式是购买一定数量的船舶并向外出售以获得利润。这种类型的基金发起人和主要投资人同为一人，在基金成立后进入股票市场出售，招揽公众基金单位持有人。资金数额达到要求后通过银行贷款获得购买船舶的资金，并通过经营租赁业务获得收益。海运信托经理在海事信托基金中承担重要角色：一方面，其转交船舶管理权，委托船舶管理公司对基金船舶进行管理；另一方面，其作为公众资金的代表，拥有基金管理权，可获得部分管理收益。船舶管理公司一般是发起方建立的，通过信托资金集合等其他方式使资产规模达到一定条件，从而购买向外出租的船舶，并以融资租赁的方式租赁给航运公司，形成资金信托。与此同时，设备所有权人与信托机构形成委托代理关系，前者为委托人，后者为受托人，前者转移设备于后者，信托机构可将设备进行再次出售，这就形成了一种动产信托。

全球航运中心和贸易中心逐步向东转移，拥有得天独厚地理位置、航运优势的新加坡，在航运服务产业方面已发展得相当成熟，因此其也极有可能成为未来全球航运中心。新加坡政府嗅到这一机遇，并为了推动国内相关产业的发展，于 2006 年推出了海事金融激励计划（maritime finance incentive scheme，MFI），通过政策引导社会投资方向，颁布海事税收优惠政策吸引社会投资，以促进国内船舶业壮大。在这一契机下，出台了新加坡海运信托计划，这一举措也取得显著成效，目前成立海运信托计划并实施的企业已有三家，船舶数量超过了50 艘。新加坡海事信托的设立一般是发起方主导，其与德国 KG 基金存在的主要区别是：发行方式虽然是吸引私人投资者，但是是通过公开的股票市场进行招募的，同时运用银行贷款，所有募得资金用来购买船舶，其并不直接将船舶租赁给使用者，而是与船运公司合作，长期租赁给船运公司，签订契约和协议以获得长期租金。二者在投资方式、实施流程方面具有相似之处。

（三）伊斯兰基金模式

"伊斯兰金融"是根据伊斯兰律法进行的金融活动。根据伊斯兰教义，"伊斯兰金融"不以纯粹赚钱为目的，只能投资于股票，不能投资于与利息有关的一切金融活动。据不完全统计，现在伊斯兰金融业务规模可能达 1 万亿美元，并每年以 15% 速度增长。伊斯兰基金市场是目前在世界金融系统内发展较快的市场之一，基金主要针对中东和东南亚等地区的投资者。全球 70 多个国家中有 300 多家"伊斯兰金融"机构掌控着 5 500 亿美元的资产。在国际私人股权市场上出现了另外一种逐渐发展的资金模式，即以伊斯兰银行为代表纷纷发起设立的伊斯兰航运基金。伊斯兰航运金融工具主要以伊斯兰债券基金（sukuk）为典型，与传统债券类似，所不同者在于伊斯兰债券将伊斯兰金融契约予以证券化，并可依这些契约的资本结构本质分为租赁（ijarah）型、盈利分享（mudarabah）型、股本参与（musharakah）型、预付货款（istisna）型等，其中以租赁（ijarah）型伊斯兰债券最为盛行。

随着国际石油价格的迅速攀升，拥有丰富石油资源的中东国家赚取了大量的财富，一方面使得"伊斯兰金融"进入全球视野；另一方面也增加了世界投资需求。伊斯兰金融已经渗透到世界金融中，伊斯兰航运基金出现在国际私人股权市场中，并受到来自中东地区和海湾地区的广泛青睐。

在 2010 年的国际私人股权市场上出现了另外一种逐渐发展的基金模式，即以伊斯兰银行为代表纷纷发起设立的伊斯兰航运基金，在中东和海湾等伊斯兰地区较为流行。如卡塔尔伊斯兰银行 SAQ 在马来西亚设立的 3 亿美元航运债券，期限为 4 年，30% 的股本面向私募，70% 由伊斯兰银行投资用于收购船舶。迪拜伊斯兰银行 DIB 设立的伊斯兰航运债券基金，募集资金 3 200 万美元。伊斯兰航运金融工具主要以伊斯兰债券基金为典型。与传统债券类似，所不同者在于伊斯兰债券将伊斯兰金融契约予以证券化，并可依这些契约的融资结构本质分为租赁型、盈利分享型、股本参与型、预付货款型等伊斯兰债券，其中以租赁型伊斯兰债券最为盛行。最近由德国萨克森州、巴林王国及巴基斯坦发行的伊斯兰债券皆属此类。其典型结构为卖方（为政府或公司）以固定价格出售船舶给特殊目标机构（SPV），SPV 发行面额等同于购买资产价格的伊斯兰债券给投资人以筹措资金,伊斯兰债券持有人则获取 SPV 资产的租赁收益。SPV 被指定为债券持有人的受托人及代理人且持有受托资产。SPV 租赁资产(按 ijarah 契约)给公司(租户),租户系卖方的分支机构或卖方本身。公司支付租金给 SPV,租金系以 Libor 加上利润率为基准。SPV 收取租金再按持有比率分配给债券持有人。在租约到期或提早解约时,SPV 以约定价格出售资产给卖方。

(四)国际主流航运产业投资基金的模式比较

以上三种航运产业投资基金是目前全球运用较为广泛的种类,在其发展过程中既有相似点也有不同点,三者间的比较如表 8-1 所示。

表 8-1 三种主流航运产业投资基金模式比较

基金模式	德国 KG	新加坡 MFI	伊斯兰航运 Sukuk
发行工具	基金	信托	债券
组织形式	合伙制	契约制	契约制
发起人	基金公司	航运公司	伊斯兰银行与航运公司
典型产品	MPC 航运基金	太平洋海运信托计划	阿拉伯伊斯兰航运基金
融资方式	私募	公募	私募公募结合
基金存续	封闭	封闭	封闭
投资领域退出机制	船舶融资租赁	船舶融资租赁/并购	船舶租赁
退出机制	到期清算	IPO	IPO/资产证券化
主要特点	税收优惠	注重现金流量	资金充沛,收益率高

1. 封闭性。航运船舶基金利润来源是长期、稳定的现金流收益,为此,投资方式应是封闭、持续性的,投资后基金发行过程中,不可撤资或者出售已投入的股份。这种稳定的、连续的投资模式体现了投资的封闭性,可以保障航运基金的投资需要,因此提高了资金利用率。

2. 投资方式以融资租赁为主。航运船舶基金重要且普遍的投资方式是融资租赁,其作为航运基金的核心业务模块,能够削减企业的财务成本,同时其带来的收益也是稳定、连续的。唯一的区别只表现在船舶选择上,船舶的用途、类型和吨位选择依据不同产生差异。三种主流航运产业投资基金比较如表 8-1 所示。

六、我国航运产业投资基金的运作模式

(一)大连航运产业投资基金模式

为了推动沿海经济港航产业发展,巩固大连东北亚国际航运中心的地位,2011 年 3 月大连市政府批复筹设大连港航产业基金,总融资规模计划达到 50 亿元。经过近半年的

酝酿和筹备，相应的基金管理公司也于 2011 年 7 月 1 日，建设成立，大连港航产业基金管理有限公司由五家公司发起，分别是：大连港集团有限公司、大连长兴岛开发建设投资有限公司、大连船舶配套产业园有限公司、上海福隆投资管理有限公司、万邦（上海）船舶工业技术有限公司。基金发行过程中，基金管理有限公司享有基金募集、管理和运营的权利。

大连港航产业基金首期募集资金规模达到 30 亿元，其在境内和境外基金发行形式不同，境内以母子基金的形式进行发行，而境外则以平行基金的方式发行美元基金。大连港航产业基金投资领域涉及船舶和基础设施，其中包括油轮、大型干散货船、化学品船、LNG、LPG 等液化品船舶，这类船舶可加速航运物流发展进程，为振兴东北老工业基地提供资源基础，同时基金投资的基础设施项目种类广泛，既囊括了大连国际航运中心建设的基础设施项目，也积极投资稳定性高、投资回报率高的基础设施建设项目。从当前形势来看，大连港航产业基金已初步与大连航运交易中心达成协议，完成投资，目前正在进行投资航运保险公司及下游企业项目的计划和谈判，这种涉及面广、层次多的投资行为有利于分散系统性风险，提高投资的多元化，有利于市场份额的提高。

（二）天津船舶产业投资基金模式

天津船舶产业投资基金由五家公司发起成立，分别是天津城市基础设施建设投资集团有限公司、天津新金融投资公司、天津市津能投资公司、北方国际信托股份有限公司、中船产业投资基金管理企业，共募集资金 28.5 亿元。该基金于 2008 年计划成立，直到 2009 年 12 月才取得运营资格，正式开始运营的基金是永久存续基金，计划募集总投资金额为 200 亿元。基金投资主要分为船舶投资和基础设施建设投资，船舶投资以国家经济战略为依托，针对国家发展所需、市场需求大且投资回报高的船舶种类进行投资，主要有大型油轮、散货船以及液化天然气船、液化石油气船、滚装船、半潜船等科技含量高的特种船舶，而在基础设施建设项目方面的投资主要涉及船舶制造上下游产业以及其他相关产业。

在基金运作方式上，天津船舶产业投资基金主要有两大业务：一是以股权投资的方式与航运产业链上的企业进行合作；二是通过购买船舶并向外租赁获得租金。基金发行后取得不错的市场成绩，半年内即投资 150 亿元，交易 45 艘新船，并获得银行贷款 300 多亿元，此后又投资 15 条船舶。2011 年 6 月，天津船舶产业投资基金累计投资共 60 条船舶，总载重吨级逾 500 万吨。随着基金运营时间的推移，其所投资的船舶陆续交船，据统计，今年 2012 年 6 月已接收共 22 艘新船，总载重吨级也达到了 230 万吨。

天津船舶产业投资基金运行阶段主要分为设立阶段、投资阶段和退出阶段。在设立阶段，需要明确船舶产业投资基金的组织形式、设立方式以及募集手段；而在投资阶段，基金需要设计出体现产业基金集合投资优势的综合投资战略并根据战略选择不同投资对象、分配投资比例，只有设计科学合理的投资方案才有利于降低投资风险，增加投资收益；最后，基金退出阶段的重要性也不容忽视，投资者需要掌握好退出的时间以及方式，在正确的时间选择正确的方式退出，增加资本增值的概率，保障投资得到回报。

（三）上海航运基金发展模式

2009年10月，由上海市发改委、市建交委、金融办等成立航运产业基金调研组，力图形成上海亚太航运中心，展开了调研以确认上海设立航运产业基金的可能性。即使航运产业基金在全球已经有诸多成功案例，国外产业基金发展较为成熟，国内也有已经取得成效的例子，上海航运产业基金设立和运作过程仍艰难曲折，投资主体也没有得到明确。由于投资股东责任划分没有得到统一，使得组建基金公司受阻，各利益方意见出现分歧，为此减缓了基金成立的速度。直到2011年3月，上海航运产业基金才正式成立，首期募集资金达到50亿元，计划总融资达500亿元，这也是国内首只国家层面的航运领域基金。同时，该基金也设立相应的基金管理公司，由国泰君安创新投资公司、上海国有资产经营公司、中海集团投资公司、虹口区国有资产经营公司投资建成，四者以不同的投资比例享有不同的利益分配比例。成立后，上海航运产业基金已购入价值高昂的大型船舶，其中有4艘10 000 TEU的集装箱船型，目前船舶总值为3.7亿美元。

知识扩展8-2：南沙推进国际航运物流枢纽建设

七、航运基金的新发展模式——绿色航运基金

随着近年来海运业的环境污染和碳减排问题受到国际社会的高度关注，以及《巴黎协定》的推进，各国先后更新国家自主贡献目标（NDC）和承若实现碳中和，海运业的低碳环保要求、标准、规范等不断提高，全球海运业绿色、节能、低碳、可持续的发展趋势成为必然。

绿色航运基金在欧洲已经有实践，根据媒体报道，2021年德国埃尔贝投资公司（Elbe Financial Solutions）与法国投资集团欧瑞泽（Eurazeo）合作，为其航运项目成功牵手投资者，并设立了欧洲首只绿色航运基金，针对远洋航运进行相关投资。该基金可对各类符合环境法的海上新项目进行投资，且对于希望使用新技术改造、以达到更高环境标准的现有船舶，该基金也可予以支持。到2021年8月为止，该基金的合作伙伴已经吸引到1.15亿欧元，目前正积极争取另外3亿欧元以用于海上新建项目。

埃尔贝投资公司首席执行官兼联合创始人詹斯·马恩克（Jens Mahnke）表示，我们的目标是通过对新型绿色船舶的投资，来支持当前船队的现代化，同时，也支持船舶通过现有技术进行改造。

不过，刚开始，该基金将侧重于几个小规模投资项目。这些项目已经启动，包括对利用现有绿色技术的内河驳船、风力发电场供应船、沿岸贸易船、渡轮以及海洋基础设施进行投资。詹斯·马恩克称，我们向任何航运形式、任何基础设施种类开放，比如邮轮使用岸电。

我国也逐渐加速发展绿色航运基金模式，随着《盐田区创建全球海洋中心城市核心区实施方案（2022~2025年）》的发布，由深圳市交通运输局大力推动、深圳市政府倡导并发起的深圳绿色航运基金于近日在深圳市盐田区注册成立。

深圳绿色航运基金为政策性产业引导基金，由深圳市交通运输局主管，总规模100亿元人民币，分期筹措安排。基金首期投资人包括深圳市和盐田区两级政府国资及其他社会资本，并将按照市场化原则运营管理，投资领域主要包括船舶及现代航运服务业。该基金的成立是深圳市建设国际海洋中心城市的一项重要举措，目的是通过资本的引领作用，促进深圳航运业转型升级，带动深圳航运金融业快速发展，为深圳航运产业绿色、智慧和高端化发展提供多元化资金支持。

深圳绿色航运基金落户盐田区，有利于盐田区丰富海洋产业类别、完善海洋产业生态、拉长海洋产业链条、拓宽海洋产业融资渠道，对于盐田区创建全球海洋中心城市核心区，建成海洋高端产业集聚区、海洋科技创新引领区、粤港澳大湾区海洋经济合作区和海洋生态文明建设示范区具有重要意义。

下一步，盐田区将严格落实《盐田区创建全球海洋中心城市核心区实施方案（2022~2025年）》，成立创建全球海洋中心城市核心区工作领导小组，出台支持海洋经济发展的相关政策措施，以深圳绿色航运基金为重要抓手和渠道，充分发挥其引领带动作用，不断集聚和完善航运资源，促进航运产业协同快速高质量发展，加快创建全球海洋中心城市核心区，为建设深港国际航运中心和深圳全球海洋中心城市贡献盐田力量。

据了解，目前国内的航运基金在不同城市已经有所探索，而且诸如招商局、中集集团等大型公司也有相应的产业基金做投资，但绿色航运基金，在深圳、在国内可以说是同类基金里的又一次探索。

八、我国航运产业投资基金发展的主要问题

（一）法律环境不健全

尽管面向产业基金的相关法律诸多，但是针对产业基金的立法却没有发展成熟，行业内立法没有新突破。1997年，国家计委草拟了《产业投资基金管理暂行办法（草案）》，至今尚未得到国务院的批准，更不用说出台生效。已经颁布并生效的规定和办法中没有完全针对产业投资基金的，例如《外商投资创业投资企业管理规定》，虽然涉及投资管理办法，但是对象范围局限于外商投资企业；而另一涉及创业投资企业的法规《创业投资企业管理暂行办法》虽然适用于产业投资领域，但是没有详细、明确的条例。

由于缺少相应的产业投资基金立法，影响了航运产业投资基金的顺利运营和退出。目前尚未颁布但正在制定的《产业投资基金管理暂行办法》中规定产业基金发行对象必须且只能是确定投资者，这一举措制约了资本进入，不利于资金投资的稳定发展，一旦这一办法推行，将会失去数量巨大的潜在投资者。反观国外成熟的基金，如德国KG基金，拥有较多的融资渠道，例如个人投资者以及有限责任公司等，这不仅推动了基金发行过程中融资的进程，也极大降低了基金经营的风险。

（二）资金募集渠道单一

股权投资基金在国外发展相当成熟，其融资渠道广，涉及各个领域，包括银行、社保基金、养老基金等主流金融机构，其中资金募集主要对象是高收入的个人信托。反观我国，产

业基金发展较为特殊，由于历史原因和国家战略的引导，使得我国产业基金的资金组成与国外有显著差异，大部分资金是国家财政和大型国企，社会资金只是其中比例较少的一部分。由此产生了一些不可避免的制约因素，如投资比例不合理、地区限制性因素等，这些因素催化了非市场化行为，进一步制约了私人投资的进入，不利于吸引社会投资，加剧基金资金构成的不合理性。而这一现象的根本源头是国家经济发展和产业升级的目标，需要较长时间的积累以及大量资金的支持才能够得以保证，然而国家财政和企业的资金只是经济力量的一部分，对于市场需求而言并不是全部。在此情况下，政府以部分资金作为引导，吸收社会资金的加入，并使资金构成比例趋于合理化，才可推动产业基金健康发展和壮大。

（三）税务负担过重

国外航运业采用的普遍是吨税制，减轻了航运企业的税收压力，而我国航运业税率较高、税种较多，加剧了航运企业和船舶产业基金的税收压力。为了减少国内税收造成的巨大支出，国内船舶产业纷纷于海外注册船舶。然而国内航运市场的需求持续增长以及远洋航运市场的落寞，使得航运企业市场策略逐渐改变。因此船舶产业投资基金应找准盈利与税收间的平衡点，提高利润率。

（四）退出机制不完善

我国航运产业投资基金退出方式不尽合理，在一定程度上制约了航运产业投资基金的健康发展。目前主要的退出方式有首次公开募股（IPO）、向第三方转让股权、投资企业回购等。第一种退出机制并不适用于当前的市场经济环境，由于限制性因素较多，使用这一退出机制需要时间成本和资金成本，这就增加了投资人的投资不确定性，丧失部分潜在投资者；而后两种退出方式尚未有明确、标准的退出方案，可能因为一些不确定因素使得基金无法顺利退出。

本章重要概念

航运信托　航运产业投资基金

本章习题

1. 航运信托的优势体现在哪些方面？
2. 对比新加坡 MFI、德国 KG 模式和伊斯兰基金的运营模式有何异同？
3. 我国目前航运产业基金运行的模式，并展开介绍。

第九章

港口金融

■ 本章导读

作为国际水路交通枢纽的港口，是一国经济发展不可或缺的组成部分。港口是船舶活动的基地，是海上运输的出发点和目的地，也是组成海上运输航线的实体。港口经济是一定范围内，由港航物流、商贸旅游、航运服务等相关产业有机结合、交织而成的一种区域经济发展组织形式。伴随着港口功能的不断优化，即港口功能由装卸储存向全方位方向发展，同时拉动了其他相关产业的共同发展。随着各地对港口战略地位认识的加深，对港口建设的投资力度明显加大，而投融资模式也逐步成熟，不同港口的特殊性在选择确定投融资模式方面发挥着重要作用。本章首先从港口和港口经济的概念出发，介绍港口及其具有的经济学特征，接着从投融资概念、港口投融资概念、港口投融资的几种方式介绍港口投融资方式，最后从港口投融资三种模式的定义以及国内外港口建设模式方面介绍港口建设投融资模式。

■ 课程思政

向海图强千帆竞　踏浪而行卷千澜

港口是海洋经济发展的强大引擎。承载着习近平总书记"更加注重经略海洋""加快建设世界一流的海洋港口"的殷殷嘱托，全国各地港口贯彻新发展理念、推动高质量发展，鲜活呈现了非凡成就。

了解我国港口发展取得的伟大成就，培养学生的民族自豪感，增强道路自信、理论自信、制度自信和文化自信。通过各种港口融资方式的比较分析，鼓励学生增强航运金融和蓝色金融的专业能力。通过不同港口投融资模式的比较分析，培养学生创新思维能力，激发学生为我国绿色金融和蓝色金融发展而奋斗的历史责任感。

第一节　港口的经济学特征

一、港口概念

《中华人民共和国港口法》对港口的定义是：具有船舶进出、靠泊、停泊、旅客上下，货物装卸、驳运、储存等功能，具有相应的码头设施，由一定范围的陆域和水域组成的区域。港口的陆域主要由装卸货码头、仓储库房和港区道路设施组成；港口的水域主要由供船舶从港口出入的航道、港口的港池以及供船舶停靠的锚地三部分组成。港口按照不同的方式有不同的分类形式，按照用途可以划分为商业港、军用港、工业港和避风港；按照地理条件可以划分为海港、河港、河口港、湖港和水库港；从运输的角度可以划分为支线港、中转港和腹地港。

港口经济是一定范围内，由港航物流、商贸旅游、航运服务等相关产业有机结合，交织而成的一种区域经济发展组织形式。具体来看，它是以港口为核心、港口城市为依托、综合运输体系为通道、港口相关产业为载体、海陆腹地为支撑，各要素之间相互作用、协调配合、共同发展，进而推动相关区域蓬勃发展的开放型经济。

二、港口发展

港口作为全球综合运输的枢纽，对世界运输体系有非常重要的作用。85%的世界贸易靠航运来完成，港口在国际贸易中的作用越来越得到重视。港口的发展已经成为衡量国家和地区经济发展水平的一个主要标志。

我国在国民经济、对外贸易和重化工工业快速发展的推动下，沿海港口吞吐量呈现快速发展的态势，港口的地位日益得到提升，其功能也不断拓展。自新中国成立以来，我国港口的发展大体可划分为恢复发展建设期、快速发展建设期、高速高等级发展建设期、平稳发展建设期四个阶段。

恢复发展建设期（1949～1979年）分为两个阶段。第一阶段从新中国成立到20世纪60年代末，我国港口建设以扩建、改造老码头为主。第二阶段为20世纪70年代，随着我国恢复在联合国的地位，对外贸易逐年扩大，我国港口建设经历了第一个建设高潮，建设了一些深水原油码头，扩建、新建了一批万吨级以上散杂货和客运码头。这一时期，港口建设基本基于原港址。

快速发展建设期（1980～1999年）。随着我国改革开放的实施，对外贸易和能源、原材料运输迅猛增长，为此国家加大了对沿海港口建设的投入，迎来了港口发展的又一高潮。这一时期首先在沿海14个开放城市已有港口开辟了大量新港区，如大连大窑湾、营口鲅鱼圈、青岛前湾、上海外高桥、宁波北仑等深水港区，新开发建设了锦州、唐山、黄骅、日照、钦州等港口。为突出发展重点、集中力量解决能源、外贸等关键问题，原交通部研究提出了沿海主枢纽港布局规划，指导建设了一批专业化码头。如在秦皇岛、青岛、日照、连云港等港口建设了专业化煤炭下水码头；在天津、大连、青岛、上海、宁波、厦门、深圳等港口建设了专业化集装箱码头；在宁波、大连、青岛等港口建设了10万吨级以上铁矿石码头；在长江下游南通、张家港、南京等港口建设了海轮港区。与此同时，也相应建设了一批为地方经济发展服务的中小港口，初步形成了我国沿海大中小港口相结合的港口布局。

高速高等级发展建设期（2000～2010年）。随着我国加入世贸组织，促进经济高速发展和临港工业的兴起，这一时期沿海港口建设高速发展，高等级码头及航道建设提速明显，港口吞吐量、深水泊位数均增长迅猛，沿海港口吞吐量年均增速达16.25%，2010年达54.8亿吨；万吨级以上泊位数增至1 343个。为更好指导港口建设，原交通部与国家发改委联合组织编制了《全国沿海港口布局规划》（2006年），各地方省市港口主管部门先后制定了各地的港口规划，为全国港口的科学布局和有序建设奠定了基础。在规划指导下，为适应国际海上运输大型化和专业化发展趋势，一批30万吨级专业化原油和铁矿石码头，7万吨级以上的煤炭装卸码头，10万吨级集装箱码头和深水航道工程相继建成并投入使用，为港口吞吐量增长提供了支撑，基本适应了我国海运运输需求。这一时期，依靠科技创新，我国筑港技术显著提高，复杂环境下的深水航道、离岸深水港建设等技术已居世界先进水平。

平稳发展建设期（2011年以来）。目前，中国现有的港口建设已初具规模，2016～2020年，全国港口货物吞吐量及集装箱吞吐量整体均呈上升趋势。根据交通运输部发布的数据，2020年疫情影响下，全国港口完成货物吞吐量145.50亿吨，比上年增长4.3%；完成集装箱吞吐量2.64亿TEU，比上年增长1.2%，仍然保持增长。

知识拓展 9－1：山东港口日照港

三、港口的经济学特征

（一）地理位置区域垄断性

港口一般属于为相关区域服务的基础设施，必须建在临水地区，并具有较好的海上和陆上交通设施与其前方腹地和后方腹地相连接，或者位于国际航线的要塞上。因而从地理位置的角度看，港口对其腹地货源具有垄断性。

（二）资产专用性强

港口建设项目投资额巨大，项目一旦实施便很难改变其使用用途，这隐含着如果货源不足或者其他原因导致港口闲置，由于没法改做其他用途，会给企业带来极大的损失。如果港口一旦出现闲置，很难通过调整经营项目、方针政策的手段来改变闲置、效率低下的状况，又由于港口企业相对固定资产比重较大，每月都有相当一部分折旧固定费用，这无疑会给港口项目带来极大的损失。港口项目这种特有的风险，也是其他一般投资项目所没有的。

（三）准公共物品性质

港口的属性属于准公共物品，港口各项设施具有公共服务的特征，各个经济活动主体对其设施的消费具有非排他性和非竞争性特点。港口使用者虽然参与港口设施的消费，却往往不愿支付其相应的生产成本，即使用者往往存在"搭便车"的心理。面对港口使用者这些"隐蔽"的需求价格和数量，通过市场机制进行调节不能发挥有效的作用，导致市场机制下公共产品的供给难以实现。因此在港口的投资建设过程中，政府必须根据社会福利原则进行参与和引导，以解决这些问题。

（四）运营长期性

港口作为重要的基础性设施，其设计的使用寿命一般比较长，能够长期服役。国内使用寿命最长的码头——盐田港，使用寿命100年，保证50年内不大修，这么长的使用寿命是其他类型的基础设施不容易达到的。虽然港口设施的建设一次投入的资金相对较大，但由于其更长的使用寿命且不易损坏，不需要经常性日常维护。因此，从其使用年限的平均水平来看，港口设施的年营运成本相对较低。港口设施较长的使用寿命和较低的营运成本，有利于按时收回港口建设的投资成本。

（五）投资不可分性

港口投资的不可分性是指港口设施以及其他港口资产属于资本密集型投资，零星的投资经济效果往往不显著。港口设施的建造投入成本高，并且存在周期较长。同时港口设施和相应机械设备专业化程度较高，很难用于其他用途。因此巨额成本一旦投放，就难以收回，必须持续性进行投资，直到港口项目建成。

（六）外部效应显著

从政府角度看，会给予港口项目一定的保障和开发经营权限来鼓励港口投资，这样就会使港口呈现出显著的外部效应。港口的建设与发展会带动周边地区乃至整个国家的经济，通过引进投资，政府实际上已经间接占有了对于投资者来讲是外部效应的这部分利益。政府为了鼓励投资，保证港口项目有一定的投资回报率，有时候会给予港口项目一定的其他保证或与项目有关的其他项目的开发经营权，例如港口周边的土地。从政府的角度看，一个港口投资项目，如果仅仅从港口码头的建设经营来看，效益可能并不好；但如果考虑了港口建设给当地经济带来的外部效应，那么这个项目的投资效应可能就是相当可观的。

（七）规模经济

港口的规模经济是指港口生产的单位成本随着产量增加而降低，从而生产出低于平均成本的产品。在港口的实际运营中，投资者会尽量争取尽可能多的货源，同时通过谈判等其他有效手段降低相邻港口的竞争，从而保证产品的规模性和价格优势。在货源充足的条件下，港口的规模经济效应才能够充分体现。

（八）资本密集型

随着航运的发展，船舶大型化已经成为一种趋势，港口为了适应这种趋势，必须建造深水泊位及码头，货物装卸也需要更加自动高效，以上这些基础设施的建设都需要投入大量资金才能够进行，因此港口产业具有资本密集特征。

（九）存在进退壁垒

在位的港口运营者往往比新进入者在运行经验、市场资源和信息等方面具有较大优势。近年来，现有的港口运营商正在集结相关资源打造更具竞争优势的运营渠道和管理模式，而港口的潜在运营商则在建立稳固渠道方面存在较大困难。由于港口投资的固定成本远远大于其运行成本，从而导致新进入者在港口产业中面临竞争压力较大。

（十）多产品特性

从外部看，港口主要作为船舶停靠和货物服务的单一组织。但是从内部深入研究港口活动，港口实际上在提供多种服务，具有多产品的特征。港口企业可以同时提供集装箱、干散货等不同的货物装卸运输服务，而不同货种之间的内容存在很大差异，因此从经济学角度上可以将港口看作是多种产品的生产者。

第二节　港口投融资方式

一、港口投融资概念

（一）投融资

投资是指现有的经济主体为了增加自身的收益，以投放货币、资本的方式形成实际生产能力的经济活动。从广义的融资角度来说，融资是指在供给者和需求者之间流动的资金，这种流动对于资金的供需双方来说包括资金融入和资金融出的双向过程。资金的融入是指资金的来源渠道，通常通过企业筹集资金来实现；资金的融出是指资金的运用渠道，通常通过企业使用自有或筹集的资金进行长期、短期资产的投资。从狭义的融资角度来说，融资仅仅是就资金的融入来讲，由于引进新的生产技术、扩大再生产、对外兼并投资、满足资金周转的需求等原因，通过资本市场融资渠道，使用一定的筹措方式获取资金的过程。

一般来说，投资和融资是紧密相连的。一方面，投资决定融资。如果没有投资活动，融资需求不会产生，而且投资主体的财务情况、投资的预期收益和投资风险水平等因素又反过来影响融资结构方式。另一方面，融资制约着投资。投资者融资能力、结构和方式作为投资活动的基础，如果融资不到位，就无法开展切实有效的投资活动。在经济活动中，投资和融资活动是一个整体的过程，因此在相关描述和研究上常常将投资活动和融资活动合称为投融资。

（二）港口投融资

港口投融资是一定经济主体为了获取预期的效益而将货币或其他形式的资产投入港口建设活动的一种经济行为，随后通过该港口建设项目生产经营活动收回资本活动的总称。根据港口设施的基本性质及其投资收益情况的分类，可以把港口投融资分为公益性、营利性和经营性三类。

1. 公益性投融资是指为进出港口的船舶和车辆所提供的水陆进出口集疏运通道及其他设施而进行的投融资，如码头岸线、防波堤、护岸、港池、锚地以及各类用于港口通关、检疫等官方行为的建筑和场所，这些项目设施按照现行的港口使用收费规定，一般不直接涉及收费问题，因此，难以直接产生经济收益。

2. 营利性投融资是指对船舶装卸的专用基础设施而进行的投融资，如码头泊位、各类浮动停泊设施等，从事码头经营的港口公司可以通过提供装卸生产服务直接取得经济效益。

3. 经营性投融资是对港口其他生产专用设备的投资，港口企业可以为客户提供装卸、中转、仓储等生产性服务并直接向服务对象收取服务费用。港口建设投融资是港口最重要的经济活动之一，它不仅保证了港口基础设施的建设，促进港口生产的发展，而且带动城市经济、区域经济及贸易的发展，对世界经济和国际贸易作出了巨大贡献。

二、港口投融资特点

港口投融资不仅有着普通投融资的共性特征，也有着其个性化的特点。

（一）国家基础性产业

港口投融资从总体上说属于国家基础性产业的投融资。具有项目投资规模大、建设周期长、自然垄断性强、建成后对其他产业的产品需求量相对较小、其产品或劳务数量和价格变化对国民经济其他产业影响相对较大等特征。

（二）隐性社会贡献

港口投融资具有隐性的社会贡献，经济效益除了少部分体现在行业本身创造的利税外，更重要的是所带来的社会经济效益。当运力供给大于运量时，损失的只是港口的自身经济效益；当运力供给小于运量时，则对社会效益造成了损失，而后者往往大于前者。例如航运、国防等，这些都是港口投资所带来的隐性社会贡献。

（三）公共性和企业性

港口投融资具有公共性和企业性的复合特性，在每个国家的不同发展阶段中，港口建设领域的公共性和企业性表征有强弱变化，而且是互为余数，要求在投融资过程中不同于竞争性建设项目，也不同于纯公益性建设项目。如何发挥政府财政资金与社会资金的双重作用是港口建设投融资中的难题。

（四）推动经济发展

港口投融资在可持续发展中具有特定效应，港口建设通常不占或少用土地资源，我国漫长的海岸线是一种自然交通资源，较少投入可得到较大的交通能力，而且对环境造成的污染相对较小，可以带动沿海沿江河流域的经济发展。

（五）资本密集型

港口投融资具有资本密集性、成本的沉没性与投资项目的不可分性。港口投入资金巨大，一旦进行投资建设，就很难移作他用，可以说残值极低，具有投资成本沉没性。为此，港口基础设施投资后，一定要按原设定的用途使用下去，若作他用，则难以收回投资，且必须进行一次性大规模投融资，零星的投融资往往无效或者不经济。

三、港口投融资方式

（一）贷款融资

1. 国内商业银行贷款。该模式是最传统、最直接的融资方式，是我国港口建设的重要融资渠道。银行贷款融资具有筹资数额大、资金成本低、风险较小的特点，但由于港口建设项目投资巨大、回收期长，港口企业通过这种方式融资将会造成财务压力大、负债率高等不利影响。

2. 国内政策性银行（国家开发银行）贷款。国家开发银行作为政府的开发性金融机构，具有政府赋权的法定信用，把准国债性质的开发性金融债券和金融资产管理起来，通过融资支持基础设施、基础产业等建设，促进经济和社会发展，港口属于国民经济的基础设施，利用国家开发银行贷款是港口建设的主要资金来源之一。

3. 外国政府和金融组织贷款。这类贷款具有贷款利率低、还贷期长等特点，比较适合港口等大型基础设施建设，但明显的缺点是贷款程序严格、手续烦琐。采购设备等项目全部采用国际招标，成本较高，且汇率变动风险大。我国曾利用世界银行和亚洲开发银行开发大连、秦皇岛等港口项目。在盐田港建设初期，日元贷款也发挥了很大作用。

（二）股票市场融资

股票市场融资是指上市公司利用股市发行股票取得资金，能够较为快速地筹集大量资金。上市公司采取发行股票的方式募集资金用于港口基础设施建设，是港口企业比较追捧的融资方式。股票市场融资的特点是融资金额大、资金成本低，主要适用于大中型港口企业。

股票市场融资具有以下几个优点：一是筹资数额大，成本低，没有还本付息的压力，符合港口企业对资金的需求特点；二是企业没有定期支付股利的义务，也没有到期还本的压力；三是能够获得额外资金；四是可以通过配股、送股等及时获取企业发展所需资金；五是有利于盘活港口企业存量资产，并且有利于港口企业转变经营机制，扩大影响力。

通过股权融资筹集建设资金的途径主要有四种方式：

一是新股上市进行融资。新股上市指基础设施建设项目通过改制设立为股份有限公司，在境内外发行股票筹集建设资金的行为。这种方式可分为发行 A 股或 B 股并在沪、深交易所上市的境内发行形式，以及发行 H 股、S 股、N 股及其衍生品种 ADRs，并在新加坡、美国等地交易所上市的海外发行形式。

二是通过 ST 公司"借壳"进行融资。由于国家对新股发行采取"额度管理，限报家数"政策，可以通过行政无偿划转、股权有偿转让、资产置换（包括整体资产置换和部分资产置换）等重组手段，将部分亏损上市公司，尤其是 ST 公司的"壳资源"让渡给港口建设项目，这样能够更充分地发挥股权融资的作用，提高资源利用效率，加快港口建设效率。

三是通过对港口现有资产的国有股和法人股的转让，盘活存量资产，为港口新建项目进行融资。在国家股、法人股不能直接上市流通的情况下，经批准，将国有股和法人股转让给境内外投资者，从而以股份换资金，其不失为有效的方法。

四是海外上市，例如大连港股份有限公司经过一个多月在中国香港联合交易所主板上的国际"路演"，发行了 8.4 亿 H 股，发行价 2.575 港元，筹集资金 22 亿港元，创下 15 年来亚洲港口概念股票发行最高纪录。且经超额配售 15% 后，总融资额约 25 亿港元。上市后，该公司已与国际航运企业马士基、中远集团、中海集团以及世界级港口经营人新加坡港务集团、中国最重要的石化企业中国石油等，建立了更加密切的业务联系和战略联盟。

（三）债券市场融资

债券市场融资适用于资信级别较高、综合实力较强的港口企业，具有良好的融资效果，但受国家政策影响大。其具有税盾效应、优化融资结构以及财务杠杆作用三个优点。税盾效应指根据我国目前实行的税法，规定企业支付的债券利息可以在税前支出，列入企业成本。优化融资结构指港口企业债券融资有利于优化融资结构，增强融资结构的弹性。所谓财务杠杆就是企业负债经营的做法，企业负债占总资产额的比重越大，财务杠杆就越大。企业负债对企业经营效益具有放大作用。

港口企业可凭借自身信誉度，以自有财产作抵押或由他人担保而发行企业债券。港口企业发行债券对于公司治理结构的完善、财务杠杆作用的发挥，以及融资结构的优化都具有积极作用。企业发行债券必须具备一定的实体条件和程序条件，包括企业规模、企业财会制度、偿债能力、经济效益、所筹资金用途等须符合相关要求，并履行相应的审批程序。具备条件的港口企业进行基础设施建设，采用发行债券的方式也是可选的融资方式之一。

港口企业债券融资的程序如下：第一，由企业管理决策机构决定发行企业债券，对发行数量、面额以及利率作出全面规划。第二，调动港口企业的内部资源，成立债券发行工作室对债券发行工作进行统一的指挥、调度、协调与配合，聘请资深的中介机构全面负责债券发行的申报工作。另外，港口企业发行债券对所聘用的承销商以及法律、会计等中介机构必须进行严格选择。第三，选择适合的发行时机、证券交易场所以及债券承销商。

（四）融资租赁

融资租赁是指实际发生转移并且与资产所有权高度相关的绝大多数或全部风险和报酬的

租赁模式。按照承租人的意愿，出租人进行设备购置，进而向承租人出租所购设备，在租赁的整个过程中，出租人拥有所有权而使用权归承租人。租赁时间到期后，按照合同规定选择权归承租方，可选择续租、留购或者退回。融资租赁主要适用于各类港口设备，主要参与者包括租赁公司、承租人、生产商、银行以及潜在投资人。融资租赁的好处是承租人不用立即支付设备价款，并利用设备的使用收益来支付租金，减轻企业债务压力。

2015 年，江苏省连云港港口股份有限公司通过将公司所属港口部分作业的设备租赁给交银、招银金融租赁公司，获得了相关公司的租赁融资 4 亿元人民币，其中融资的期限为 60 个月。在进行租借期间，连云港港口股份有限公司通过租借使用上述港口工作机械设备完成港口的日常工作，并且按季度向租借设备的上述两家公司缴纳租金。在租赁期满后连云港港口公司以人民币 1 元的价格留购所租赁的设备。通过此种方式筹集到的资金能够改善连云港港口公司的债务结构，既保障了公司运营中的资金需求，又提升了公司中短期债务的偿还能力，有效地提升了公司的经营水平。

（五）信托融资

信托融资是资金融通采用信托方式，以金融机构为媒介，信托公司开展的融资活动。作为资本市场上新兴的融资方式，信托融资是引进民间资本的有效工具，具体包括股权投资、债券投资、信托贷款以及收益权转让等类型。它是新型有效地吸收社会私人资本的投融资工具，普遍采用集合信托的方式，其优点是融资成本相对较低。

港口企业可以采用以下途径进行信托市场融资：吸引信托机构作为信托市场融资的母体，广泛筹集信托资金作为信托市场融资的有效手段，建立和完善相应的信托市场平台有效吸引民间资本参与港口建设。信托机构作为整体掌握港口建设投资的把控者，通过对各个参与主体的沟通协调，制订出一套切实可行的融资方案、收益划分方案和风险控制方案。

（六）ABS 融资

ABS（asset—backed—seuritization）融资方式是以资产为支持的证券化方式，是近年来出现的一种新的基础设施的融资方式。具体来说，它是以某一项目所拥有的资产为基础，以该项目资产所能带来的预期收益为保证，通过在资本市场发行证券来募集资金，是一种盘活存量资产的融资方式。从国际经验和我国的实践看，港口基础设施建设适合采用资产证券化融资方式。

国外资产证券化起源于 19 世纪 70 年代的美国住宅抵押贷款。我国资产证券化起步较晚，产生于 20 世纪 90 年代，2008 年以前基本以探索性试点为主，处于稳步发展阶段，业务规模总体不大。2008 年国际金融危机后，考虑到金融风险，资产证券化处于停滞状态。2012 年以来，全球经济进入复苏阶段，央行、原银监会联合财政部发布相关试点通知，资产证券化业务重启，并迎来快速发展，发行规模增长迅猛，成为很多企业重要的融资方式之一。资产证券化市场有望成为继股票市场、债券市场之后国内的第三大金融子市场。

根据发行主体、基础资产和监管单位等不同，国内资产证券化类型主要分为企业资产证券化、信贷资产证券化和资产支持票据（ABN）三大类。国内资产证券化主要种类如表 9-1 所示。

表 9-1   国内资产证券化主要种类

类型	企业资产证券化	信贷资产证券化	资产支持票据
监管单位	中国证监会	央行、国家金融监督管理总局	央行、交易商协会
发起人/原始权益人	非金融企业（融资租赁公司、工商企业）	银行业金融机构	非金融企业（融资租赁公司、工商企业）
基础资产	租赁租金、企业应收账款、基础设施收益权、商业物业不动产相关权益	商业贷款、住房抵押贷款、汽车贷款、信用卡贷款、租金资产等	租赁租金、企业应收账款、基础设施收益权、商业物业不动产相关权益
特殊目的实体（SPV）	证券公司专项资产管理计划、基金子公司	特殊目的信托	特殊目的信托

知识拓展 9-2：中远集团的资产证券化

（七）合资形式引入外部资金

采用合资形式引入外部资金是我国港口企业进行港口基础设施建设和运营普遍采用的融资方式之一。我国政府在重点领域创新投融资体制，鼓励社会资本参与港口设施建设。我国《港口法》为外资投资参与港口建设活动提供了法律支持。在最新的《外商投资产业指导目录》中，港口公用码头设施的建设和经营属于鼓励外商投资的产业。

引进外部资金包括境外资金和境内资金，采用合资（绝对控股、相对控股、参股）方式进行港口基础设施建设和运营，能够实现对港口资源的部分控制，同时可以获得相对稳定的收益，是我国港口企业普遍采用的融资方式。但是不同合资合作伙伴有其自身优势，对不同类型的码头泊位有非常大的影响，必须选择对码头泊位长远发展有利的合资合作伙伴。码头建设运营寻找合资合作伙伴考虑的关键因素有：资金、经营管理经验、航线配置和船队优势、货源优势、物流运作条件和经验等，合资合作伙伴主要有货主企业或掌握货源的企业、码头运营商、航运企业、物流企业、其他投资者。不同的合资合作伙伴除了具备资金条件以外，各自有其自身的优势。

（八）BT 融资

BT（build-transfer）融资方式是指项目所在国政府或所属机构项目最终业主为项目建设提供一种特许权协议作为项目的基础，与项目的投资者成立的项目公司签订固定工期、固定造价的合同，在合同规定时间内由项目公司安排融资、设计、建设，并承担期间风险，建设完成后由政府按协议分期回购。BT 融资方式是一种运用于基础设施建设的工具创新，同时也是建设管理方式的创新，适用于政府非经营性基础设施项目，在规定时间建成后立即有偿转让。码头泊位由投资方建设，泊位建成后，出租或转让资产给码头经营公司。该模式可以缓解码头经营公司初期建设资金不足的问题。

BT 融资方式的具体做法是：第一，政府选择合适的项目实施结构，首先对港口建设项目的工程特点、业主的需求和管理能力，以及潜在投资者进行深入分析，选择相应的实施模式；第二，严格投标人的资质标准，对投标各方的关系要有明确的约定，更要严格审查投资方的融资能力与经济实力；第三，在招标文件中明确规定禁止随意分包和转包，建立健全监管体制；第四，扎实做好前期工作，在项目提出、规划、可行性研究、规划设计方案等各环节保持一致性和前瞻性。

（九）PPP 融资

PPP 融资方式，是指政府与私人组织之间，为了合作建设城市基础设施项目，或是为了提供某种公共物品和服务，以特许权协议为基础，彼此之间形成一种伙伴式的合作关系，并通过签署合同来明确双方的权利和义务。PPP 模式适用于港口基础设施投资，将市场机制引入基础设施投资，尤其是对投融资难度相对较大的中小型港口。

政府与私人组织之间合作进行港口基础设施建设，私人组织是需要利益回报的，如果单纯进行港口公用基础设施建设，没有利益回报，难以得到私人组织的投资合作。因此，采用PPP 模式进行港口基础设施建设，需要与经营性基础设施项目绑定一起进行建设并运营，才能得以实现。

（十）"地主港"模式融资

"地主港"模式融资是国际上大多数国家港口采用的模式，是港口管理机构拥有对港区土地、岸线的所有权和控制权，用土地、岸线等资源进行融资的方式。我国港口陆域土地、岸线、水域均归属国家所有，由各级政府的相关部门包括国土资源部门、岸线管理部门、水域管理部门代表国家行使对其的管理权限，在体制上与国外存在较大差异。

中小型港口、经济欠发达地区的港口，更适合采用地主港模式，利用国家的土地和岸线资源进行港口基础设施投融资，由港口管理部门代为管理港区土地和岸线资源。地主港投融资模式有以下优势：

1. 确立港口建设和管理的长远固定的融资渠道，不需要各级政府的直接投入，可以节约港方的更新改造资金，船舶公司可以利用其雄厚的经济实力参与港口建设，实施滚动开发，为港口的持续发展和有效管理提供保障。

2. 能够提高融资效率，港口经营者可以摆脱官僚作风的约束，树立以企业经营为宗旨的经营战略，根据具体建设项目，充分利用资本市场进行融资，融资效率大幅度提升。

3. 可以兼顾政府和企业的利益。政府减轻了财政负担，减少了顾虑，可以集中精力做好港口的总体规划、实施港口法规以保证港口作业安全。政府不仅投入较少，而且可以避免原来每年对企业的补贴，港口不会因为运输市场竞争和贸易流量的变化所造成的箱运量下降而减少租金收入。另外，企业参与港口基础设施及服务可带来新的资金来源，也提供了风险分摊的机会。

4. 有利于各种港航资源整合、优化，减少重复投资。现有的和以后与港口相关的各类资源也可通过市场运作来整合。通过资本嫁接、企业兼并、收购等方式，促进邻近港口资源、临港产业资源、综合交通资源及与省内外甚至境外港航资源的整合，从而避免了新的投资和资本浪费，促进港口能力的充分利用，降低服务费用。

（十一）BOT 融资

BOT（built-operate-transfer）融资方式，即"建设—经营—转让"的意思。目前国际上在基础设施建设中广泛应用 BOT，对于港口这种具有很强社会性的项目，BOT 是一种非常理想的融资方式。在这种融资方式中，由政府同项目公司签订特许合同，项目公司负责筹资、设计、建设项目；项目公司在协议期内拥有营运、维护该设施，通过收取使用费或服务费收回投资并取得合理利润的权利，特许期满后将该项目无偿转让给当地政府。这一方式为我国从国际金融市场引进大量资本用于港口建设提供了一个有效的途径。作为一种新的投资手段，BOT 具有显著的特征：

1. BOT 融资方式是基于东道国政府的特许，由东道国政府授予私营企业、本应由东道国政府投资建设的基础设施的专营权，即 BOT 将传统的基础设施的投资主体—政府变革为私营企业。

2. BOT 融资方式具有一定的期限。正是由于特许期限的存在，使政府职能与公共设施的公益性要求暂时分离，从而为私人资本的进入提供了空间和法律前提。在建设阶段，项目公司负责项目的设计，通过项目融资的方式融集资金建设该项工程；项目完工后，即在经营阶段，通过经营该项目设施来取得收益，以清偿贷款回收投资，取得利润。在特许期限届满时，即移交阶段，项目公司无偿地将该运作良好的基础设施移交给东道国政府，使东道国政府取得该基础设施的最终所有权。

3. BOT 融资方式能在一定程度上缓解政府由于种种原因不能满足其基础设施建设庞大资金的要求，而私人投资者通常又不愿投资基础设施项目的矛盾。它是减轻政府及公共部门承担基础设施项目建设资金短缺压力的有效方式。

4. 由于 BOT 项目融资责任全部转移到项目承建者或发起者，不需要政府对有关项目债务借款、担保、保险负连带责任，因此，BOT 是降低政府债务特别是外债责任的一种良好方式。

5. BOT 能使政府及其国有公共部门（如电力管理部门）将项目风险或部分运营风险转移到项目承建者或运营者，同时也给予了其经营、管理的自主权。因此有利于促使项目公司通过有效的设计，严格控制预算，保证项目按时、按质完成。因此，它在吸引外商资金、技术、有效管理方面十分有效。

6. BOT 项目的前期工作比较复杂，它既涉及政府部门与非政府部门之间的谈判与合作，又牵涉许多需要相互之间良好协调的关键机构，如政府部门、项目部门、项目投资者、项目建设公司、借贷者、用户、保险公司等。它既涉及包括金融、税收、外汇等经济问题，也涉及法律、公众利益、环保等社会问题。由于 BOT 项目涉及公众利益并且需要以土地、交通、能源、通信、人力资源等为基础实施，因此，BOT 项目的成功在很大程度上取决于项目所在地政府是否给予强有力的支持。

（十二）TOT 融资

1. TOT 融资方式概述。

TOT（transfer-operate-transfer）即移交—经营—移交，是项目融资的一种方式，通过出售现有投产项目在一定期限内的现金流量，从而获得资金来建设新项目的一种融资方式。具体来说，是东道国把已经投产运行的项目在一定期限内移交（T）给外资经营（O），以项目在该期限内的现金流为标的，一次性从外商那里融得一笔资金，用于建设新的项目，外资经营期满后，再把原来项目移交（T）回东道国。

TOT 的运作程序相对比较简单。一般包括以下五个步骤：一是东道国项目发起人（同时又是投产项目的所有者）设立 SPV（special purpose vehicle）或 SPC（special purpose corporation），发起人把完工项目的所有权和新建项目的所有权均转让给 SPV，以确保有专门机构对两个项目的管理、转让、建造负有全权，并对出现的问题加以协调。SPV 常常是政府设立或政府参与设立的具有特许权的机构。二是 SPV 与外商洽谈以达成转让投产运行项目在未来一定期限内全部或部分经营权的协议，并取得资金。三是东道国利用获得资金来建设新项目。四是新项目投入运行。五是转让经营项目期满后，收回转让的项目。当然，在有些情况下是先收回转让项目，然后新项目才投入运行的。

TOT 项目融资方式，从 T—O 过程来看，更像一种买卖贸易，其标的为一定期限内的现金流量。从投资者经营权的取得方式来看，TOT 以一个特许协议为基础，具有一般贸易不能达到的效果。从 T—O—T 整个过程来看，它是一种既不同于以资信为基础的传统融资方式，也不同于 BOT 方式的新融资方式。TOT 中由于特许经营期满后，外商也将该设施无偿移交给中方。因此，TOT 与 BOT 的根本区别在于 B 上，即不需要由外资直接投资建设基础设施，因而避开了在 B 段建设过程中产生的大量风险和矛盾，从而使整个项目的风险降至相对容易接受的水平，缩短谈判进程，使中外双方比较容易达成一致。在我国经济发展的现阶段，积极采用发展直接融资，对于加快交通基础设施建设尤为必要。与其他项目融资方式不同的是，TOT 不以需要融资的项目的经济强度为保证，不依赖这个项目，而是依赖所获特许经营权的项目一定时期的未来收益。对于政府，相当于为旧项目垫支了资金进行建设，而在项目可以有收益的时候获得返回。然后，取得资金垫支下一个项目。TOT 作为一种融资方式是一种延续性行为，政府要有长久统筹。如果不能统筹安排，每个项目都有各自的控制者，并且不能协调，则无法实现 TOT 统筹安排资金的目的。TOT 要求不用个别的眼光，而是着眼于一定范围内的所有项目，分析现金流入流出的时间，要筹资的项目和可以出售未来项目的资金安排在项目间是交叉的。也可以考虑出售公路的经营权为港口建设融资这样的更广范围的资金安排。综上所述，融资成功与否取决于已经建设好的项目，与需筹资项目分割开来，融资人对现项目无发言权，无直接关系，政府在建港时具有完全的控制权。

TOT 具有的优势主要体现在：

（1）有利于引进先进的管理方式。TOT 项目融资方式中由于经营期较长，外商受到利益驱动，常常会对投产项目引入先进的技术、管理进行必要的维修，有助于投产项目高效运行，使基础设施领域逐步走向市场化道路，并且有序地向国际市场开放基础设施的建设、经营市场。

（2）增加项目引资成功的可能性。在 TOT 融资方式下，一方面，由于积累大量风险的建设阶段和试生产阶段已经完成，明显降低了项目的风险，外商面临的风险大幅减少，基于较低的风险，其预期收益率会合理下调，要价将会降低；另一方面，由于涉及环节较少，评估、谈判等方面的从属费用也势必有较大幅度下降。而东道国面临风险虽比 BOT 方式有所增加，但却与自筹资金和向外贷款方式中的风险完全相当。在这种背景下，引资成功的可能性大大增加了。

（3）提前新建项目的建设和营运时间。在 TOT 融资方式下，由于不涉及所有权问题，加之风险小，政府无须对外商做过多承诺，通过引资而在东道国引起政治争论的可能性降低，减小了引资的阻力。而且 TOT 融资方式仅涉及风险较小的生产运行阶段，用于评估、谈判的时间较 BOT 来说大大缩短，从而使项目能及时达成协议，及早建设，及早投入运营，加快了东道国基础设施建设的步伐。

（4）融资对象更为广泛。在 BOT 方式下，融资对象多为外国大银行、大建筑公司或能源公司等；而在 TOT 融资方式下，其他金融机构、基金组织和私人资本等都有机会参与投资。这样，扩大了投资者的范围，也加剧了投资者之间竞标的竞争，政府是其中当然的受益者。

（5）可操作性强。TOT 融资方式将开放基础设施建设市场与开放基础设施经营市场、基础设施装备市场分割开来，使得问题尽量简单化，并且只涉及基础设施项目经营权的转让，不涉及产权。

与 BOT 融资方式相比，TOT 融资方式的缺陷在于它并没有打破在基础设施建设阶段的中方垄断，不利于在建设阶段引进竞争机制。但是，TOT 融资方式已经在基础设施经营阶段引进了竞争机制，无疑是基础设施领域改革开放的积极举措，又鉴于 TOT 融资方式的上述优点，TOT 是一种切实可行的融资方式。

2. 港口项目采用 TOT 融资方式应注意的问题。

（1）项目的可行性研究。有关港口项目的宏观和微观效应在研究中得到较为深入的权衡，总体考虑时要以港口项目的外部性为重点，在对投资者的利益均衡、优惠条件等问题进行分析时，则要多以动态发展的眼光考虑各方所处的位置，提前设想他们关心的问题、利益的流向等。如果这项工作较为超前和细致，则有利于今后选择外商、提高谈判与合作的效率，减少日后的失误及费用。

（2）项目投资者的选择。应以竞争性方式进行国际招标。对外商承包者和投标财团的资信和融资能力进行细致、深入的调查，慎重选择资信低的项目特许权受让方或投资承包商。外商的经济实力以及资金、技术经营管理能力和经验，应该作为选择的重要依据之一。因为有经验与实力的管理公司参与，会从实质上降低项目的风险以及银行对贷款项目其他方面的要求。尤其要重视实力雄厚的大财团和大型跨国公司，它们的加入会产生示范效应。在收费标准上，可以掌握一定的灵活性，尽可能缩短特许年限，因为年限过长会带来一些政治上和其他方面的问题。同时，要注意把收费标准报价和相应的税收、周边开发等优惠政策，结合在一起进行综合考虑。此外，还应鼓励外商对项目进行技术改造、设备更新和必要的其他扩建改造。

（3）利益的协调和维护。利益分配的前提是公平—效率原则，着眼于社会经济的长远发展和社会效益的提高。鉴于港口的产业性质，在保障外商正常利益的同时要注意维护社会和用户的利益，其中最为关键的是投资回报和服务收费定价。TOT 融资方式由于投资风险低，在投资环境有所保障的前提下，政府大可不必在投资回报率、外汇等方面作出过多承诺，以免变相增加筹资成本。

（4）防止外商竭泽而渔。在这样比较长的周期里，港口维护与改造很重要。要明确规定转移经营权项目的维修改造，以防止外商竭泽而渔。可以考虑采用过渡期的办法，在过渡期内，双方共同管理、共同营运项目，收入按一定比例分享，以利于我方对项目运行的监督管理以及回收。

（5）管理要规范配套。不管政府是否成立专门负责 TOT 融资方式的机构，政府都要把 TOT 项目归口管理，以防止多头交叉，出现审批环节多、效率低下等情况。同时，对于相关权利的赋予也要切实考虑，如港口经营方可能要求付费方面的自由度。而我国目前港口费率对市场信息没有反映，长期实行部署港口统一定价，境外投资者还会对别的特许权提出要求，要进行全面的利益均衡后作出严密的方案。

（6）法律环境要改善。尽管 TOT 涉及环节较少，但仍要求有完善的法律环境保障。政府应通过立法规范 TOT 相关主体的行为，明确各方应承担的义务和享有的权利。我国目前法律还有个别的与 TOT 项目融资方式抵触的地方，有必要依据国内和国际惯例，制定一套适合 TOT 方式的法律法规，为其在我国有效利用创造良好的法律环境。

第三节　各国港口建设投融资模式比较

一、港口建设投融资模式

投融资模式的基本要素主要包括投融资主体、投融资渠道以及投融资方式三个方面，这三个基本要素构成了投融资模式的基本内容。

投融资主体是指作为资金的融入者和项目的投资者，按约定方式向资金融出者提供各项权益资金的行为主体。投融资渠道是指资金的获取渠道，主要包括政府、资本市场、银行、民营资本以及外资等。投融资方式是指资金融入融出的具体方法，包括股票上市、信贷融资、债券融资、资产证券化等。投融资模式如图 9 - 1 所示。

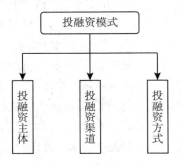

图 9 - 1　投融资模式

港口建设的投融资渠道呈现多元化的特点，不同渠道的融资模式为港口的发展建设提供了强有力的资金保证。主要的资金渠道有以下几方面：

政府资助。政府资助主要是指政府投资港口建设，且其资助形式也具备多样化，包括直接投资、港口投资补贴、允许或代替港口直接征收税收、无偿提供诸如航道疏浚、航标设置等服务，提供各种财政优惠如免税、低息贷款等。政府资助港口建设的强度力度因国家和地区的不同而有所区别，但近些年来，随着全球经济一体化的发展，港口经济的带动作用，以及港口项目的开发和其他融资渠道的拓展，国外出现了一个发展趋势，即这一部分资金正在逐渐减少。

港口自有资金。国外港口发展建设资金来源中，港口自有资金是重要的资金来源。港口自有资金主要包括以下两部分：一是港口的经营利润；二是港口自有设备、原有基础设施乃至土地的转让或出租所得的资金。

借款和发行证券。主要有以下几种形式：一是在政府支持下，向国际开发机构借款，如向世界银行、开发银行借款；二是向私有金融机构贷款，如向商业银行、养老基金和保险公司等；三是通过发行各种债券、股票将社会上的闲散资金集中起来作为港口建设资金。

BOT形式。投资商从政府那里获得港口某项目的建造和经营特许权，由其负责融资、设计、建造和运营，在特许期内通过运营来偿还贷款和利息，并获得收益。在期满后，将整个项目无偿或者以象征性价格转交给所在国政府。

港口用户投资。为了方便自身贸易生产活动的需要，很多港口用户（主要是生产制造企业、船舶运输企业）投资建设港口码头。

除了以上的港口投融资渠道外，还有通过收购、合资以及建立基金等方式获取港口建设资金。港口作为进出口贸易的主要枢纽，它的建设和发展历来受到各国的高度重视。由于各国的经济及社会制度不同，其建设投融资模式也有所差异，当前有以下三种常见的港口建设的投融资模式：

（一）政府投融资模式

政府投融资模式认为港口是社会发展的一部分，把港口作为社会经济设施之一对待，认为港口除了起到运输枢纽的作用外，还是国民经济发展中不可缺少的公用基础设施，能对国家经济和地区经济起到带动和促进作用。因此，政府对港口给予了很大的财政支持。这种模式大多能利用港口的多种功能带动整个国民经济的迅速发展；缺点是港口的经济效益比较差。港口作为城市的重要组成部分，政府在投资中起主导作用，其表现在对港口设施的投融资以及对港口营运的支持方面。

（二）私营企业投融资模式

这种港口投融资模式的好处是港口当局十分重视经济效益，港口经营多能盈利。其不利之处是没有考虑港口投融资的特性，私营部门投资港口建设的动力不足，因为港口水下基础设施建设如果没有国家财政的资助和补贴，建设项目就是不经济的，因此单靠私营部门投融资不利于港口持续发展。

（三）政府与企业共同参与投融资建设模式

这种投融资模式比较多见。其特点是既承认港口的公用性，又重视港口的企业性质。采取这种模式的国家一般将港口作为社会基础设施的一部分，每年的公共投资都列出了对港口的支出。政府承担内河航道、远洋航道的建设和维修费用。政府投资非经营性设施，经营性设施主要采用让船公司直接参与的方式，比较重视投资的经济效益。

二、国内港口建设投融资模式

（一）厦门港

厦门港作为中国传统的航运码头之一，具有较长时间的港口发展史。厦门政府将港口建设遗留的部分资金，如港口服务资金、政府征收的港口岸线使用费等收集起来，设立港口建设的专门基金用以维护港口的建设。厦门港港口设施建设基金主要有以下几个来源：一是交通运输部对厦门港口建设的返还资金；二是港口货物的相关港务费用结余；三是港口岸线的转让收益，政府以合作的方式吸引港口岸线的建设主体，然后根据相关政策法规收取一定的转让收益；四是港口的土地使用权转让金，政府将港口土地租借给港口企业使用，并从企业经营的红利中扣除一定比例的利润作为转让金上缴。港口建设基金作为市政府的专项基金，实行财政账户管理。这样减轻了政府在港口建设中的压力，政府的港口投入能更好地发展港口的经营类设施，使港口的竞争力水平得到有效的提高。

（二）宁波—舟山港

为了加快成为全球一流的现代化航运枢纽中心，宁波—舟山港不断拓展港口建设投融资模式和结构，加强和巩固自身的港口核心竞争力。舟山港结合自身的发展特点对港口基础类建设的投融资渠道进行了卓有成效的拓展创新。舟山港区域公共基础设施建设投融资来源，主要由港务局港航事业的预算资金、交通运输部和地方政府的财政补贴和港口企业的资金三个方面构成。港口陆上公共基础设施的建设和维护由宁波—舟山港务局负责港航事业的资金预算，由港务局、政府和服务港口企业共同出资。相应的港口航道、锚地等海上公共基础设施的建设遵循出资与收益为一体的原则，在舟山和宁波政府的协调下，由相关企业和政府港口相关部门共同出资。同时将向国家交通运输部申请的部分资金作为建设项目补贴向相应单位发放。这样既减少了政府向港口建设的投资，也提高了相关企业参与港口基础设施投融资的热情，极大加快了港口的建设和发展。

（三）香港

香港港口建设投融资的主要模式是"企业主导，政府支持"，其中港口的所有设施均由企业投资兴建，政府仅提供相应的政策支持。在香港港口建设的过程中，政府所起的作用主要包括以下两个方面：一是注重港口经营区域范围之外的配套设施和相关服务的管理。香港特区政府特别针对港区外的集装箱运输成立了交通运输部，主要负责保证相应道路的畅通；二是香港特区政府特别制定了相关政策，有效引导社会其他资源为港区进行服务。因为香港地区全部都属于自由港，因此香港特区政府以建设自由的市场环境为目标，吸引各方资源进入香港从事贸易、金融工商和旅游等活动。这样就促使香港港口建设投融资模式向着高度市场化的方向发展，对香港港口的建设起到较大的推进作用。另外，香港特区政府为港口航运企业建立协调服务特别建立了港口发展局，对香港港口建设的综合协调发展发挥了巨大的作用。

三、国外港口建设投融资模式

由于国情差异，世界主要港口投融资政策和方式不尽相同，但大都奉行投资主体、融资渠道的多元化原则。世界主要港口的建设投融资一般是由中央政府、地方政府以及企业和外国资金共同参与。

（一）新加坡

新加坡是世界上著名的国际航运中心，是世界上最大的集装箱枢纽港之一，其集装箱吞吐量列为世界第二位。新加坡港口建设的投融资基本模式为港口几乎全部由政府负责投资建设。

新加坡于 1997 年进行了港口体制改革，实行了港口民营化，原港务局分为新加坡海运与港口局（MPA）和新加坡港务集团（PSA）。海运与港口局主要负责处理港口和海运方面的管理和技术问题，如港口规划、港务管理、审发执照等。港务集团由原来的法定机构转化为一个商业机构，承担港口投资、生产经营等商业职能，目前的股东还是政府。企业集团的负责人由政府委任，港口改革的最终目标是民营化。在上述港口设施投融资政策的指引下，新加坡的码头建设主要由政府投资，港口的营业收入除了营业税外，全部用于港口的改造和再建设，港口用地也是无偿的。

（二）日本

日本港口建设投融资模式不同于新加坡和我国香港地区。日本港口管理的基本理念是不仅把港口管理者看作是港口当局独立的公共事业体，而且把港口当局看作像河流、道路那样向国民或当地居民提供基本的公用基础设施的主体。日本的港口投融资模式根据港口的管理运营制度及在地区政策中作用的不同而不同。

在日本的港口法及有关法律中规定了中央政府和地方政府对港口投资的费用分担、资金的筹措方法、引进民间资金的方法等。根据法律规定，日本把港口设施分为两种：一种是由港口管理者建设和所有的设施；另一种是由国家建设和所有的设施。应由港口管理者负责建设的设施，由港口管理者负责建设，国家给予补助，国家补助的比例根据建设的内容、对国民的利益程度来判断决定；应由国家负责建设的设施，由国家亲自负责建设，港口管理者也要负担必要的额度。

此外，日本港口设施建设资金的筹措还采用让利用者投资和租用者融资的政策。主要体现在以下三点：一是要求民间企业提供部分负担。当民间企业通过利用公共港口设施受益时，港口管理者就要向该民间企业收取一定额度的港口建设费。二是集装箱码头等专用设施的费用分摊方法。为了提高集装箱码头的利用率，在一定时期内，把码头出租给船公司。在这种情况下，资金筹措按以下比例分摊：国家出资 30%；金融机构贷款 20%；码头租用人出资 20%。三是政府支持民间企业对港口环境进行投资建设。这种支持体现在国家在税收方面给予优惠、国家提供无息贷款、国家补助、政策投资银行的低息投资等各个方面。

（三） 英国

英国港口建设是典型的企业主导投融资模式，在经历了大规模改革之后，英国将港口作为企业对待，将港口的产权从国有转变为私人部门所有，政府已经在较大程度上离开了港口行业。英国政府在港口建设方面几乎没有任何投入，只给予必要的国家贷款协助。在政府不进行港口投资的前提下，港口建设投融资都由港口企业自行筹集，主要方式有港口自身经营的利润、银行贷款、政府及其他国家的捐赠等。企业主导型模式在港口建设中提高了港口企业对港口长期发展的重视程度，往往意味着较强的盈利能力。但由于政府对港口建设零投入，也会造成港口经营收费较高。

（四） 美国

美国港口建设主要采取政府和企业共同参与的投融资模式。美国的港口属所在州管辖，少数港口由州管理，大多数港口由当地市县政府管理。联邦政府没有设立针对港口管理的专门机构来统筹港口的经营，但是以交通运输部下属的海运管理局为代表的相关机构分担了部分港口管理的职责。地方政府管辖的港口一般都有港务理事会和港务局两级管理机构。港务理事会定期审议港口发展和经营管理的方针政策。港务局则是企业型的半官方机构，属于业务性质，不是行政管理机构，本身一般不直接从事货物装卸业务。只有少数港务局是官方机构，经营管理自主权较少。美国联邦政府和地方政府都参与港口基础设施的投资建设。联邦政府的投资主要局限于进出港口的公共航道的建设和维护，不直接使用港口的码头泊位和陆上机械设备的投资项目。政府的投资比重一般占整个项目总投资额的22%，其中，联邦政府投资比例为7%；州政府投资比例为15%。全部纳入两级政府的财政预算。

港口基础性项目设施的投资建设主要通过地方政府的财政预算和港务局的资产经营来实现。大多数港口管理机构在行使政府授权范围内的港口行政管理权限的同时，也负责港口资源的经营与管理。一般来说，港口资产的所有权属于政府，港务局通过租赁港口基础设施如码头、房产、土地等方式取得稳定的经济收益，并以此作为港口建设的资金来源之一。在港口范围之外，政府还赋予港务局以较大的陆域管理范围。其中包括大量的土地、房产、桥梁、隧道、铁路、公路等的经营管理权。例如，在"9·11"事件中被恐怖分子驾机撞毁的两幢纽约世界贸易中心大楼的原产权就属于纽约港务局所有，其全部收益属于港口当局。在一些港口，市政府还在一定范围内赋予港务局向港区营运企业征收相关税收的权力，由此也构成了港口的稳定收入，成为港口日常营运和建设的重要资金来源。从美国港口的经营方针上来看，港口建设的资金来源主要来自以下几个方面：首先是美国各级政府的投资，主要用于航道的建设和维护；其次是港口自有的投资，主要由港口的政府经营部门如港务局等根据港口的收入进行港口建设的投资，美国各个港口的收入除去相关维护运行费用外都作为港口的利润，归港务局所有，这些利润主要用于港口的投资建设和兴办社会福利事业；最后是通过发行债券等募集社会资金，美国的大部分港口都有发行债券的权利，并利用发行债券募集的资金进行港口建设。

综合来看，美国港口建设资金的融资渠道主要来自三个方面：一是联邦政府和州政府投资。这部分投资主要用于港区以外进港航道的建设和维护，而不对港口设施进行投资。二是港口以自有资金投资。美国港口的建设和营运费原则上从港口收入中支付。港务局的收入扣除折旧、贷款等的本息以及其他开支后，所有利润都归港务局所有，用于港口发展或用于兴办公共福利事业，不向国家和地区政府缴纳所得税。三是发行债券。美国的大部分港口都有权发行债券，债券也是港口建设资金的重要来源。

（五）荷兰

荷兰港口建设投融资模式与美国相似，也主要采用由政府和企业共同参与投资建设的模式。荷兰政府十分重视港口在国民经济中的作用以及在地区发展中的地位。在荷兰，从中央到地方各级政府对港口的建设管理都十分支持。

港口建设资金由中央政府、地方政府以及私营企业共同参与筹集。港口的公益性设施（如疏浚航道、平整土地、岸壁建造、泊位修建、进港道路修建等）主要靠各级政府投资建设而成。根据项目规模和地位的不同，建设资金在各级政府中的分摊比例也有所不同。一般情况下，大型项目建设资金由中央政府和地方政府共同承担，中央政府的建设资金不作为股份加入，也无须偿还，投资后形成的港口资产归地方政府所有。相比之下，中小型项目的建设资金则主要由地方政府负担，但在开发维护航道时中央政府也会负担部分资金。

港口经营性设施（如装卸设备、仓库堆场、办公楼及港内航道系统等）主要由租赁港区泊位的私营企业投资建设。工程建设主体由企业自行决定，建设内容须按照港口规划的要求，接受地方政府监督。港口购买土地由市政府和国家各补助1/3，而港口内部的经营性设施则由企业或私人投资。港口向经营者收取土地租金、码头使用费和其他税费。

港口经营实行市场化运作。虽然中央政府和地方政府均参与港口投资，但政府并不直接从事码头经营活动，而是实行完全市场化的港口经营模式。在港口经营主体的确定方面，政府依据泊位把港区划分成若干区域，然后通过市场公开招标，租赁给国内外企业，由这些企业负责港区建设和码头经营。政府向租赁者收取租金，以补充建港资金和管理费用。在租赁期间，根据市场情况，租金可能有所变化。在停靠港口和泊位的选择方面，目前对进出港口的船舶，除了政府收取船舶港务费之外，码头经营者只收取装卸费和仓储费。政府没有制定统一的费率标准，与选择码头一样，费率由船公司和码头经营者、装卸公司谈判而定。

本章重要概念

港口经济　港口投融资　港口投融资方式　BT 融资　ABS 融资　港口投融资模式

本章习题

1. 简述港口具有哪些经济学特征？
2. 简述港口投融资方式主要有哪些？
3. 简述港口投融资渠道有哪些？
4. 简述政府投融资模式的优缺点。

附录　复利系数表

($i=1\%$)

年份	一次性支付		等额系列			
	终值系数	现值系数	年金终值 系数	偿债基金 系数	年金现值 系数	资本回收 系数
n	$(F/P,i,n)$	$(P/F,i,n)$	$(F/A,i,n)$	$(A/F,i,n)$	$(P/A,i,n)$	$(A/P,i,n)$
1	1.0100	0.9901	1.0000	1.0000	0.9901	1.0100
2	1.0201	0.9803	2.0100	0.4975	1.9704	0.5075
3	1.0303	0.9706	3.0301	0.3300	2.9410	0.3400
4	1.0406	0.9610	4.0604	0.2463	3.9020	0.2563
5	1.0510	0.9515	5.1010	0.1960	4.8534	0.2060
6	1.0615	0.9420	6.1520	0.1625	5.7955	0.1725
7	1.0712	0.9327	7.2315	0.1386	6.7282	0.1486
8	1.0829	0.9235	8.2857	0.1207	7.6517	0.1307
9	1.0937	0.9143	9.3685	0.1067	8.5660	0.1167
10	1.1046	0.9053	10.4622	0.0956	9.4713	0.1056
11	1.1157	0.8963	11.5668	0.0865	10.3676	0.0965
12	1.1268	0.8874	12.6825	0.0788	11.2551	0.0888
13	1.1381	0.8787	13.8093	0.0724	12.1337	0.0824
14	1.1495	0.8700	14.9474	0.0669	13.0037	0.0769
15	1.1610	0.8613	16.0969	0.0621	13.8651	0.0721
16	1.1726	0.8528	17.2579	0.0579	14.7179	0.0679
17	1.1843	0.8444	18.4304	0.0543	15.5623	0.0643
18	1.1961	0.8360	19.6147	0.0510	16.3983	0.0610
19	1.2081	0.8277	20.8109	0.0481	17.2260	0.0581
20	1.2202	0.8195	22.0190	0.0454	18.0456	0.0554

($i=2\%$)

年份	一次性支付		等额系列			
	终值系数	现值系数	年金终值 系数	偿债基金 系数	年金现值 系数	资本回收 系数
n	$(F/P,i,n)$	$(P/F,i,n)$	$(F/A,i,n)$	$(A/F,i,n)$	$(P/A,i,n)$	$(A/P,i,n)$
2	1.0404	0.9612	2.0200	0.4950	1.9416	0.5150
3	1.0612	0.9423	3.0604	0.3268	2.8839	0.3468
4	1.0824	0.9238	4.1216	0.2426	3.8077	0.2626

年份	一次性支付		等额系列			
	终值系数	现值系数	年金终值系数	偿债基金系数	年金现值系数	资本回收系数
5	1.1041	0.9057	5.2040	0.1922	4.7135	0.2122
6	1.1262	0.8880	6.3081	0.1585	5.6014	0.1785
7	1.1487	0.8706	7.4343	0.1345	6.4720	0.1542
8	1.1717	0.8535	8.5830	0.1165	7.3255	0.1365
9	1.1951	0.8368	9.7546	0.1025	8.1622	0.1225
10	1.2190	0.8203	10.9497	0.0913	8.9826	0.1113
11	1.2434	0.8043	12.1687	0.0822	9.7868	0.1022
12	1.2682	0.7885	13.4121	0.0746	10.5753	0.0946
13	1.2936	0.7730	14.6803	0.0681	11.3484	0.0881
14	1.3195	0.7579	15.9739	0.0626	12.1062	0.0826
15	1.3459	0.7430	17.2934	0.0578	12.8493	0.0778
16	1.3728	0.7284	18.6393	0.0537	13.5777	0.0737
17	1.4002	0.7142	20.0121	0.0500	14.2919	0.0700
18	1.4282	0.7002	21.4123	0.0467	14.9920	0.0667
19	1.4568	0.6864	22.8406	0.0438	15.6785	0.0638
20	1.4859	0.6730	24.2974	0.0412	16.3514	0.0612

$$(i = 3\%)$$

年份	一次性支付		等额系列			
	终值系数	现值系数	年金终值系数	偿债基金系数	年金现值系数	资本回收系数
n	$(F/P,i,n)$	$(P/F,i,n)$	$(F/A,i,n)$	$(A/F,i,n)$	$(P/A,i,n)$	$(A/P,i,n)$
1	1.0300	0.9709	1.0000	1.0000	0.9709	1.0300
2	1.0609	0.9426	2.0300	0.4926	1.9135	0.5226
3	1.0927	0.9151	3.0909	0.3235	2.8286	0.3535
4	1.1255	0.8885	4.1836	0.2390	3.7171	0.2690
5	1.1593	0.8626	5.3091	0.1884	4.5797	0.2184
6	1.1941	0.8375	6.4684	0.1546	5.4172	0.1846
7	1.2299	0.8131	7.6225	0.1305	6.2303	0.1605
8	1.2668	0.7894	8.8923	0.1125	7.0197	0.1425
9	1.3048	0.7664	10.1591	0.0984	7.7861	0.1284
10	1.3439	0.7441	11.4639	0.0872	8.5302	0.1172
11	1.3842	0.7224	12.8078	0.0781	9.2526	0.1081
12	1.4258	0.7014	14.1920	0.0705	9.9540	0.1005

续表

年份	一次性支付		等额系列			
	终值系数	现值系数	年金终值系数	偿债基金系数	年金现值系数	资本回收系数
13	1.4685	0.6810	15.6178	0.0640	10.6350	0.0940
14	1.5126	0.6611	17.0863	0.0585	11.2961	0.0885
15	1.5580	0.6419	18.5989	0.0538	11.9379	0.0838
16	1.6047	0.6232	20.1569	0.0496	12.5611	0.0796
17	1.6528	0.6050	21.7616	0.0460	13.1661	0.0760
18	1.7024	0.5874	23.4144	0.0427	13.7535	0.0727
19	1.7535	0.5703	25.1169	0.0398	14.3238	0.0698
20	1.8061	0.5537	26.8704	0.0372	14.8775	0.0672

$$(i = 4\%)$$

年份	一次性支付		等额系列			
	终值系数	现值系数	年金终值系数	偿债基金系数	年金现值系数	资本回收系数
n	$(F/P,i,n)$	$(P/F,i,n)$	$(F/A,i,n)$	$(A/F,i,n)$	$(P/A,i,n)$	$(A/P,i,n)$
1	1.0400	0.9615	1.0000	1.0000	0.9615	1.0400
2	1.0816	0.9246	2.0400	0.4902	1.8861	0.5302
3	1.1249	0.8890	3.1216	0.3203	2.7751	0.3603
4	1.1699	0.8548	4.2465	0.2355	3.6299	0.2755
5	1.2167	0.8219	5.4163	0.1846	4.4518	0.2246
6	1.2653	0.7903	6.6330	0.1508	5.2421	0.1908
7	1.3159	0.7599	7.8389	0.1266	6.0021	0.1666
8	1.3686	0.7307	9.2142	0.1085	6.7327	0.1485
9	1.4233	0.7026	10.5828	0.0945	7.4353	0.1345
10	1.4802	0.6756	12.0061	0.0833	8.1109	0.1233
11	1.5395	0.6496	13.4864	0.0741	8.7605	0.1141
12	1.6010	0.6246	15.0258	0.0666	9.3851	0.1066
13	1.6651	0.6006	16.6268	0.0601	9.9856	0.1001
14	1.7317	0.5775	18.2919	0.0547	10.5631	0.0947
15	1.8009	0.5553	20.0236	0.0499	11.1184	0.0899
16	1.8730	0.5339	21.8245	0.0458	11.6523	0.0858
17	1.9479	0.5134	23.6975	0.0422	12.1657	0.0822
18	2.0258	0.4936	25.6454	0.0390	12.6593	0.0790
19	2.1068	0.4746	27.6712	0.0361	13.1339	0.0761
20	2.1911	0.4564	29.7781	0.0336	13.5903	0.0736

$$(i = 5\%)$$

年份	一次性支付		等额系列			
	终值系数	现值系数	年金终值系数	偿债基金系数	年金现值系数	资本回收系数
n	$(F/P, i, n)$	$(P/F, i, n)$	$(F/A, i, n)$	$(A/F, i, n)$	$(P/A, i, n)$	$(A/P, i, n)$
1	1.0500	0.9524	1.0000	1.0000	0.9524	1.0500
2	1.1025	0.9070	2.0500	0.4878	1.8594	0.5378
3	1.1576	0.8638	3.1525	0.3172	2.7232	0.3672
4	1.2155	0.8227	4.3101	0.2320	3.5460	0.2820
5	1.2763	0.7835	5.5256	0.1810	4.3295	0.2310
6	1.3401	0.7462	6.8019	0.1470	5.0757	0.1970
7	1.4071	0.7107	8.1420	0.1228	5.7864	0.1728
8	1.4775	0.6768	9.5491	0.1047	6.4632	0.1547
9	1.5513	0.6446	11.0266	0.0907	7.1078	0.1407
10	1.6289	0.6139	12.5779	0.0795	7.7217	0.1295
11	1.7103	0.5847	14.2068	0.0704	8.3064	0.1204
12	1.7959	0.5568	15.9171	0.0628	8.8633	0.1128
13	1.8856	0.5303	17.7130	0.0565	9.3936	0.1065
14	1.9799	0.5051	19.5986	0.0510	9.8986	0.1010
15	2.0789	0.4810	21.5786	0.0463	10.3797	0.0963
16	2.1829	0.4581	23.6575	0.0423	10.8378	0.0923
17	2.2920	0.4363	25.8404	0.0387	11.2741	0.0887
18	2.4066	0.4155	28.1324	0.0355	11.6896	0.0855
19	2.5270	0.3957	30.5390	0.0327	12.0853	0.0827
20	2.6533	0.3769	33.0660	0.0302	12.4622	0.0802

$$(i = 6\%)$$

年份	一次性支付		等额系列			
	终值系数	现值系数	年金终值系数	偿债基金系数	年金现值系数	资本回收系数
n	$(F/P, i, n)$	$(P/F, i, n)$	$(F/A, i, n)$	$(A/F, i, n)$	$(P/A, i, n)$	$(A/P, i, n)$
1	1.0600	0.9434	1.0000	1.0000	0.9434	1.0600
2	1.1236	0.8900	2.0600	0.4854	1.8334	0.5454
3	1.1910	0.8396	3.1836	0.3141	2.6730	0.3741
4	1.2625	0.7921	4.3746	0.2286	3.4651	0.2886
5	1.3382	0.7473	5.6371	0.1774	4.2124	0.2374
6	1.4185	0.7050	6.9753	0.1434	4.9173	0.2034

年份	一次性支付		等额系列			
	终值系数	现值系数	年金终值系数	偿债基金系数	年金现值系数	资本回收系数
7	1.5036	0.6651	8.3938	0.1191	5.5824	0.1791
8	1.5938	0.6274	9.8975	0.1010	6.2098	0.1610
9	1.6895	0.5919	11.4913	0.0870	6.8017	0.1470
10	1.7908	0.5584	13.1808	0.0759	7.3601	0.1359
11	1.8983	0.5268	14.9716	0.0668	7.8869	0.1268
12	2.0122	0.4970	16.8699	0.0593	8.3838	0.1193
13	2.1329	0.4688	18.8821	0.0530	8.8527	0.1130
14	2.2609	0.4423	21.0151	0.0476	9.2950	0.1076
15	2.3966	0.4173	23.2760	0.0430	9.7122	0.1030
16	2.5404	0.3936	25.6725	0.0390	10.1059	0.0990
17	2.6928	0.3714	28.2129	0.0354	10.4773	0.0954
18	2.8543	0.3503	30.9057	0.0324	10.8276	0.0924
19	3.0256	0.3305	33.7600	0.0296	11.1581	0.0896
20	3.2071	0.3118	36.7856	0.0272	11.4699	0.0872

$$(i = 7\%)$$

年份	一次性支付		等额系列			
	终值系数	现值系数	年金终值系数	偿债基金系数	年金现值系数	资本回收系数
n	$(F/P,i,n)$	$(P/F,i,n)$	$(F/A,i,n)$	$(A/F,i,n)$	$(P/A,i,n)$	$(A/P,i,n)$
1	1.0700	0.9346	1.0000	1.0000	0.9346	1.0700
2	1.1449	0.8734	2.0700	0.4831	1.8080	0.5531
3	1.2250	0.8163	3.2149	0.3111	2.6243	0.3811
4	1.3108	0.7629	4.4399	0.2252	3.3872	0.2952
5	1.4026	0.7130	5.7507	0.1739	4.1002	0.2439
6	1.5007	0.6663	7.1533	0.1398	4.7665	0.2098
7	1.6058	0.6227	8.6540	0.1156	5.3893	0.1856
8	1.7182	0.5820	10.2598	0.0975	5.9713	0.1675
9	1.8385	0.5439	11.9780	0.0835	6.5152	0.1535
10	1.9672	0.5083	13.8164	0.0724	7.0236	0.1424
11	2.1049	0.4751	15.7836	0.0634	7.4987	0.1334
12	2.2522	0.4440	17.8885	0.0559	7.9427	0.1259
13	2.4098	0.4150	20.1406	0.0497	8.3577	0.1197

续表

年份	一次性支付		等额系列			
	终值系数	现值系数	年金终值系数	偿债基金系数	年金现值系数	资本回收系数
14	2.5785	0.3878	22.5505	0.0443	8.7455	0.1143
15	2.7590	0.3624	25.1290	0.0393	9.1079	0.1098
16	2.9522	0.3387	27.8881	0.0359	9.4466	0.1059
17	3.1588	0.3166	30.8402	0.0324	9.7632	0.1024
18	3.3799	0.2959	33.9990	0.0294	10.0591	0.0994
19	3.6165	0.2765	37.3790	0.0268	10.3356	0.0968
20	3.8697	0.2584	40.9955	0.0244	10.5940	0.0944

$$(i = 8\%)$$

年份	一次性支付		等额系列			
	终值系数	现值系数	年金终值系数	偿债基金系数	年金现值系数	资本回收系数
n	$(F/P,i,n)$	$(P/F,i,n)$	$(F/A,i,n)$	$(A/F,i,n)$	$(P/A,i,n)$	$(A/P,i,n)$
1	1.0800	0.9259	1.0000	1.0000	0.9259	1.0800
2	1.1664	0.8573	2.0800	0.4808	1.7833	0.5608
3	1.2597	0.7938	3.2464	0.3080	2.5771	0.3880
4	1.3605	0.7350	4.5061	0.2219	3.3121	0.3019
5	1.4693	0.6806	5.8666	0.1705	3.9927	0.2505
6	1.5869	0.6302	7.3359	0.1363	4.6229	0.2163
7	1.7138	0.5853	8.9228	0.112_	5.2064	0.1921
8	1.8509	0.5403	10.6366	0.0940	5.7466	0.1740
9	1.9990	0.5002	12.4876	0.080_	6.2469	0.1601
10	2.1589	0.4632	14.4866	0.0690	6.7101	0.1490
11	2.3316	0.4289	16.6455	0.060_	7.1390	0.1401
12	2.5182	0.3971	18.9771	0.0527	7.5361	0.1327
13	2.7196	0.3677	21.4953	0.0465	7.9038	0.1265
14	2.9372	0.3405	24.2149	0.0413	8.2442	0.1213
15	3.1722	0.3152	27.1521	0.0368	8.5595	0.1168
16	3.4259	0.2919	30.3243	0.0330	8.8514	0.1130
17	3.7000	0.2703	33.7502	0.0296	9.1216	0.1096
18	3.9960	0.2502	37.4502	0.0267	9.3719	0.1067
19	4.3157	0.2317	41.4463	0.0241	9.6036	0.1041
20	4.6610	0.2145	45.7620	0.0219	9.8181	0.1019

$$(i = 9\%)$$

年份	一次性支付		等额系列			
	终值系数	现值系数	年金终值系数	偿债基金系数	年金现值系数	资本回收系数
n	$(F/P,i,n)$	$(P/F,i,n)$	$(F/A,i,n)$	$(A/F,i,n)$	$(P/A,i,n)$	$(A/P,i,n)$
1	1.0900	0.9174	1.0000	1.0000	0.9174	1.0900
2	1.1881	0.8417	2.0900	0.4785	1.7591	0.5685
3	1.2950	0.7722	3.2781	0.3051	2.5313	0.3951
4	1.4116	0.7084	4.5731	0.2187	3.2397	0.3087
5	1.5386	0.6499	5.9847	0.1671	3.8897	0.2571
6	1.6771	0.5963	7.5233	0.1329	4.4859	0.2229
7	1.8280	0.5470	9.2004	0.1087	5.0330	0.1987
8	1.9926	0.5019	11.0285	0.0907	5.5348	0.1807
9	2.1719	0.4604	13.0210	0.0768	5.9952	0.1668
10	2.3674	0.4224	15.1929	0.0658	6.4177	0.1558
11	2.5804	0.3875	17.5603	0.0569	6.8052	0.1469
12	2.8127	0.3555	20.1407	0.0497	7.1607	0.1397
13	3.0658	0.3262	22.9534	0.0436	7.4869	0.1336
14	3.3417	0.2992	26.0192	0.0384	7.7862	0.1284
15	3.6425	0.2745	29.3609	0.0341	8.0607	0.1241
16	3.9703	0.2519	33.0034	0.0303	8.3126	0.1203
17	4.3276	0.2311	36.9737	0.0270	8.5436	0.1170
18	4.7171	0.2120	41.3013	0.0242	8.7556	0.1142
19	5.1417	0.1945	46.0185	0.0217	8.9501	0.1117
20	5.6044	0.1784	51.1601	0.0195	9.1285	0.1095

$$(i = 10\%)$$

年份	一次性支付		等额系列			
	终值系数	现值系数	年金终值系数	偿债基金系数	年金现值系数	资本回收系数
n	$(F/P,i,n)$	$(P/F,i,n)$	$(F/A,i,n)$	$(A/F,i,n)$	$(P/A,i,n)$	$(A/P,i,n)$
1	1.1000	0.9091	1.0000	1.0000	0.9091	1.1000
2	1.2100	0.8264	2.1000	0.4762	1.7355	0.5762
3	1.3310	0.7513	3.3100	0.3021	2.4869	0.4021
4	1.4641	0.6830	4.6410	0.2155	3.1699	0.3155
5	1.6105	0.6209	6.1051	0.1638	3.7908	0.2638
6	1.7716	0.5645	7.7156	0.1296	4.3553	0.2296

续表

年份	一次性支付		等额系列			
	终值系数	现值系数	年金终值系数	偿债基金系数	年金现值系数	资本回收系数
7	1.9487	0.1532	9.4872	0.1054	4.8684	0.2054
8	2.1436	0.4665	11.4359	0.0874	5.3349	0.1874
9	2.3579	0.4241	13.5795	0.0736	5.7590	0.1736
10	2.5937	0.3855	15.9374	0.0627	6.1446	0.1627
11	2.8531	0.3505	18.5312	0.0540	6.4951	0.1540
12	3.1384	0.3186	21.3843	0.0468	6.8137	0.1468
13	3.4523	0.2897	24.5227	0.0408	7.1034	0.1408
14	3.7975	0.2633	27.9750	0.0357	7.3667	0.1357
15	4.1772	0.2394	31.7725	0.0315	7.6061	0.1315
16	4.5950	0.2176	35.9497	0.0278	7.8237	0.1278
17	5.0545	0.1978	40.5447	0.0247	8.0216	0.1247
18	5.5599	0.1799	45.5992	0.0219	8.2014	0.1219
19	6.1159	0.1635	51.1591	0.0195	8.3649	0.1195
20	6.7275	0.1486	57.2750	0.0175	8.5136	0.1175

$(i=12\%)$

年份	一次性支付		等额系列			
	终值系数	现值系数	年金终值系数	偿债基金系数	年金现值系数	资本回收系数
n	$(F/P,i,n)$	$(P/F,i,n)$	$(F/A,i,n)$	$(A/F,i,n)$	$(P/A,i,n)$	$(A/P,i,n)$
1	1.1200	0.8929	1.0000	1.0000	0.8929	1.1200
2	1.2544	0.7972	2.1200	0.4717	1.6901	0.5917
3	1.4049	0.7118	3.3744	0.2963	2.4018	0.4163
4	1.5735	0.6355	4.7793	0.2092	3.0373	0.3292
5	1.7623	0.5674	6.3528	0.1574	3.6048	0.2774
6	1.9738	0.5066	8.1152	0.1232	4.1114	0.2432
7	2.2107	0.4523	10.0890	0.0991	4.5638	0.2191
8	2.4760	0.4039	12.2997	0.0813	4.9676	0.2013
9	2.7731	0.3606	14.7757	0.0677	5.3282	0.1877
10	3.1058	0.3220	17.5487	0.0570	5.6502	0.1770
11	3.4785	0.2875	20.6546	0.0484	5.9377	0.1684
12	3.8960	0.2567	24.1331	0.0414	6.1944	0.1614
13	4.3635	0.2292	28.0291	0.0357	6.4235	0.1557

续表

年份	一次性支付		等额系列			
	终值系数	现值系数	年金终值系数	偿债基金系数	年金现值系数	资本回收系数
14	4.8871	0.2046	32.3926	0.0309	6.6282	0.1509
15	5.4736	0.1827	37.2797	0.0268	6.8109	0.1468
16	6.1304	0.1631	42.7533	0.0234	6.9740	0.1434
17	6.8660	0.1456	48.8837	0.0205	7.1196	0.1405
18	7.6900	0.1300	55.7497	0.0179	7.2497	0.1379
19	8.6128	0.1161	63.4397	0.0158	7.3658	0.1358
20	9.6463	0.1037	72.0524	0.0139	7.4694	0.1339

$$(i = 15\%)$$

年份	一次性支付		等额系列			
	终值系数	现值系数	年金终值系数	偿债基金系数	年金现值系数	资本回收系数
n	$(F/P,i,n)$	$(P/F,i,n)$	$(F/A,i,n)$	$(A/F,i,n)$	$(P/A,i,n)$	$(A/P,i,n)$
1	1.1500	0.8696	1.0000	1.0000	0.8696	1.1500
2	1.3225	0.7561	2.1500	0.4651	1.6257	0.6151
3	1.5209	0.6575	3.4725	0.2880	2.2832	0.4380
4	1.7490	0.5718	4.9934	0.2003	2.8550	0.3503
5	2.0114	0.4972	6.7424	0.1483	3.3522	0.2983
6	2.3131	0.4323	8.7537	0.1142	3.7845	0.2642
7	2.6600	0.3759	11.0668	0.0904	4.1604	0.2420
8	3.0590	0.3269	13.7268	0.0729	4.4873	0.2229
9	3.5179	0.2843	16.7858	0.0596	4.7716	0.2096
10	4.0456	0.2472	20.3037	0.0493	5.0188	0.1993
11	4.6524	0.2149	24.3493	0.0411	5.2337	0.1911
12	5.3503	0.1869	29.0017	0.0345	5.4206	0.1845
13	6.1528	0.1625	34.3519	0.0291	5.5831	0.1791
14	7.0757	0.1413	40.5047	0.0247	5.7245	0.1747
15	8.1371	0.1229	47.5804	0.0210	5.8474	0.1710
16	9.3576	0.1069	55.7175	0.0179	5.9542	0.1679
17	10.7613	0.0929	65.0751	0.0154	6.0472	0.1654
18	12.3755	0.0808	75.8364	0.0132	6.1280	0.1632
19	14.2318	0.0703	88.2118	0.0113	6.1982	0.1613
20	16.3665	0.0611	102.4436	0.0098	6.2593	0.1598

$(i=18\%)$

年份	一次性支付		等额系列			
	终值系数	现值系数	年金终值系数	偿债基金系数	年金现值系数	资本回收系数
n	$(F/P,i,n)$	$(P/F,i,n)$	$(F/A,i,n)$	$(A/F,i,n)$	$(P/A,i,n)$	$(A/P,i,n)$
1	1.1800	0.8475	1.0000	1.0000	0.8475	1.1800
2	1.3924	0.7182	2.1800	0.4587	1.5656	0.6387
3	1.6430	0.6086	3.5724	0.2799	2.1743	0.4599
4	1.9388	0.5158	5.2154	0.1917	2.6901	0.3717
5	2.2878	0.4371	7.1542	0.1398	3.1272	0.3198
6	2.6996	0.3704	9.4420	0.1059	3.4976	0.2859
7	3.1855	0.3139	12.1415	0.0824	3.8115	0.2624
8	3.7589	0.2660	15.3270	0.0652	4.0776	0.2452
9	4.4355	0.2255	19.0859	0.0524	4.3030	0.2324
10	5.2338	0.1911	23.5213	0.0425	4.4941	0.2225
11	6.1759	0.1619	28.7551	0.0348	4.6560	0.2148
12	7.2876	0.1372	34.9311	0.0286	4.7932	0.2086
13	8.5994	0.1163	42.2187	0.0237	4.9095	0.2037
14	10.1472	0.0985	50.8180	0.0197	5.0081	0.1997
15	11.9737	0.0835	60.9653	0.0164	5.0916	0.1964
16	14.1290	0.0708	72.9390	0.0137	5.1624	0.1937
17	16.6722	0.0600	87.0680	0.0115	5.2223	0.1915
18	19.6733	0.0508	103.7403	0.0096	5.2732	0.1896
19	23.2144	0.0431	123.4135	0.0081	5.3162	0.1881
20	27.3930	0.0365	146.6280	0.0068	5.3527	0.1868

$(i=20\%)$

年份	一次性支付		等额系列			
	终值系数	现值系数	年金终值系数	偿债基金系数	年金现值系数	资本回收系数
n	$(F/P,i,n)$	$(P/F,i,n)$	$(F/A,i,n)$	$(A/F,i,n)$	$(P/A,i,n)$	$(A/P,i,n)$
1	1.2000	0.8333	1.0000	1.0000	0.8333	1.2000
2	1.4400	0.6944	2.2000	0.4545	1.5278	0.6545
3	1.7280	0.5787	3.6400	0.2747	2.1065	0.4747
4	2.0736	0.4823	5.3680	0.1863	2.5887	0.3863
5	2.4883	0.4019	7.4416	0.1344	2.9906	0.3344
6	2.9860	0.3349	9.9299	0.1007	3.3255	0.3007

年份	一次性支付		等额系列			
	终值系数	现值系数	年金终值系数	偿债基金系数	年金现值系数	资本回收系数
7	3.5832	0.2791	12.9159	0.0774	3.6046	0.2774
8	4.2998	0.2326	16.4991	0.0606	3.8372	0.2606
9	5.1598	0.1938	20.7989	0.0481	4.0310	0.2481
10	6.1917	0.1615	25.9587	0.0385	4.1925	0.2385
11	7.4301	0.1346	32.1504	0.0311	4.3271	0.2311
12	8.9161	0.1122	39.5805	0.0253	4.4392	0.2253
13	10.6993	0.0935	48.4966	0.0206	4.5327	0.2206
14	12.8392	0.0779	59.1959	0.0169	4.6106	0.2169
15	15.4070	0.0649	72.0351	0.0139	4.6755	0.2139
16	18.4884	0.0541	87.4421	0.0114	4.7296	0.2114
17	22.1861	0.0451	105.9306	0.0094	4.7746	0.2094
18	26.6233	0.0376	128.1167	0.0078	4.8122	0.2078
19	31.9480	0.0313	154.7400	0.0065	4.8435	0.2065
20	38.3376	0.0261	186.6880	0.0054	4.8696	0.2054

参考文献

［1］甘爱平，曲林迟．航运金融学［M］．上海：格致出版社，人民出版社，2010.

［2］李振福．航运金融：现状、趋势与发展策略［J］．中国船检，2018（04）：30－32.

［3］林源民．什么是航运金融？［J］．水运管理，2014，36（10）：1－8. DOI：10.13340/j. jsm. 2014.10.017.

［4］杨阿妮．厦门航运金融业发展研究［J］．物流科技，2014，37（05）：45－46. DOI：10.13714/j. cnki. 1002－3100.2014.05.014.

［5］孙晓琳．国内外航运金融发展现状的比较研究［J］．价值工程，2013，32（06）：158－160. DOI：10.14018/j. cnki. cn13－1085/n. 2013.06.048.

［6］向玫．金融工具在航运业的发展及应用［D］．上海：上海交通大学，2011.

［7］胡倩．论我国航运金融的发展现状及国际经验借鉴［J］．现代商贸工业，2010，22（12）：183－184. DOI：10.19311/j. cnki. 1672－3198.2010.12.115.

［8］都增庆．国际航运船舶投资决策方法论［M］．上海：上海三联书店，2005.

［9］国际航运管理人员培训教材编写委员会．国际航运管理基础知识［M］．北京：人民交通出版社，2001.

［10］黄达，张杰．金融学［M］．北京：中国人民大学出版社，2017.

［11］王学锋，孙晓琳．航运衍生品与风险管理［M］．上海：上海交通大学出版社，2015.

［12］张亦春，郑振龙，林海．金融市场学［M］．北京：高等教育出版社，2008.

［13］杨珍增，孙欢，王捷．中国船舶贸易融资的制度约束与解决途径研究——以船舶产业基金为例［J］．亚太经济，2013，176（01）：50－54.

［14］石永强，王荔，杨磊等．售后回租船舶融资的方式［J］．上海海事大学学报，2011，32（04）：49－52，59.

［15］吴莉婧．论船舶融资租赁交易的合同架构与风险防范［J］．商业研究，2007，360（04）：187－189.

［16］王鹏鹏．论船舶信托受益权资产证券化［J］．重庆社会科学，2019，293（04）：39－49.

［17］Erhan Aslanoğlu and Tansel Erkmen. Performance Evaluation of Underwriting in Ship Financing［J］. Marmara Iktisat Dergisi, 2018：43－74.

［18］Petrus, W. C., Choy et al., A Study of the Critical Success Factors of International Ship Finance Centre［J］. Maritime Business Review, 2016, 1（01）：40－54.

［19］吕靖，张明，李玖晖．海运金融——船舶投资与融资［M］．北京：人民交通出版社，2001.

[20] 赵刚．航运企业经营管理 [M]．北京：人民交通出版社，2005.

[21] 於军．航运服务管理与创新 [M]．北京：企业管理出版社，2020.

[22] 维什维克，帕纳伊德斯．船舶运营管理 [M]．上海：上海人民出版社，2021.

[23] 戈德赖恩，汉纳福德，特纳．船舶买卖 [M]．北京：中国政法大学出版社，2016.

[24] 杨志刚，孙志强，宋彬．国际集装箱码头实务与法规指南 [M]．北京：化学工业出版社，2014.

[25] 罗夏信律师事务所．航运金融（第三版）[M]．北京：中国金融出版社，2016.

[26] 李毅然．中小航运企业船舶融资模式研究 [D]．天津：天津理工大学，2017.

[27] 黄海东，孙玉红．国际货物运输保险 [M]．北京：清华大学出版社，2016.

[28] 上海海洋大学航运金融课题组．航运金融 [M]．北京：中国金融出版社，2012.

[29] 苏同江，王春玲．海上保险实务与法律 [M]．大连：大连海事大学出版社，2012.

[30] 佟黎明．海上货运保险法律与实务 [M]．北京：人民交通出版社，2015.

[31] 魏华林，林宝清．保险学 [M]．北京：高等教育出版社，2017.

[32] 袁建华．海上保险原理与实务 [M]．成都：西南财经大学出版社，2014.

[33] 应世昌．新编海上保险学 [M]．上海：同济大学出版社，2010.

[34] 李永生，黄君麟．运输经济学 [M]．北京：机械工业出版社，2004.

[35] 王义源．远洋运输业务 [M]．北京：人民交通出版社，2005.

[36] 王彦．国际航运经济与市场 [M]．大连：大连海事大学出版社，2002.

[37] 金海．论航运基金信托财产所有权的归属 [J]．河北经贸大学学报，2018，39（02）：104 – 108.

[38] 葛顺恺．我国嵌入式航运产业基金运作方案研究 [D] 大连：大连海事大学，2017.

[39] 王礼平．中外信托制度问题研究 [D]．大连：东北财经大学，2005.

[40] 徐洁．中国产业投资基金发展模式研究 [D]．沈阳：辽宁大学，2012.

[41] 翟慧．凝聚智慧力量，共筑绿色梦想，全力推动我国航运事业高质量发展 [N]．中国交通报，2022 – 07 – 11.

[42] 戴勇．国际航运金融业务的发展与借鉴 [J]．上海经济研究，2010（01）：77 – 78.

[43] Zhao Yuan, Yang Zan. Port Construction Investment with Game Theory [C]. International Academic Conference on Transportation Engineering, 2007：79 – 81.

[44] Hilde Mesmaner, Eddy Vande VOORDE, Thierry Vanelslander. Port Infrastructure Finance [M]. Informal Law From Routledge, 2014：99 – 102.

[45] 肖克平．我国港口基建投融资方式探索 [J]．中国港口，2014（12）：14 – 16.

[46] 王玮霞．港口建设投融资模式分析 [J]．中国水运，2011（02）：40 – 41.

[47] 王任祥．宁波—舟山港口一体化建设的投融资模式分析 [J]．水运工程，2007（12）：43 – 49.

[48] 阎锋．基于港口行业风险的大连港发展策略研究 [D]．大连：大连海事大学，2011：18 – 20.

[49] 李幼萌．经济持续低迷下的美国港口投融资运作 [J]．港口经济，2013（03）：55 – 57.

［50］陈斌. 地主港模式在中国的发展探析［J］. 中国水运，2006（03）：30－31

［51］魏泓，刘伟. 地主港模式在我国港口的应用［J］. 水运管理，2006（01）：19－23.

［52］彭楚达，林贵锋. 我国港口发展的投融资分析［J］. 中国港口，2005（05）：41－42.

［53］余劲，张玮. 构建和完善港口基础设施系统投融资体制［J］. 中国港湾建设，2006（04）：71－74.

［54］王晓惠. 世界主要港口投融资政策分析［J］. 中国水运，2005（01）：46－47.

［55］薄坤，李永杰，黄芳. 鹿特丹临港工业发展给我国港口的启示［J］. 中国港口，2005（03）：39－40.

［56］真虹. 港口管理［M］. 北京：人民交通出版社，2003.